本书得到辽宁省教育厅 2021 年度科学研究经费项目
国证券小额发行豁免法律制度研究"（项目编号：LJ

我国证券小额发行豁免法律制度研究

王志皓　著

东北大学出版社

·沈　阳·

ⓒ 王志皓　2024

图书在版编目（CIP）数据

我国证券小额发行豁免法律制度研究 ／ 王志皓著
. — 沈阳 ： 东北大学出版社，2024.1
　ISBN　978-7-5517-3420-2

　Ⅰ. ①我…　Ⅱ. ①王…　Ⅲ. ①证券法－研究－中国
Ⅳ. ①D922. 287. 4

中国国家版本馆 CIP 数据核字（2023）第 208003 号

──────────────────────────────

出 版 者：东北大学出版社
　　　　　地址：沈阳市和平区文化路三号巷 11 号
　　　　　邮编：110819
　　　　　电话：024-83683655（总编室）　83687331（营销部）
　　　　　传真：024-83687332（总编室）　83680180（营销部）
　　　　　网址：http://www.neupress.com
　　　　　E-mail: neuph@ neupress.com
印 刷 者：辽宁一诺广告印务有限公司
发 行 者：东北大学出版社
幅面尺寸：170 mm×240 mm
印　　张：14. 5
字　　数：260 千字
出版时间：2024 年 1 月第 1 版
印刷时间：2024 年 1 月第 1 次印刷
责任编辑：项　阳
责任校对：孙　锋
封面设计：潘正一
责任出版：唐敏志

──────────────────────────────

ISBN　978-7-5517-3420-2　　　　　　　定　价：68. 00 元

目　录

第一章

导　论

第一节　研究背景

中小企业是支撑一国经济和社会发展的重要力量，世界各国对此已经达成共识。对于我国而言，促进中小企业可持续发展是稳定经济增长、扩大就业、改善民生、推动创业创新的关键，并关乎社会大局稳定。长期以来，我国为促进中小企业的发展作出了积极的努力，开展了许多有益的尝试。不仅通过制定专门性的立法——《中华人民共和国中小企业促进法》（以下简称《中小企业促进法》）①，为中小企业的发展提供保障；而且出台了多项特殊政策，帮助中小企业提升内在发展潜力，为其营造良好的外部发展环境。国家之所以给予中小企业特殊待遇，原因在于这类企业在市场竞争中面临诸多制约其发展的问题，仅仅依靠其自身努力是难以解决的。其中，融资难与融资贵是极为突出的两个问题。中小企业与大型企业相比，在获得外部资本支撑的竞争中处于劣势，这是一个世界性的问题。在缓解中小企业融资难题方面，我国政府本着多策并举的思路，既注重发挥银行业金融机构作为中小企业融资主要渠道的作用，也通过加大财税扶持力度减轻其经营负担。此外，我国政府也一直注重拓宽中小企业的融资渠道，鼓励并支持中小企业通过资本市场开展直接融资。在立法支撑方面，我国《中小企业促进法》第十八条明确要健全多层次资本市

① 2002 年 6 月 29 日第九届全国人民代表大会常务委员会第二十八次会议通过了《中华人民共和国中小企业促进法》，该法于 2003 年 1 月 1 日正式实施。2017 年 9 月 1 日第十二届全国人民代表大会常务委员会第二十九次会议修订。

场体系，促进中小企业利用多种方式直接融资。在政策保障方面，我国政府近年来的工作报告及出台的多个政策文件中均提到要利用直接融资[1]帮助中小企业发展，并且指出要"加快创业板市场建设，完善中小企业上市育成机制，扩大中小企业上市规模"[2]、"加快中小企业首发上市进度，为主业突出、规范运作的中小企业上市提供便利"[3]……由此可见，促进中小企业在资本市场开展直接融资是我国政府长期坚持的一个重要政策导向。

在支持中小企业直接融资的问题上，应当认识到，处于不同发展阶段的中小企业之间在通过资本市场开展直接融资的能力方面是存在差异的。能够公开发行证券并上市的中小企业皆是中小企业中的佼佼者，而多数中小企业是达不到公开发行证券并在交易所市场上市的标准的。我国的中小企业若要实现公开发行证券并上市的目标，不仅需要具备公开发行证券的资格，而且需要满足在证券交易所的上市条件。在发行申请阶段，企业需要依据《中华人民共和国证券法》（以下简称《证券法》）等法律法规的要求制作申请文件，并且要履行繁重的信息披露义务，支付高昂的发行费用，一般的中小企业是难以承担的。众多中小企业受发展阶段、自身规模的限制，其融资需求通常相对较小。若这类企业依据常规公开发行[4]法律程序发行证券，将会面临发行成本过高、融资数额与发行费用比例不合理的局面，意味着通过此路径融资是行不通的。当众多中小企业在证券公开发行环节融资受阻时，也就无法实现上市的意愿了。

实际上，中小企业通过资本市场开展直接融资并非只有公开发行证券并上市一条途径，而且公开发行证券也并不只有常规公开发行一种模式。为促进中小企业融资，一些国家在证券公开发行法律制度中作出了特别安排，创设了小额发行豁免制度[5]，即增加了一种新的直接融资模式。立法者经过前期调研

---

[1] 例如，2009年国务院发布的《国务院关于进一步促进中小企业发展的若干意见》、2019年《政府工作报告》，以及2019年中共中央办公厅、国务院办公厅印发的《关于促进中小企业健康发展的指导意见》中均有关于利用直接融资的表述。2023年，工信部印发《助力中小微企业稳增长调结构强能力若干措施》，提出加大对优质中小企业直接融资的支持。

[2]《国务院关于进一步促进中小企业发展的若干意见》，http：//www.gov.cn/zwgk/2009-09/22/content_1423510.htm，访问日期：2021年6月25日。

[3]《关于促进中小企业健康发展的指导意见》，http：//www.scio.gov.cn/ztk/38650/40228/index.htm，访问日期：2021年6月25日。

[4] 本书所称"常规公开发行"是指注册制或核准制下的证券公开发行。

[5] 为方便表述，本书在三级标题及行文中均将"证券小额发行豁免法律制度"简称为"小额发行豁免制度"。

后，在小额发行豁免制度中设定了能够普遍满足广大中小企业需求的发行限额，同时简化发行程序并降低了对于发行人履行信息披露义务的要求。一系列的制度设计降低了企业发行证券的成本，使较多的中小企业能够在证券市场开展直接融资，拓宽了这类企业的融资渠道。而且，发行人适用小额发行豁免制度发行证券后，可以通过场外交易市场实现证券的流通，解决了众多中小企业无法发行上市融资的难题。客观上，这些国家的小额发行豁免制度的实践为我国提供了可借鉴的经验。

自 2015 年开始，我国开展了《证券法》第五次修订工作。一审修订草案于同年 4 月 20 日提交全国人民代表大会常务委员会审议，二审修订草案于2017 年 4 月 24 日提交审议。2019 年 4 月 26 日，《证券法》三审稿进入公开征求意见阶段。在第一版及第三版修订草案中，小额发行豁免制度曾被引入"证券发行"一章。这一变化表明，我国已经意识到原有证券公开发行法律制度难以完全适应市场内部多样化的融资需求，需要通过修订立法来突破单一审核标准的公开发行制度的局限，更好地促进资本市场发挥服务实体经济的重要作用。这一改变也与我国政府促进中小企业发展的政策导向相一致。然而，2019年 12 月 28 日第十三届全国人民代表大会常务委员会第十五次会议通过的新修订的《证券法》将小额发行豁免制度的基本条款予以删除。对此，要认识到，此次修法通过并没有结束《证券法》的研究工作，而是开始了一段新的继续审视《证券法》的历程。[①]

本书认为，构建小额发行豁免制度是解决我国中小企业融资难题的一种可尝试方法，是对我国证券公开发行法律制度的突破与创新，如何对其进行合理的设计是关键。对此，既要深入分析支撑小额发行豁免制度的理论依据，也要借鉴国外立法的有益经验，更要透彻地分析我国现有的制度基础及适合我国的制度构建模式。这些任务均是在立法的进程中应当给予高度关注的重点，同时为本书的研究提供了巨大的空间。

---

① 彭冰：《新版〈证券法〉修改的"得与失"》，https://m.thepaper.cn/baijiahao_5381426，访问日期：
2021 年 6 月 29 日。

🔺 第二节　研究目的与意义

一、　研究目的

在现行《证券法》的实施背景下，虽然我国已经逐步实施了公开发行注册制，但是注册制的实施是在证券发行审核方式上的变化，而非对证券公开发行审核标准的丰富。单一标准的审核制度不能适用多样化的发行需求。引入小额发行豁免制度体现出对证券市场内部存在的多样化融资需求的一种正视态度。

本书以小额发行豁免制度的构建为题进行研究，目的在于通过清晰把握该项制度的基本特征及规则设计的一般规律，结合我国现有立法的实际情况进行论证，最终为建立我国的小额发行豁免制度提出可行性建议。为实现总体研究目的，本书确立了如下研究目标：第一，界定小额发行及小额发行豁免制度的基本内涵及特征，明晰该项制度与其他证券发行豁免制度之间的区别，以达到准确把握其核心本质的目的。第二，明确小额发行豁免制度在实践中的价值及功能，准确地对该项制度进行定位，并且以此为基础为我国的证券公开发行法律制度设计提供借鉴。第三，运用经济学的成本与收益理论和行政法学中的比例原则揭示小额发行豁免制度产生的理论基础。第四，通过对其他国家小额发行豁免制度的研究，明确构建该项制度的重点问题。第五，通过对我国现行证券发行及交易方面的法律制度进行研究，找出构建小额发行豁免制度的现有基础及面临的障碍。第六，结合我国的实际情况，为立法提供有益的建议。

为实现这些研究目标，本书将围绕小额发行豁免制度的构建路径及具体制度设计等相关方面而展开论述。

二、　研究意义

（一）理论意义

目前，我国尚未建立起小额发行豁免制度，与该项制度相伴的理论研究在已有的学术研究成果中并不多见。国内学者对于证券发行豁免制度的研究多集中于私募发行豁免及股权众筹，而这两项发行豁免制度的生成机理与小额发行豁免制度存在差异。本书通过对小额发行豁免制度产生的根源、内涵、功能、价值与制度设计模式进行研究，丰富我国证券发行豁免法律制度的理论研究成果，拓宽对证券发行豁免制度相关理论研究的领域。另外，小额发行豁免制度的构建与经济学中的成本与收益理论具有高度的契合性。当证券发行数额较小时，适用常规公开发行法律制度的发行成本过高，不符合成本与收益理论的基本逻辑，从而使得小额发行豁免制度的产生具有了合理性。因此，成本与收益理论是催生该项制度的直接理论依据。本书除使用该理论对小额发行豁免制度构建的合理性进行阐释外，也将该理论拓展到指导具体规则的设计中。另外，本书认为，行政法学中的比例原则也可以作为支撑小额发行豁免制度构建的理论基础，二者间具有一定的逻辑关系。这是跨学科理论应用的一次尝试，有利于上述两个理论在证券发行立法领域得到深化研究与拓展应用。

（二）实践意义

本书针对小额发行豁免制度开展研究有助于进一步完善我国证券公开发行法律制度，填补我国证券公开发行法律制度的空白，有利于更好地解决我国中小企业的融资难题。我国《证券法》自 1999 年 7 月 1 日施行至今，经历了多次完善，每次完善都对我国证券市场的发展起到了重要的推动作用。其中，证券公开发行法律制度的作用尤为突出，它对我国证券发行市场及交易市场的形成起到了基础性的作用。在证券公开发行法律制度中，我国对于证券发行的审核制度进行了数次调整，经历了从审批制到核准制，再由核准制向注册制转变的过程。发行审核制度的变化反映了我国证券监管理念的变化，我国的证券监管走上了更加市场化的道路。不过，注册制与核准制一样服务于常规公开发行，其并未关注发行市场领域中小企业对于小规模发行的需求。梳理其他国家的立法及文献可知，小额发行豁免制度是以小规模发行为服务对象的。由于常规公开发行制度并不具备促进广大普通中小企业融资的功能，所以在以单一标准的证券发行审核制度为基础的公开发行法律制度之外，还需要例外性的制度安排为这类企业打开直接融资的大门，小额发行豁免制度就是解决这一问题的可选方式。因此，本书的研究不仅能够使我国证券公开发行法律制度接触到新的领域，而且有利于扶持我国中小企业的发展。

◤◢◤ 第三节   研究方法

本书的选题属于金融法学的研究范畴，针对证券领域立法的热点问题而展开。因此，本书需要将法学理论及研究方法与证券领域的理论及实践相结合，开展跨学科知识交叉的应用研究。利用法学理论及研究方法将证券监管实践领域的应然方式予以固定化，发挥法的指引、评价等作用。同时，本书也将证券监管领域的理论与实践作为指导小额发行豁免制度构建的基础。在研究中，将综合运用文献研究法、比较分析法、历史研究法及实证分析法进行论证。

一、   文献研究法

本书将文献研究法作为基本的研究方法。在使用该种研究工具过程中，本书将对已有的学术成果进行搜集、鉴别、整理及分析，以达到对小额发行豁免制度形成准确认知的基本目的。另外，通过文献研究法可以找出构建小额发行豁免制度所要解决的核心问题，并且对这些问题加以归纳，为形成本书的研究框架及进行具体论证提供必要的帮助。

二、   比较分析法

比较分析法是人文社会科学领域常用的研究方法，本书将在研究中引入此种方法。具体体现为：比较分析不同国家之间的小额发行豁免制度；同一国家多项小额发行豁免制度之间的比较；同一国家同一小额发行豁免制度在不同时期制度变革前后的比较。通过比较分析，找出小额发行豁免制度构建的一般规律及不同制度之间的差异，并且结合我国的实际情况提出可参考的建议。

三、   历史研究法

一项法律制度的产生与发展无法脱离相应的历史阶段，法律研究也必然要结合特定的历史背景展开，如此才能清楚地阐释该项制度的建立与一国当时的经济、文化等一系列社会背景的关联。本书通过运用历史研究法，分析小额发行豁免制度的产生背景及发展历程，尤其通过考察其他国家立法中有关小额发行豁免制度的规则设计，寻找建立该项制度的历史规律。同时，本书也将结合我国证券公开发行法律制度的发展历程，为我国小额发行豁免制度的建立提供有益的借鉴。

四、 实证分析法

本书在论证中运用了实证分析法。一方面，在探讨小额发行豁免制度的基本概念、特征，以及该项制度的实体及程序问题的过程中，结合其他国家的立法展开分析，力求从中总结出制度构建的基本规律。与此同时，通过对其他国家的立法适用的数据进行收集与分析，揭示了该项制度在实践中的适用效果、发展变化的过程及出现变化的原因。另一方面，通过对我国证券市场不同板块常规公开发行的发行费用数据进行收集与计算，对成本与收益理论作为解释小额发行豁免制度构建的合理性依据加以证明。

第四节 文献综述

一、 小额发行豁免制度基本理论问题综述

（一）关于小额发行豁免制度的界定

对于小额发行豁免制度而言，目前并无统一的概念。通过梳理文献可知，国外学者并不倾向对小额发行豁免制度抽象出高度凝练的概念，而是采用事实描述的方法对该项制度的本质进行揭示。Bradford C. Steven[1] 认为，对于某些额度相对较小的发行而言，与收益相比，履行注册义务的成本太高了。该学者将这些发行额度较小且免于注册的豁免称为小额发行豁免。Marvin R. Mohney[2] 以美国的规则 504 为例，指出发行 500 万美元以下额度证券的发行人通常负担不起注册发行的信息披露成本，因此美国证券交易委员会（United States Securities and Exchange Commission，SEC）豁免这种小额发行的注册义务是适当的，此观点以实例说明的方式指出了小额发行豁免制度的本质。

国内学者对此项制度进行界定时采用的方式较为多样。有的学者采用特征

---

[1] Bradford C. Steven, "Transaction Exemptions in the Securities Act of 1933：An Economic Analysis," *Emory Law Journal* 45, no. 2 (1996)：593.

[2] Marvin R. Mohney, "Regulation D：Coherent Exemptions for Small Businesses Under the Securities Act of 1933", *William and Mary Law Review* 24, no. 1 (1982)：139-140.

描述的方式来解释此项制度的内涵及制度产生的缘由，如王霞[①]认为，《证券法》之所以对小额发行的证券予以注册豁免，主要是因为这些证券的发行数量较小，发行范围和规模非常有限，从而使对公共利益和保护投资者方面的担心变得没有必要。北京大学课题组、吴志攀[②]指出，发行注册的成本较为固定，当募集金额小到一定程度时，要求其发行注册得不偿失。由于发行规模较小，对投资者整体影响不大，因此各国均制定了小额发行豁免制度。有的学者将特征描述与凝练总结的方法相结合来对此项制度进行界定，如洪锦[③]认为，小额发行豁免制度是指小额证券的发行人由于其发行的证券所涉数额小，或公开发行的特征有限，对投资者和公众利益影响范围可控，为了便于资本的形成，证券监管机构特别准予该类证券发行行为免于依据证券法进行注册或核准的法律制度。刘宏光[④]认为，小额发行豁免制度是指对数额较小的证券发行行为免于注册或核准的法律制度，其具有证券发行周期短、发行费用低、信息披露较少、发行失败风险较小、节省监管资源等特点。另外，我国也有学者对证券发行注册豁免制度进行了界定，如周晓刚[⑤]认为，证券发行注册豁免制度，即一国的证券监管机关为了平衡保护投资者与便利筹资者之间的利益冲突，对于安全度可以保证的证券的发行减轻或免于审核的法律制度。这一制度在审批核准制的国家一般被称为核准豁免或审批豁免。

（二）小额发行豁免制度的生成逻辑

小额发行豁免制度是一种特殊的发行制度，有着自身特定的产生原因。通过梳理国内外的文献可知，众多学者将经济学的成本与收益理论视为支撑小额发行豁免制度生成逻辑的基础理论。Bradford C. Steven[⑥]认为，小额发行豁免制度的经济原理取决于经济的规模，即注册的总成本与收益应当与发行数量的增加成比例。注册总收益的增加应当与发行金额成正比。在该篇文章中，他运用经济学的方法，利用模型对美国《1933 年证券法》下证券注册发行及小额

---

① 王霞：《中小企业直接融资法律制度研究》，博士学位论文，中国政法大学，2003，第 64-65 页。

② 北京大学课题组、吴志攀：《证券发行法律制度完善研究》，《证券法苑》2014 年第 1 期。

③ 洪锦：《论我国证券小额发行豁免法律制度的建立——以美国小额发行豁免为例》，《湖北社会科学》2009 年第 4 期。

④ 刘宏光：《小额发行注册豁免制度研究——美国后 JOBS 法案时代的经验与启示》，《政治与法律》2016 年第 11 期。

⑤ 周晓刚：《美国证券发行注册豁免制度研究》，《证券市场导报》2001 年第 4 期。

⑥ Bradford C. Steven, "Transaction Exemptions in the Securities Act of 1933: An Economic Analysis," *Emory Law Journal* 45, no. 2 (1996): 614.

发行豁免注册发行的成本与收益情况分别作了分析。文章最后指出该模型表明小额发行是有效率的。此外，在其他的学术研究成果中，学者也都有大量关于发行成本与收益的论述。许多学者在论述过程中均重点论证小企业发行的成本问题，从侧面说明成本与收益理论对于构建小额发行豁免制度的重要支撑作用。例如，Rutheford B. Campbell[①] 指出，小公司在追求外部资本时，通常会有较高的相对交易成本。它们需要少量的外部资本，这意味着它们的相对发行成本（发行成本占发行总规模的百分比）会上升。Stuart R. Cohn[②] 指出，美国以外的国家为小公司制定豁免发行制度，不是因为对小公司的诚信有了更大的信心，而是对小公司的资本需求进行了成本与收益分析。

我国学者对于构建此项制度生成逻辑的观点与国外学者极为一致，也是从成本与收益分析的角度进行探讨的。例如，彭冰[③] 从成本与收益核算的角度分析，指出如果发行额度较小且负担常规公开发行中高昂的发行费用，从成本与收益的角度来看，对于发行人显然是不划算的。姚瑶[④] 认为，由于融资规模小，履行注册程序的成本不足以覆盖融资的好处，根据"成本与收益原则"，对这类发行予以豁免。金永军[⑤]、张菊霞[⑥] 也都从同样的视角表达了类似的观点。

（三）构建小额发行豁免制度的意义

关于构建小额发行豁免制度的意义，学者主要从两个角度展开阐述。一是从此项制度的实际作用角度表达观点，即便利中小企业融资。中小企业的数量在各国市场经济领域占有极大的比重，对于国家经济的发展起到重要的推动作用。在该类主体为社会做出诸多方面贡献的同时，其也面临着现实的融资窘境。中小企业利用多种途径进行融资的难度很大，在证券发行领域，常规公开发行的监管极为严格，成本颇高，Bradford C. Steven[⑦] 等学者均表达了这样的

[①] Rutheford B. Campbell, "The SEC's Regulation A+: Small Business Goes Under the Bus Again", *Kentucky Law Journal* 104, no. 2 (2016): 325.

[②] Stuart R. Cohn, Gregory C. Yadley, "Capital Offense: The SEC's Continuing Failure to Address Small Business Financing Concerns", *NYU Journal of Law and Business* 4, no. 1 (2007): 79.

[③] 彭冰：《投资型众筹的法律逻辑》，北京大学出版社，2017，第182页。

[④] 姚瑶：《美国证券发行豁免制度的新近变革及其对我国的启示》，《公司法律评论》2017年第1期。

[⑤] 金永军：《美国中小企业证券制度研究及启示》，《上海金融》2012年第2期。

[⑥] 张菊霞：《我国小额证券发行注册豁免制度研究》，中国法制出版社，2018，第9-10页。

[⑦] Bradford C. Steven, "Securities Regulation and Small Business: Rule 504 and the Case for an Unconditional Examption", *Journal of Small and Emerging Business Law* 5, no. 1 (2001): 2-4.

观点。因此，在证券立法中创设小额发行豁免法律制度是降低发行成本的重要途径。我国学者也表达了同样的观点，如洪锦[1]、何晓楠[2]等。不过，我国也有学者认为该项制度不仅有利于中小企业融资，也有利于小规模融资。例如，吴国基[3]指出，由于小额发行数量小、社会公众利益有限，所以各国一般都对数量特别小的证券发行简化审核程序或者豁免审核，方便小规模的融资，降低筹资成本。二是从该制度背后所体现出的抽象意义角度表达观点，认为构建该项制度体现出社会公平的价值观。如 Rutheford B. Campbell[4] 认为，证券立法中的注册发行制度对于小企业是一个巨大的融资障碍，如果剥夺了小企业公平参与竞争、获得支撑其发展的资源，那么这个社会将是个失败者。Loss Louis[5] 认为，"公平地为小企业创造融资机会是非常具有必要性的，这一直以来是个难以解决的问题"。

小结：首先，国内外学者对于小额发行豁免制度核心本质的认知并无任何的分歧，观点较为一致。值得注意的是，我国学者在对此项制度豁免的内容表述不尽相同。有的观点表述为"豁免注册"，有的观点表述为"豁免注册或核准"。实际上，注册制与核准制是两种不同的证券发行审核制度，在这两种审核制度中都可以建立发行豁免制度，并且制度设计的根本目的并无区别。其次，在理论基础方面，国内外学者均一致认为经济学中的成本与收益理论是支撑小额发行豁免制度构建的基础。此外，已有学术成果并未从其他角度对理论基础进行探讨。最后，学者不仅分析了小额发行豁免制度具有的直接功能，而且注重挖掘其背后所体现的抽象价值。

二、 关于小额发行豁免具体制度设计的研究综述

小额发行豁免制度的构建是一项综合性的工程，涉及多个内部核心制度设计。通过梳理文献可知，学者重点关注如下具体制度。

---

[1] 洪锦：《论我国证券小额发行豁免法律制度的建立——以美国小额发行豁免为例》，《湖北社会科学》2009 年第 4 期。

[2] 何晓楠：《聚焦 2015 年美国小额发行最新规则》，《银行家》2015 年第 8 期。

[3] 吴国基：《证券发行审核制度研究》，博士学位论文，对外经济贸易大学，2005，第 19 页。

[4] Rutheford B. Campbell，"Regulation A: Small Businesses Search For 'A Moderate Capital'，" *Delaware Journal of Corporate Law* 31, no. 1（2006）：77.

[5] Loss Louis, *Fundamentals of Securities Regulation*，（New York: Wolters Kluwer Law & Business，2011），p. 529.

（一）发行限额

在小额发行豁免制度中，发行限额是一个核心制度，该额度是由立法者综合多方面因素进行考量后设定的。发行限额的设定关系到能否使小额发行豁免制度的适用真正具有经济合理性。学者对于发行限额的研究主要包括两个方面。一方面，对于发行限额制度实际的适用效果评价。对于发行限额设定是否合理，学者是结合具体制度的实施效果做出评价的，评价的依据是发行额度能否与发行成本形成正当的比例。Samuel Guzik[1] 针对美国小额发行豁免制度《条例 A》进行了研究，指出该条例不被广泛适用的一个原因是：相对于发行的成本而言，500 万美元的发行限额太低。Robert B. Robbins、Amy M. Modzelesky[2] 在撰写的白皮书中也表达了同样的观点。我国学者刘宏光[3] 在对《条例 A》进行研究后，指出该条例适用效果不佳的原因在于发行限额低、审核时间长，以及不能豁免州证券法的注册义务。2012 年颁行的《工商初创企业推动法》（以下简称《JOBS 法案》）对于美国小额发行豁免制度做出了调整，并且授权 SEC 制定实施条例。SEC 随后对《条例 A》进行了修改，形成了《条例 A+》，新条例将最高发行限额提升至 5000 万美元。经过调整后，有学者表达了对于调整发行限额举措的观点。Jeremy Britton Whitbeck[4] 认为，即使 SEC 设定了额外的要求，5000 万美元的上限也使得《条例 A+》再次成为一条经济上可行的融资途径。另外，也有学者针对修改后的条例进行了整体的评

---

[1] Samuel Guzik，"Regulation A+ Offerings—A New Era at the SEC"，Harvard Law School Forum on Corporate Governance，January 15，2014，accessed July 1，2021，https：// corpgov. law. harvard. edu/2014/01/15/regulation-a-offerings-a-new-era-at-the-sec/.

[2] Robert B. Robbins，Amy M. Modzelesky，"Can Regulation A+ Succeed Where Regulation A Failed?"，Pillsburylaw，May 6，2015，accessed July 1，2021，https：//www. pillsburylaw. com/images/content/4/9/v2/4975/WhitePaperMay2015CorporateandSecuritiesCanRegulationASucceedWher. pdf #：~：text = While% 20much% 20of% 20the% 20existing% 20framework% 20of% 20Regulation，with% 20the% 20registration% 20requirements%20of%20the%20Securities%20Act.

[3] 刘宏光：《小额发行注册豁免制度研究——美国后 JOBS 法案时代的经验与启示》，《政治与法律》2016 年第 11 期。

[4] Jeremy Britton Whitbeck，"The JOBS Act of 2012：The Struggle Between Capital Formation and Investor Protections，" SSRN，June 15，2012，accessed July 6，2021，https：// papers. ssrn. com/sol3/papers. cfm? abstract_id=2149744.

价。Anzhela Knyazeva[1] 认为，早期迹象表明《条例 A+》可以为小额发行人提供一种潜在可行的方法，它能够替代传统 IPO，或者说对于其他证券发行方式能够产生替代或补充的作用。在修正案生效后的大约 16 个月里，适用《条例 A+》的证券发行已经超过了过去同样时间长度适用《条例 A》发行证券的速率。

另一方面，对发行限额设计的建议。有些学者认为可以通过降低发行成本的方式使发行限额相对合理，如减轻发行人的信息披露义务。Rutheford B. Campbell[2] 梳理了美国《1933 年证券法》历次的发行限额额度调整情形，认为使发行限额合理的一条途径是调整信息披露义务，使履行信息披露的成本合理，这是一种反向思路。有些学者结合市场的实际融资需求及相关数据估算出适当的发行限额，如王一萱、赖建清[3]针对我国中小板上市公司的再融资需求特征（时间、投资项目数量、投资项目的规模、对简化审批程序的要求及对审核周期的要求等方面）进行调查后，对发行限额进行了设计。另有学者的观点反映出发行限额的设定应当契合小额发行豁免制度的市场定位，如 Zachary Naidich[4] 认为融资限额应该降低到适合小公司的水平，但要低到足以阻止较大的新兴成长型公司使用。

（二）信息披露

在公开发行证券过程中，履行信息披露义务是为发行人带来发行成本最主要的环节。因此，小额发行豁免制度的一个重要设计理念即为合理地简化信息披露义务，以此减轻发行人的负担。许多学者在评价制度设计是否合理时，也是从信息披露成本是否过高的角度表达观点的。Rutheford B. Campbell[5] 认为，修改前的《条例 A》适用率低的原因就包括该条例没有很好地降低发行人的

---

① Anzhela Knyazeva, "Regulation A+: What Do We Know So Far?", Sec Gov, January 1, 2016, accessed July 23, 2021, https://www.sec.gov/dera/staff-papers/white-papers/18nov16_knyazeva_regulation-a-plus-what-do-we-know-so-far.html.

② Rutheford B. Campbell, "Regulation A: Small Businesses Search For 'a Moderate Capital'," *Delaware Journal of Corporate Law* 31, no. 1 (2006): 100.

③ 王一萱、赖建清：《中小企业板再融资制度创新：小额融资豁免》，http://www.szse.cn/aboutus/research/research/report/P020180328428907559916.pdf，访问日期：2021 年 7 月 30 日。

④ Naidich Zachary, "Regulation A-Plus's Identity Crisis: A One-Size-Fits-None Approach to Capital Formation," *Brooklyn Law Review* 82, no. 2 (2017): 1029.

⑤ Rutheford B. Campbell, "Regulation A and the Jobs Act: A Failure to Resuscitate," *Ohio State Entrepreneurial Business Law Journal* 7, no. 2 (2012): 322.

信息披露成本。我国学者徐瑶①指出,《条例 A》的问题在于州法(蓝天法)严格的监管要求,联邦层面审核复杂、披露义务繁重和替代方式(尤其是私募豁免)的优越性。彭冰②也表达了相同的观点。学者在指出已有制度的不足之外,也在制度设计方面给出了建议。有学者从降低财务信息披露要求方面提出设想,如 Rutheford B. Campbell③ 认为,应当减少强制性的财务信息披露义务。虽然审计将加强对投资者的保护,但反欺诈条款为发行人提供了不虚报其财务状况的强烈动机。另外,也有原则性的建议,如 Hse-Yu Chiu④ 针对英国证券公开发行制度对于小企业的融资障碍进行了分析,认为应参考美国小额发行豁免制度,可以在一般强制性披露框架之外,划出一种基于小规模发行的特别披露制度。这一特别披露制度可以解决小企业最为关切的问题,并且允许小企业在不损害必要的投资者保护的前提下,进行具有成本效益的首次公开募股。Rutheford B. Campbell⑤ 认为,可以建立分层次的信息披露规则,即信息披露义务的繁重程度与发行规模相适应。规模越大,披露的信息越多。Stuart R. Cohn⑥ 认为,如果发行人从投资者那里寻求资金,那么应该对公司和管理信息、收益的使用、财务报表和风险存在最低限度的披露义务。

(三)发行审核程序

相较于常规公开发行程序,小额发行豁免制度下的发行程序是简化的,主要体现在发行审核环节。在国外小额发行豁免制度的设计中,既有免于审核的模式,也有简化审核的模式。对于采用何种模式,学者有着不同的观点。Rutheford B. Campbell⑦ 认为,应取消 SEC 对《条例 A》发行的任何审查。这

① 徐瑶:《从 A+条例看美国小额发行豁免之殇》,http://www.finlaw.pku.edu.cn/zxzx/zxwz/239626.htm,访问日期:2021 年 7 月 28 日。
② 彭冰:《投资型众筹的法律逻辑》,北京大学出版社,2017,第 189-192 页。
③ Rutheford B. Campbell, "Regulation A: Small businesses search for 'a Moderate Capital'," *Delaware Journal of Corporate Law* 31, no. 1 (2006): 115.
④ Hse-Yu Chiu, "Can UK small businesses obtain growth capital in the public equity markets? An overview of the shortcomings in UK and European securities regulation and considerationsfor reform", *Delaware Journal of Corporate Law* 28, no. 3 (2003): 954.
⑤ Rutheford B. Campbell, "Regulation A and the Jobs Act: A Failure to Resuscitate," *Ohio State Entrepreneurial Business Law Journal* 7, no. 2 (2012): 332.
⑥ Stuart R. Cohn, Gregory C. Yadley, "Capital Offense: The SEC's Continuing Failure to Address Small Business Financing Concerns", *NYU Journal of Law and Business* 4, no. 1 (2007): 82-83.
⑦ Rutheford B. Campbell, "Regulation A: Small businesses search for 'a Moderate Capital'," *Delaware Journal of Corporate Law* 31, no. 1 (2006): 118.

种行政审查增加了小额发行的成本，并且很难从这种行政监督中找到任何同等的好处。其建议发行人应在首次向投资者分发信息披露材料时，将发行通知书及其他适当资料的副本送交 SEC。类似地，我国也有研究成果赞同采用完全豁免发行前审核的模式，如北京大学课题组、吴志攀[1]的研究。与此相反，也有学者赞同采用简化审核的模式，理由是简化审核模式也可以起到降低发行成本的作用，持此观点的学者如杨正洪[2]。此外，刘宏光[3]认为，采用简化审核模式有利于监管机构及时掌握小额发行的具体情况并可以监测市场的整体动态，但其建议采取形式审查的方法。

（四）其他方面

通过文献梳理可知，不同立法之间存在共通之处，原因在于这些立法均建立在便利中小企业直接融资、降低发行成本的初衷之上。同时，不同立法也受到各自所处的环境影响，导致在立法理念及具体制度的设计方面产生了差异。例如，有学者将欧盟与美国的小额发行豁免制度进行比较并表达了观点。Stuart R. Cohn[4] 认为，欧盟的立法是一种开放式的豁免。相较于美国的立法，欧盟的规定除了发行限额，没有其他条件的限制。在不设定其他适用条件的前提下，证券监管机构更加依赖于事后监管进行补救。Härkönen Elif[5] 根据美国新通过的《条例 A+》和众筹规则，与欧盟招股说明书规则进行了对比研究。该学者指出，欧盟缺乏美国旨在保护众筹要约中的非合格投资者的保障措施，并且提出欧盟提议的改革使中小企业更容易在资本市场融资，应该伴随着更强有力的投资者保护法规。Prado 和 Felipe G C[6] 对于巴西与美国的限制性证券发行进行了比较，并且简要介绍了巴西关于小额发行豁免的规定。Lan L. Bel-

---

[1] 北京大学课题组、吴志攀：《证券发行法律制度完善研究》，《证券法苑》2014 年第 10 期。

[2] 杨正洪：《美国证券发行注册豁免制度研究》，博士学位论文，北京大学，2008，第 86 页。

[3] 刘宏光：《小额发行注册豁免制度研究——美国后 JOBS 法案时代的经验与启示》，《政治与法律》2016 年第 11 期。

[4] Stuart R. Cohn, Gregory C. Yadley, "Capital Offense: The SEC's Continuing Failure to Address Small Business Financing Concerns", *NYU Journal of Law and Business* 4, no. 1 (2007): 79.

[5] Härkönen Elif, "Crowdfunding and the Small Offering Exemption in European and US Prospectus Regulation: Striking a Balance Between Investor Protection and Access to Capital?", *European Company & Financial Law Review* 14, no. 1 (2017): 121-148.

[6] Prado, Felipe G C. "Restricted offerings in the U. S. and in Brazil: A comparative Analysis," *International Lawyer* 48, no. 1 (2014): 33-50.

ler、Tsunemasa Terai、Richard M．Levine① 对日本和美国的首次公开发行制度进行了比较，并且简要介绍了《日本金融商品交易法》出台之前的小额发行豁免制度。

此外，也有学者针对本国小额发行豁免制度中的其他方面提出了观点。例如，美国学者针对联邦与州双层的证券监管体制对于制度适用的影响进行了探讨。Rutheford B．Campbell②、Bradford C．Steven③ 等学者认为，州法监管给小企业带来沉重的负担。但是，有学者认为，州法监管为投资者提供了必要的保护，如 David Lynn④ 等。实际上，早有学者指出豁免制度对投资者保护可能产生不良的影响，例如 Marvin R．Mohney⑤ 指出，在《条例 D》的规定下，发行人没有义务判断有丰厚资产的投资者是否具有丰富的投资经验，并且不必向其提供特别的信息。因此，SEC 为了便于资本形成而过多地牺牲了对于投资者的保护。此外，有学者表达了小额发行豁免制度对于投资者所产生影响的观点。Neal Newman⑥ 认为，《条例 A+》仍处在初期阶段。SEC 增加了《条例 A+》中的发行限额，并且让大量的缺乏经验的、非获许投资者参与投资。如果被投资的公司是那些处于新兴、成长期的公司，一旦公司经营失败，非获许投资者将会面临更大的风险。除了监管体制的影响外，Rutheford B．Campbell⑦、Stuart R．Cohn⑧ 等学者也针对《条例 D》中对于小额发行禁止广告及公开劝

---

① Lan L. Beller, Tsunemasa Terai, Richard M. Levine, "Looks can be Deceiving: A comparison of Initial Public Offering Procedures Under Japanese and U. S. Securities Laws," *Law and Contemporary Problems* 55, no. 4 (1992): 77–118.

② Rutheford B. Campbell, "Blue Sky Laws and the Recent Congressional Preemption Failure," *Journal of Corporation Law* 22, no. 2 (1996): 175.

③ Bradford C. Steven, "Securities Regulation and Small Business: Rule 504 and the Case for an Unconditional Exemption," *Journal of Small and Emerging Business Law* 5, no. 1 (2001): 34.

④ David Lynn, "SEC Proposes Rule Changes to Pave the Way for Intrastate and Regional Offerings," Lexology, November 5, 2015, accessed August 16, 2021, https://www.lexology.com/library/detail.aspx? g = 2b0501db-70d4-4a80-bd20-1799656e091a.

⑤ Marvin R. Mohney, "Regulation D: Coherent Exemptions for Small Businesses Under the Securities Act of 1933," *William and Mary Law Review* 24, no. 1 (1982): 122.

⑥ Neal Newman, "Regulation A: New and Improved After the JOBS Act or a Failed Revival?", *Virginia Law & Business Review* 12, no. 2, (2018): 278–279.

⑦ Rutheford B. Campbell, "The Plight of Small Issuers (and Others) Under Regulation D: Those Nagging Problems that Need Attention," *Kentucky Law Journal* 74, no. 1 (1985): 135–143.

⑧ Stuart R. Cohn, "Securities Markets for Small Issuers: The Barrier of Federal Solicitation and Advertising Prohibitions," *University of Florida Law Review* 38, no. 1 (1986): 13–34.

诱带来的影响展开讨论。

小结： 国外学者对于小额发行豁免制度的研究成果较为丰富，主要围绕该项制度的基本理论、制度优势、立法的实施效果及立法完善等方面展开；国内学者主要针对国外立法进行研究，并对我国提出立法建议。通过比较可知，我国学者针对此领域的专门性研究成果数量较少，部分关于该问题的观点散见于其他证券发行制度的研究中。对于我国而言，应当从国外立法中总结出小额发行豁免制度的基本构建思路，并且结合我国的实际情况加以借鉴。

三、 我国学者对于建立小额发行豁免制度的观点综述

（一） 我国构建小额发行豁免制度的必要性

通过梳理文献资料可知，国内许多学者赞同我国建立小额发行豁免制度，并且从多个角度表达了观点。洪锦[1]认为，我国建立小额发行豁免制度具有重要的意义，既有利于改善中小企业的融资环境，又有利于完善多层次资本市场体系，还有利于改善我国的证券监管体制。郭雳[2]通过分析美国《JOBS 法案》，指出我国在建设多层次资本市场进程中，需要完善证券发行制度，应重视私募、众筹与小额发行三类证券豁免交易法律制度。金永军[3]认为，我国应该构建适合中小企业融资特点的小额发行豁免注册制度，并且逐步建立和完善多元化、多形态的中小企业证券制度。肖百灵[4]认为，在推进股票发行注册制改革进程中，我国应当对证券发行豁免制度给予必要的重视。该学者指出，私募发行、小额发行及股权众筹在我国已有实践，但《证券法》却缺少制度供给。我国推行注册制改革，不应回避注册豁免制度的构建问题。刘宏光[5]从两个角度表达了赞同我国建立小额发行豁免制度的观点：一是有利于中小企业融资；二是小额发行豁免制度是注册制改革的重要组成部分。

（二） 建立我国小额发行豁免制度的整体思路

第一，立法模式。在这一问题上，我国学者的观点较为统一，赞同由《证

---

[1] 洪锦：《论我国证券小额发行豁免法律制度的建立——以美国小额发行豁免为例》，《湖北社会科学》2009 年第 4 期。

[2] 郭雳：《创寻制度"乔布斯"（JOBS）红利——美国证券监管再平衡探析》，《证券市场导报》2012年第 5 期。

[3] 金永军：《美国中小企业证券制度研究及启示》，《上海金融》2012 年第 2 期。

[4] 肖百灵：《证券发行注册豁免制度前瞻》，《证券市场导报》2014 年第 6 期。

[5] 刘宏光：《小额发行注册豁免制度研究——美国后 JOBS 法案时代的经验与启示》，《政治与法律》2016 年第 11 期。

券法》制定基础条款与额外制定配套实施规则相结合。代表性的观点有：洪锦[1]认为，可以通过修改我国《证券法》对一定额度以下的某些证券发行，授权证监会制定相应规则给予核准豁免的待遇，证券监管机关再根据自身监管能力和市场发展需要颁布具体章程和实施细则，初步建立起我国小额发行豁免制度的法律规范。张菊霞[2]认为，我国小额发行注册豁免制度法律规范体系应采用《证券法》的法律条款规范与小额证券发行注册豁免实施规则相结合的模式。关于小额证券发行条件和规范的规则，由证监会根据《证券法》的授权性法律条款制定。

第二，小额发行豁免制度的类型选择。第一种观点是：分别制定小额发行豁免制度及股权众筹，立法机关要在两项制度设计中做好规则间的协调。何晓楠[3]指出，适逢我国《证券法》修订之机，应当适时建立和完善证券公开发行豁免注册的基本制度框架，在《证券法》层面为小额发行和众筹发行豁免制度确立法律地位，同时厘清两项制度之间的内涵和外延。第二种观点是：在小额发行豁免制度与股权众筹之中选择其一，而非同时建立。肖百灵[4]认为，可以做出如下考虑：小额发行豁免可以考虑两种立法选择。一是豁免金额规定得较低，且不再对豁免施加其他限制性条件。二是不直接规定小额发行豁免，仅规定一定金额内的众筹豁免。对此观点，有学者提出了反对的意见。刘宏光[5]认为，众筹发行豁免与小额发行豁免是相对独立的，两者形成互相之间具有竞争与协作关系的制度群，为发行人在寻找豁免制度时提供更多的选择空间。因此，应当同时建立两种制度，这也符合我国《证券法》修订草案的精神。

小结：通过文献梳理可知，国内诸多学者对于将小额发行豁免制度引进我国证券立法持赞同观点。在制度构建的整体思路方面，已有的学术成果对于选择何种立法模式的观点之间没有分歧，而对于小额发行豁免制度的类型选择存在差异，主要表现为是否同时建立股权众筹与小额发行豁免制度，以及如何协

---

① 洪锦：《论我国证券小额发行豁免法律制度的建立——以美国小额发行豁免为例》，《湖北社会科学》2009 年第 4 期。

② 张菊霞：《我国小额证券发行注册豁免制度研究》，中国法制出版社，2018，第 86 页。

③ 何晓楠：《聚焦 2015 年美国小额发行最新规则》，《银行家》2015 年第 8 期。

④ 肖百灵：《证券发行注册豁免制度前瞻》，《证券市场导报》2014 年第 6 期。

⑤ 刘宏光：《小额发行注册豁免制度研究——美国后 JOBS 法案时代的经验与启示》，《政治与法律》2016 年第 11 期。

调设计两项制度。基于已有学术成果所表达的观点，建立小额发行豁免制度对于解决我国金融市场领域的现实问题具有积极的意义，关键的问题在于如何结合我国的实际情况将其引入并使其发挥功效。学者观点间的差异也表明此领域中依然有着诸多值得继续深入探讨的问题。

◢◣ 第五节　本书的结构安排

本书共分为八章，具体安排如下。

第一章为导论。本章是研究的起始部分。首先，阐述了选题的研究背景。其次，讨论了研究目的与意义，即通过研究意图达到的研究效果及在理论、实践两个方面的现实意义。在文献综述部分，本书针对国内该领域的文献进行了梳理及分析，从总体上明确了国内学术领域对于本选题的研究情况及基本观点。另外，本章对于研究方法、结构安排，以及创新点也进行了详细的介绍与阐述。

第二章为证券小额发行豁免法律制度概述。本章针对小额发行豁免制度的基本问题展开梳理与阐述。首先，对小额发行及小额发行豁免制度的内涵做出了界定，并且明确了小额发行豁免制度在证券法律制度中的定位，为后续研究打下基础。其次，将小额发行豁免制度与常规公开发行法律制度以及其他几种主要的证券发行豁免法律制度进行比较，明确该项制度与其他证券发行法律制度间的关联及其独有特征。最后，对该项制度所具有的功能及价值进行了分析。

第三章为证券小额发行豁免法律制度的理论基础。本章着重探讨小额发行豁免制度产生的理论基础。首先，利用经济学中的成本与收益理论进行分析，以此来说明构建此项制度的合理性，并且证明该理论是其建立的直接理论依据。同时，本章也分析了成本收益分析方法在构建小额发行豁免制度中的应用方式。最后，本书提出比例原则是小额发行豁免制度构建的另一重要理论依据，并且对此加以论证。

第四章为证券小额发行豁免法律制度中的实体与程序问题。本章结合国外立法的规定，针对小额发行豁免制度设计中最为核心的实体与程序问题进行了分析。具体地，本章的研究内容分别为小额发行豁免制度中发行限额的确定、信息披露义务的设定、投资者准入监管及发行审核程序设计。

第五章为我国证券小额发行豁免法律制度构建的现实基础。在这一章的论述中，本书针对构建我国小额发行豁免制度的现实基础进行了分析。首先，关注了《证券法》中现有的证券公开发行制度与小额发行豁免制度之间的关联、小额发行在注册制实施的背景下将会受到的影响。其次，论证了我国证券交易市场的相关制度对小额发行豁免制度产生的障碍。最后，针对我国非发行豁免制度下的小额发行制度实践进行了梳理，并且将其与小额发行豁免制度进行了比较，进一步明确小额发行豁免制度独有的价值。

第六章为我国证券小额发行豁免法律制度构建的路径。本章对构建我国小额发行豁免制度的路径进行了论证，为具体制度设计打下基础。首先，明确我国应以促进资本形成与投资者保护为制度设计的基本原则。其次，对于我国构建小额发行豁免制度的一些先决问题进行了探讨，包括简化发行程序的模式选择、制度的引入方式与构成。再次，针对小额发行豁免制度配套的交易市场的建立问题进行了分析。最后，对于在我国《证券法》中引入小额发行豁免制度将产生的影响做了较为全面的分析。

第七章为我国证券小额发行豁免法律制度的具体设计。在前文论证的基础上，本章针对我国小额发行豁免制度的核心内容做了具体的设计。第一，从正反两个方面对发行人的主体资格条件进行了设定，目的在于通过事前监管防范风险。第二，本书对设置法定发行限额应考虑的因素及相关计算规则进行了讨论。第三，对我国小额发行豁免制度中应当包含的投资者类型进行了探讨，并且对投资限额制度进行了设计。第四，对我国小额发行豁免制度的发行程序进行了设计。在前文确立了发行审核模式的基础上，对于审核主体及发行程序的基本内容进行了论证。第五，针对发行人在发行阶段的信息披露义务设定问题进行了论证。第六，对于小额发行豁免制度中其他两项相关制度进行了探讨，具体为公开劝诱及中介参与发行。

第八章为结论。通过前述研究，本章对未来我国构建小额发行豁免制度进行了简要展望，并且对本书通过研究得出的主要观点进行了归纳。

第六节 本书的创新

一、视角创新

本书以小额发行豁免制度的构建为题进行研究是对我国证券发行豁免法律制度研究范围的拓新。以往我国学者对证券发行豁免制度的研究多集中在私募发行豁免、股权众筹方面，对小额发行豁免制度的系统研究不足。本书从该项制度的内涵、理论基础、对国外立法的梳理入手，明确了小额发行豁免制度的基本内涵、性质、功能及价值。通过分析我国现有证券法律供给对于普通中小企业的不足，说明构建小额发行豁免制度的必要性。另外，本书在前述研究内容的基础上，针对我国如何构建此项制度，从多个方面展开论证，力争为此领域的研究增添有益的成果。

二、观点创新

一方面，本书通过论证指出比例原则是指导小额发行豁免制度设计的重要理论依据。另一方面，本书以我国现行证券法制环境为基础进行论证，为我国小额发行豁免制度设计了基本框架，并提出了具有创新性的若干制度设计建议。

具体而言，本书提出的立法建议主要包括如下几个方面。一是探讨了适合我国国情的小额发行豁免制度的模式，提出我国可以将简化审核模式作为制度构建的基础并设计了审核程序。二是提出由专门的场外交易市场负责对小额发行并挂牌交易的申请进行审核。审核通过后，由场外交易市场将审核结果及相关文件报送证监会备案。三是以我国《证券法》对于公开发行条件的设计思路为基础，结合适用小额发行豁免制度的企业层次特点，提出小额发行豁免制度应当降低普通中小企业的发行准入门槛，不为其设定硬性的财务、盈利指标，而侧重对其设立的资质及发行前的存续期间、业务合规及持续经营能力、规范运营及募集资金运用等方面进行规定，并以此促进其直接融资。将更具体的或更高的硬性条件交由场外交易市场来制定。把证券发行的权利尽可能交给市场，并且通过交易市场挂牌条件的控制来区分不同规模、不同性质的企业。四是适度降低小额发行人的信息披露要求，应当结合发行限额及保护投资者等因素进行综合衡量，避免信息披露成本过高；制定相应的激励措施鼓励发行人自愿披露。五是建议我国小额发行豁免制度的投资者由专业投资者与普通投资者构成。此外，本书提出以可投资净资产为依据为普通投资者设定 12 个月内的最高投资限额，并且可以考虑设计不同比例的限额制度。六是场外交易市场的建立。经过对我国现有证券交易市场与小额发行豁免制度的匹配性进行分析后，本书指出了小额发行在我国目前的证券交易市场流通中面临着诸多障碍，并且建议为小额发行豁免制度设立配套的场外交易市场。与此同时，本书对小额发行场外交易市场的内部运行制度进行了相应的设计。

第二章

证券小额发行豁免法律制度概述

构建小额发行豁免制度的起点在于对其本质及特征形成的清晰认识，并且以此作为基础展开延伸性的研究。为达成这一目标，可以通过对其基本内涵进行探究，以及分析该项制度与其他相关证券发行豁免法律制度之间的异同入手，以期对其形成一个基本的认知。在此基础之上，还需要明确该项制度在证券法律制度中的定位、功能及价值，以便为我国的制度设计提供一个明确的方向。

第一节　证券小额发行豁免法律制度的界定

一、　小额发行豁免制度的含义

依据制度间的逻辑关系，小额发行豁免制度隶属于证券发行豁免制度。准确界定小额发行豁免制度，还需以明确证券发行豁免制度的内涵为前提。本书从证券发行豁免制度产生的缘由入手进行分析。就证券发行行为的性质而言，其具有商事行为的属性，发行人通过发行证券的途径筹集资金，以满足自身发展的需要，其享有自主决定是否发行、发行证券的类别及数额、发行方式等权利。然而，由于证券发行（特别是公开发行）具有广泛的受众面、牵涉公共利益，所以证券市场的运行状况与一国的社会秩序、经济发展紧密相关。各国为有效维护证券市场秩序，保护多方利益，均选择以公权力介入的方式对证券发行等市场活动及各类市场主体进行严格监管。其中，证券监管机构通过发行审核制度对证券公开发行进行审查是证券发行监管活动中的一个重要环节。总体上，世界范围内的发行审核制度主要分为注册制与核准制。从两种制度的共同点来看，二者均要求发行人在发行前向证券监管机构提交申请文件并接受审核，同时要履行较为繁重的信息披露义务。在两种模式下，发行人均负担高昂的经济与时间成本。不过，这种严格的审核对于某些潜在风险程度较低的证券发行并无实施的必要。"在保护投资者安全的基本前提下，对于安全度可以依赖的证券或安全度值得依赖的某一次交易减轻或免于审核的法律制度在证券制度最为发达的美国率先产生，即所谓证券发行注册豁免制度"①。梳理美国《1933 年证券法》可见，该法确立了两大证券发行注册豁免制度体系，分别为豁免证券与豁免交易。综合两个条款的内容来看，可以被豁免注册的情形或是因为该证券本身风险较低，别的法律法规对其已有具体的监管；或是由于该证券的投资者具有足够的投资经验或成熟程度而不必获得《证券法》的保护；或是由于该次发行的证券数量较小，不足以对证券市场造成多大影响；或者上述情形兼而有之②。在宏观层面上，美国的证券发行注册豁免制度由相关法律、条例、规则，以及司法判例等共同构成。与注册豁免相对，在实行核准制的国家，这一制度被称为证券发行核准豁免制度。客观上，无论是注册豁免还是核准豁免，均体现出对于常规证券公开发行审核一般规则的突破，并且在一定程度上促进了证券市场的公平与效率。从监管程序角度观察，证券发行豁免制度免除了注册或核准环节；从实体权利义务角度观察，此项制度免除了发行人接受注册或核准审核的义务。由此，证券发行豁免制度可被定义为对于特定类型的证券发行或交易，免于注册或核准的法律制度。

接下来将视线转向小额发行豁免制度。依据前文，发行人享有豁免注册或核准的证券发行资格需要满足特定的法律条件。在小额发行豁免制度中，"小额"发行即是给予发行人豁免资格的一个核心前提条件。顾名思义，小额发行是指数额较小的证券发行。在数额不受立法限制的发行中，发行数额大小主要取决于发行人的实际融资需求。以股票常规公开发行为例，发行人会结合其主营业务、生产经营规模、财务状况、技术条件、管理能力、发展目标等因素，合理确定募集资金的用途，并且在经过测算后，通过内部决议确定发行数额。在正式发行前，还需通过证券监管机构的审核。与此不同，在小额发行豁免制度中，"小额"有两个方面的特殊表现：一是由立法确定了一个规模较小的最

---

① 周晓刚：《美国证券发行注册豁免制度研究》，《证券市场导报》2001 年第 4 期。
② 杨正洪：《美国证券发行注册豁免制度研究》，博士学位论文，北京大学，2008，第 11 页。

高发行限额[①]；二是发行人在法定期限内（一般为 12 个月）单次发行证券的数额，或者多次发行证券数额的总和不得超过最高限额。因此，适用小额发行豁免制度的证券发行也被称为"数量受限的发行"。可见，小额发行是一个相对的概念。进一步地，发行限额制度并非凭空产生，其立法构想来源于现实需求，即发行限额的确定以中小企业的实际融资需求为基础。受限于自身的规模及经营水平，中小企业的融资需求通常相对较小。与公开发行并上市的企业融资额度相比，小额发行豁免的额度相差甚远。立法者必须考虑实际情况，根据调研结果合理确定发行限额。

结合证券发行豁免制度的含义，本书将小额发行豁免制度界定为：对发行数额较小且受法定最高额度限制的证券发行免于注册或免于核准的法律制度。需要重点指出的是，不能仅凭字面含义理解小额发行豁免制度。实际上，国外立法表明，注册豁免或核准豁免皆非等同于完全免除发行审核，还包括减轻发行审核的情形。例如，美国小额发行豁免制度的代表《条例 A》就采用了简化发行审核的模式，适用该条例的发行也被称为"简式注册"发行。

二、 小额发行豁免制度在证券法律制度中的定位

讨论小额发行豁免制度在证券法律制度中的定位，实则分析其与证券法律制度间的关系。对此，可以先从一国证券法律制度的调整对象入手，确定小额发行豁免制度在其中所处的位置。"任何一个相对独立的法律体系，都是以一定范围的社会关系为其调整对象的"[②]，证券法律制度亦是如此。从总体上看，证券法律制度调整的对象主要包括证券发行关系、证券交易关系、证券服务关系与证券监管关系。这些关系的产生是以不同的市场主体及其相应行为为基础的。因此，证券法律制度对于这些关系的调整，包括对市场参与主体资质、权利义务关系及主体行为等方面的调整。通过前文关于小额发行豁免制度生成脉络的分析可知，其调整的对象是特殊的证券发行行为，即数量受限的证券发行，是对这种证券发行行为的规制。对二者调整对象的关联性分析，小额发行豁免制度隶属于证券法律制度中调整证券发行关系的制度范畴，具体为规制证券发行行为的制度，是证券一级市场领域的监管法律制度。

---

① 例如，美国《1933 年证券法》第 3（b）（1）条授权 SEC 对于 500 万美元以下的证券发行制定小额发行注册豁免的专门性监管规则或条例，免除发行人在联邦层面的注册义务。

② 万建华主编《证券法学》，北京大学出版社，2013，第 23 页。

　　进一步地，根据投资者范围、证券发行及转售方式等方面的差异，可将证券发行分为公开发行（公募）与非公开发行（私募）。根据小额发行豁免制度的特征，其属于证券公开发行。即小额发行豁免制度是证券公开发行法律制度中的特别制度，常规公开发行是一般情形，而小额发行豁免是例外。前文已经分析过小额发行豁免制度产生的原因，即发行规模小、公开发行的范围有限，不涉及广泛的社会公众利益。这一原因表明小额发行的对象同样为不特定的投资者，只是相较于常规公开发行而言，其涉及的公众面较小而已。若将小额发行豁免定位于非公开发行，则不具有逻辑合理性。因为在非公开发行中，发行规模受限并不是发行人取得豁免资格的原因。国外（如美国、欧盟国家及日本等）的多个立法例均将此项制度作为公开发行进行设计。而且，我国新《证券法》颁行前的修订草案也将小额发行豁免制度列入证券公开发行中。据此，小额发行豁免制度是一项特别的公开发行制度，其以常规公开发行制度为基础，在发行的适用条件、发行程序及发行人的权利义务等方面做出了特殊规定。需要特别予以明确的是，"虽然发行人享有发行豁免的资格、发行条件的门槛有所降低，但是其仍需接受监管，证券立法中的反欺诈等条款对小额发行依然适用"[1]。

第二节　证券小额发行豁免法律制度与其他发行豁免法律制度的辨析

一、　小额发行豁免制度与私募发行豁免法律制度

　　"私募发行是针对特定的对象、采取特定方式、接受特定规范的证券发行方式。"[2] 私募发行与公开发行相对，具有非公开发行的属性，其在证券发行豁免制度体系中占有重要地位且适用范围较广。虽然同为证券发行豁免制度，但是其与小额发行豁免制度在发行对象、发行方式等方面存在差异。

---

① Bradford C. Steven, "Transaction Exemptions in the Securities Act of 1933: An Economic Analysis," *Emory Law Journal* 45 (1996): 609.

② 郭雳：《美国证券私募发行法律问题研究》，北京大学出版社，2004，第 3 页。

（一）二者之间的关联

1. 风险程度

从各自蕴含的风险程度来看，《证券法》对两种发行的监管强度应低于常规公开发行。在小额发行中，由于单次发行的额度较小，所以在投资者保护及社会公共利益方面不足以产生较大的潜在风险。私募发行是针对特定对象为投资者进行的非公开发行，这些特定对象通常包括：公司的老股东或发行人的员工；投资基金、社会保险基金、保险公司、商业银行等金融机构以及与发行人有密切往来关系的企业等机构投资者。① 这种发行是针对特定对象私下进行的，其涉及的投资者数量或者范围有限。而且，私募发行中的投资者通常具有较强的防范风险的能力，体现在获取信息、投资知识及经验、资产数量，以及与发行人之间具有特殊关系等方面。"因此，给予私募发行一定的监管豁免，可以在不使《证券法》的功能、目标受损的前提下，使发行人大大节省筹资成本与时间，也使监管部门减少了审核负担，从而可以把监管的精力更多地集中在公开发行股票的监管、查处违法活动及保护中小投资者上。这在经济上无疑是有效率的。"②

2. 制度渊源

在美国证券法律环境下，"就渊源和体系而言，私募发行是作为'豁免交易'的一种，出现在美国证券法律框架中的"③，其起源于美国《1933 年证券法》。小额发行豁免制度亦是豁免交易的一种类型，可见二者在这一层面具有相同的属性。

（二）二者之间的主要差异

1. 发行对象

在小额发行豁免制度中，发行人针对不特定对象进行公开发行，通常没有人数限制，而且立法对于投资者的资格一般没有特殊要求④；在私募发行豁免法律制度下，发行模式为针对特定对象进行的非公开发行，并且通常有人数限

---

① 中国证券业协会编《证券市场基础知识》，中国金融出版社，2012，第 200 页。

② 焦津洪、娄家杭：《中国股票非公开发行研究——以美国法为视角》，《中外法学》2002 年第 4 期。

③ 郭雳：《美国证券私募发行法律问题研究》，北京大学出版社，2004，第 50 页。

④ 一般情况下，小额发行豁免制度对投资者没有特定要求，但也存在例外。例如，美国 SEC 根据《JOBS 法案》授权，于 2015 年颁布的《条例 A+》对原有的《条例 A》进行了修改，其中对于第二层级，即发行限额为 5000 万美元以下的发行，投资者或是根据《条例 D》规定的获许投资者，或是需要遵守投资限额规定的普通投资者。（在后续论述中详细介绍）

制，但人数标准并非界定私募发行的唯一依据①。

2. 发行方式

小额发行是证券公开发行中的一种情形。通常，在小额发行豁免制度中，发行人可以用公开的方式对外界宣传，招揽投资者。② 而在私募发行中，发行人通常不可以通过大众媒介进行公开劝诱。例如，我国《证券法》第九条规定："非公开发行证券，不得采用广告、公开劝诱和变相公开方式。"又如美国《条例D》规定，发行人及其代理人不得通过公开劝诱或公开广告的方式要约或销售证券，包括但不限于以下方式：① 在任何报纸、杂志（或类似的媒体上）或电视、电台上传播任何广告、文章、通知或者其他沟通信息；② 通过公开劝诱或者公开广告的方法邀请参与者参加任何讨论会或者其他会议。

有学者认为，"公开劝诱禁止不是投资者保护的结果，而是证券法区分公开发行和私募发行的产物"③。禁止公开劝诱与私募发行非公开的性质相适应，但是禁止劝诱也在一定程度上限制了私募发行豁免制度的实施效果，这主要体现在保护投资者与发行人承担的发行成本两个方面。鉴于此，美国SEC在《JOBS法案》要求下，取消了《条例D》中私募发行的公开劝诱禁止规定，允许发行人依据该条款进行的私募发行使用公开劝诱的方式。同时，允许发行人用传统的方式发行，而不进行公开劝诱。由此可见，公开劝诱通常在小额发行豁免制度中是被允许的，在私募发行中被禁止，但也存在例外情形。

3. 发行限额

在小额发行豁免制度中，发行人会受到法定发行额度的限制。例如，美国小额发行豁免制度的代表《条例D》将发行额度设置为每12个月不超过1000万美元，而在私募发行中则没有这方面的限制。

---

① 1953年，美国联邦最高法院对于罗尔顿公司案的最终判决表明，判断某次发行是否符合私募发行乃至适用私募发行豁免制度，应以证券购买人是否有获得作为其投资判断依据的关于发行人重要信息的渠道，以及购买者是否具有良好的自我保护能力，而不仅仅取决于人数限制。
② 一般情况下，小额发行豁免制度中不禁止发行人公开劝诱，但也存在例外。例如，美国《条例D》中即禁止公开劝诱，只有在满足特定条件下，才可以进行公开劝诱。其规定：若发行人在没有注册要求的州发行，但其已经在至少一个有注册、公开申报和销售前提供信息披露资料要求的州进行了注册，那么发行人则应依据该州的立法进行要约发售和销售，并且信息披露材料应在销售前提供给所有购买人（包括没有这些程序要求的州）；只有根据州法关于注册的豁免规定允许公开劝诱和广告，前提是该要约和销售针对的是如本条例中所定义的合格投资者。
③ 彭冰：《投资型众筹的法律逻辑》，北京大学出版社，2017，第146页。

4. 转售制度

在私募发行豁免法律制度中有对于证券的转售限制，目的是维护交易安全，保护投资者利益。另外，限制转售也可以避免私募发行中相关主体随意转让，规避证券公开发行的规定。在美国的私募发行制度中，《条例 D》对私募发行的转售做出了规定。在小额发行豁免制度中，通常没有证券转售方面的限制，但也存在例外。例如，美国《条例 D》要求投资者至少持有证券一年以上方可转售。

另外，小额发行豁免制度与私募发行豁免制度在对发行人的信息披露监管等方面也存在区别。

二、 小额发行豁免制度与股权众筹

（一） 二者之间的关联

2013 年，SEC 在发布的《众筹条例》建议规则中将众筹表述为："众筹（Crowdfunding）是一种新的、进化了的方法，其通过互联网进行集资。"具体地，众筹是指企业或个人通过向一大群人寻求小额资金，以筹集足够的资金从事某项活动的过程。股权众筹是众筹众多形式（奖励型众筹、捐赠型众筹、借贷型众筹、预购型众筹、股权型众筹）中的一种类型，我国将其界定为一种互联网金融业态，融资者通过互联网股权众筹平台公开向不特定的对象开展小额股权融资。① 投资者投资后获得股东地位，享有未来的收益权及股东的其他权利。目前，世界上许多国家均对其立法，最主要的目的在于便利小微、初创企业融资，促进本国经济发展。

股权众筹与小额发行豁免制度的关联主要表现在两个方面。第一，二者均具备证券小额、公开发行的性质。已对两种证券发行模式开展立法的国家均将二者视为证券公开发行，并且二者都有发行额度限制。第二，股权众筹监管立法以小额发行豁免制度为基础。为了使股权众筹低成本融资的优势得以发挥，许多国家为其设计了特别的发行豁免制度，股权众筹发行制度亦为一种小额发行豁免制度。例如，美国《JOBS 法案》即为股权众筹确立了特别发行豁免制

---

① 2015 年 7 月 18 日，中国人民银行等十部委联合发布了《关于促进互联网金融健康发展的指导意见》（以下简称《意见》）。《意见》明确指出，股权众筹融资主要是指通过互联网形式进行公开小额股权融资的活动。股权众筹融资必须通过股权众筹融资中介机构平台（互联网网站或其他类似的电子媒介）进行。

度，其在《1933 年证券法》的基础上增加了条款，形成新的关于股权众筹发行豁免的条款。在该豁免制度下，发行人在满足股权众筹发行的法定条件后，即被免除了发行注册义务。同时，该法新确立的一类融资平台——集资门户也被豁免注册为传统的经纪商。因此，股权众筹融资制度与小额发行豁免制度共同归属于证券发行豁免法律制度体系。

（二）二者之间的主要差异

1. 制度生成的路径

股权众筹监管立法的产生遵循了一条自下而上的路径。股权众筹发端于金融市场，是借由互联网形成的一种市场自发型的融资模式，是一项金融创新。后经各国证券监管机构将其纳入监管范畴，并且制定了相应的监管规则。而小额发行豁免制度的生成遵循的则是一条自上而下的路径。各国证券监管机构以便利中小企业融资为初衷，建立了以常规公开发行法律制度为基础的小额发行豁免制度。

2. 发行方式

股权众筹必须通过互联网融资中介平台开展线上投融资，这是此种金融业态原始的核心特征之一，也是各国监管规则所规定的法定适用要件之一。发行人可以通过互联网融资中介平台快速、广泛地面向外界发布融资信息，吸引投资者，降低发行成本。各国证券监管机构也对互联网融资中介平台制定了相应的监管规则，注重发挥其防范投资风险的优势。而在小额发行豁免制度中，发行人通常借助于传统证券中介机构发行证券。

3. 发行限额

股权众筹和小额发行豁免制度均有发行限额规定，立法设置限额均包含了控制风险、保护投资者利益的目的。当然，各国均根据各自国内市场中该项制度所针对类型企业的需求，经过大量的经济分析后，再设置额度。通常，在一国的立法中，股权众筹和小额发行豁免制度间的发行额度是存在差异的。股权众筹的发行额度要小于小额发行豁免制度中的限额，这主要是由于两种制度针对的证券发行企业的规模、成长阶段不同。以美国为例，股权众筹发行豁免制度主要服务于初创、小微企业，发行人每 12 个月的发行额度不得超过 500 万美元①。而小额发行豁免制度主要针对中小企业的融资，2015 年 3 月 25 日，

---

① 2015 年 10 月 30 日，SEC 正式发布《众筹条例》时所规定的发行限额为每 12 个月不超过 100 万美元。目前，该限额已被提升至 500 万美元。

SEC 发布了《条例 A》的最新修订版本——《条例 A+》，新版条例将小额发行的最高发行额度提升至每 12 个月内不超过 5000 万美元。2020 年 11 月 2 日，SEC 又将该条例下的最高发行额度提升至每 12 个月内不超过 7500 万美元。

4. 投资限额

股权众筹立法通常为非获许投资者设置了投资限额。以美国为例，SEC 制定的《众筹条例》对单个投资者在 12 个月内的投资额度做了限定。如果投资者的年收入或净资产低于 12.4 万美元，那么该投资者的投资限额取以下两者中较大者：2500 美元或投资者年收入或净资产的 5%。如果年收入和净资产都等于或超过 12.4 万美元，那么投资者的限额是他们年收入或净资产中较大者的 10%。一个人的年收入和净资产可以与该人的配偶联合计算；但是，当使用这种联合计算时，投资者配偶的投资总额不得超过在该收入或净资产水平上适用于个人投资者的限额。英国《关于网络众筹和通过其他方式发行不易变现证券的监管规则》对一般的零售客户投资者的投资额度进行了限制，即不超过其可投资净资产的 10%。在小额发行豁免制度中，投资限额并非一种普遍性的制度安排。比如美国《条例 D》中既未对投资者的类型做出限制，也未对投资限额予以规定，而《条例 A+》为第二发行层级中的非获许投资者规定了投资限额。

三、 小额发行豁免制度与区域证券发行豁免法律制度

在对区域证券发行豁免法律制度的分析中，本书主要以美国的州内证券发行豁免注册制度为例。美国《1933 年证券法》规定："作为只向单个州或准州的居民发行和出售的发行之组成部分的任何证券，该证券的发行人为该州或该准州的居民并在该州或准州范围内从事经营活动，如果该发行人是公司，该公司依照该州或准州法律注册成立并在其范围内从事经营活动"[①]，则该证券发行可以豁免在联邦层面的注册。区域证券发行豁免法律制度与小额发行豁免制度之间的关联与主要差异如下。

（一）二者之间的关联

区域证券发行豁免法律制度与小额发行豁免制度同为证券公开发行豁免制度的两种形式。两种制度的设立初衷是促进中小企业的发展、便于其融资。在

---

① 中国证券监督管理委员会：《美国〈1933 年证券法〉及相关证券交易委员会规则与规章（中英文对照本）》，法律出版社，2015，第 19 页。

适用这两种制度的发行人满足法定条件的前提下，均可以豁免在联邦层面的注册义务。

（二）二者之间的主要差异

1. 法律依据的层级

在区域发行豁免制度中，发行人依据《1933 年证券法》的规定获得联邦层面的注册豁免资格，但其仍需受该发行所涉及的州证券法监管。而小额发行在一般情形下，主要以一国的基本证券法律中的规定与特别适用规则为依据。如日本 2006 年《金融商品交易法》规定了小额发行豁免制度的基本条款。在美国的双层证券监管体制下，小额发行还需受到该发行涉及的州法的监管。

2. 发行范围

区域发行有严格的发行范围限制。例如，依据美国《1933 年证券法》的规定，发行人必须以本州居民为发行对象。SEC 制定的规则规定："发行人可以要求投资者提供本州住所的书面证明。如果投资者为非自然人，则以其主要营业地为标准证明其是否为本州居民。"① 而小额发行豁免制度没有对证券发行的地域范围进行限制。在美国的小额发行豁免制度中，发行人可以自行决定在哪些州发行证券。

3. 发行人资格

在小额发行豁免制度中，立法通常会对发行人的资格予以限制。例如，SEC 依据《1933 年证券法》制定的《条例 A》对于发行人的国籍、营业地予以规定，并且列举了若干负面情形（发行人曾因违反证券法而受到行政处罚或刑事制裁），以进一步排除具有信用风险的发行企业。而美国的州内发行豁免注册法律制度限定发行人必须是本州居民，并且在该州从事业务。根据 SEC 制定的规则，确定发行人在本州开展业务的标准有四条，符合其一即可。这四条标准分别为：发行人总体业务收入的 80% 来自该州；在发行人本次发行前最近一次的半年报告期间内，其全部财产的 80% 位于该州境内；发行人该次发行所募集资金的 80% 会被用于该州；发行人的雇员大多数来自该州。②

4. 发行限额

美国《1933 年证券法》规定的区域证券发行豁免法律制度并未对发行额

---

① SEC，"Exemptions to Facilitate Intrastate and Regional Securities Offerings," SEC Gov, accessed September 6, 2021, https://www.sec.gov/rules/final/2016/33-10238.pdf.

② 同上。

度进行限制。SEC 曾在其于 2015 年 10 月 30 日发布的《便利州内和区域性证券发行的豁免规则》征求意见稿中建议对于州内证券发行豁免设置 12 个月内 500 万美元的发行限额。但这一建议遭到反对，最终 SEC 没有坚持，并认为应当由各州来设定该发行限额较为适当。① 而在小额发行豁免制度中，发行限额则是最为基本的法定要件。

5. 转售限制

在小额发行豁免制度中，存在关于转售限制的规定。例如，SEC 制定的《条例 D》中规定，发行的证券不得在没有依据《证券法》进行注册或者获得注册豁免的情况下被转售。在这种情况下，投资者购买的为受限制证券。一般情况下，投资者必须在持有至少 1 年之后才可以售出购买的证券，除非发行人向 SEC 注册了该转售交易。在区域内发行豁免法律制度中也有这方面的限制。SEC 制定的规则规定："购买者从发行人处购买证券后 6 个月内，只能将证券转手给本州居民；6 个月以后，才可以转售给其他州的居民。"②

◤◢ 第三节　证券小额发行豁免法律制度的功能与价值

一、　小额发行豁免制度的功能

（一）直接功能

任何一项法律制度的构建都以对现实问题的回应为前提。对于各国而言，建立小额发行豁免制度的目的是通过发挥其融资成本低、便利中小企业获得外部资本这一直接功能，进一步帮助本国中小企业解决融资难题。小额发行豁免制度之所以具备这一功能，原因在于其内部包含了能够有效降低发行成本的特殊设计。

以美国的小额发行注册豁免制度③《条例 A》为例，SEC 制定此条例的初衷在于便利国内小企业（Small Businesses）④ 融资。《条例 A》最初颁行于

---

① 彭冰：《投资型众筹的法律逻辑》，北京大学出版社，2017，第 234 页。

② SEC，"Exemptions to Facilitate Intrastate and Regional Securities Offerings," SEC Gov，accessed September 6，2021，https://www.sec.gov/rules/final/2016/33-10238.pdf.

③ 美国实行的证券发行审核制度为注册制。

④ 美国官方没有"中小企业"这种表述，而是统称为"小企业"。

1936 年，SEC 于 2020 年 11 月 2 日对该条例做出了最新一次修改。在此之前，SEC 曾在 2014 年 1 月 23 日发布的《条例 A》修改建议规则中这样表述："国会在公众评论的背景下制定了第 3（b）（2）条①，建议扩大和更新《条例 A》，使其对小公司更为有用。第 3（b）（2）条要求我们参与制定规则，提升该条例的适用率，帮助小公司获得资本。"② 这一表述既反映出 SEC 制定规则的方向，又暗含了《条例 A》所应具备的主要功能。在制度设计方面，SEC 遵循差异化的监管理念，将小额发行与常规公开发行法律制度的主要适用对象予以区分，关注小企业的特殊需求。在此基础上，SEC 重点对发行前的审核程序及信息披露进行了适度简化。如此，发行人既不必接受复杂的注册审核，也无须履行过重的信息披露义务。这样的制度安排不仅降低了发行人的经济成本，而且可以减少发行的时间成本，使得符合条件的小企业通过证券市场进行公募融资变得现实。在制度适用效果方面，虽然修订前的《条例 A》适用率较低，但是有数据表明新条例得到了市场的认可，且适用率有所提升。对此，本书将在后续部分详加梳理及分析。此外，其他国家的小额发行豁免制度设计同样遵循了降低发行成本、适应中小企业需求的思路，体现出与常规公开发行法律制度间的区别。可以说，小额发行豁免制度以解决中小企业在证券发行领域融资成本高的问题为己任，发挥其直接功能。

与此同时，小额发行豁免制度对于中小企业融资难这一问题也给予了回应，拓宽了这类企业的融资渠道。中小企业融资难的主要表现是融资渠道不畅通、路径窄。造成这种经济现象的原因是多方面的，包括来自中小企业自身的能力、各国的金融体制及金融市场的发展程度等方面的影响。实践表明，完全依靠金融市场的自我调节是无法消除或有效扭转这种现象的，需要政府加以干预。具体地，政府主要可以通过法律制度或特殊政策供给来解决中小企业融资难这一问题，小额发行豁免制度的建立属于前者。以美国为例，联邦政府通过

---

① 最初，《条例 A》是 SEC 在 1936 年根据美国《1933 年证券法》制定的一项针对小额发行的豁免制度。2012 年 4 月 5 日，美国总统奥巴马签署了《JOBS 法案》，该法案第四章将《1933 年证券法》第 3 条（b）款修改为第 3（b）（1）条，并且在该条款结尾处增加一个新的条款第 3（b）（2）条。依据第 3（b）（2）条的规定，SEC 可以在该条款规定的豁免证券中新增一类证券，该类证券的发行限额为每 12 个月不超过 5000 万美元。

② SEC, "Proposed Rule Amendments for Small and Additional Issues Exemptions Under Section 3 (b) of the Securities Act", Govinfo, accessed October 23, 2021, https://www.govinfo.gov/content/pkg/FR-2014-01-23/pdf.

小企业管理局（Small Business Administration，SBA）制定相关政策，引导资本流向小企业。总体上，美国小企业融资的方式主要为民间借贷、商业银行贷款、金融投资公司投资、政府资助及股权融资等。SBA 在商业银行贷款、金融投资公司投资与政府资助三项融资方式中都为小企业提供了特殊政策，包括为企业贷款提供担保、审查和批准成立专门为小企业提供融资服务的创业投资公司，以及向小企业提供少量的直接贷款。而美国的小额发行豁免制度则是在 SEC 经授权后，专门为小企业制定的特殊制度。无论是 SBA 制定的特别政策，还是 SEC 制定的小额发行豁免制度，都体现了政府对于小企业融资问题的干预。小企业可以结合自身的性质及需求，在众多融资方式中进行权衡，进而做出选择。

在我国，"中小企业具有'五六七八九'的典型特征，贡献了 50% 以上的税收，60% 以上的 GDP，70% 以上的技术创新，80% 以上的城镇劳动就业，90% 以上的企业数量，是国民经济和社会发展的生力军，是建设现代化经济体系、推动经济实现高质量发展的重要基础，是扩大就业、改善民生的重要支撑，是企业家精神的重要发源地。"[1] 可见，中小企业的发展牵涉我国社会运行的多个关键方面，而促进中小企业发展，是保持国民经济平稳较快发展的重要基础，是关系民生和社会稳定的重大战略任务[2]。对此，我国一直采取多路径并进的策略扶持中小企业发展。具体包括：提供财税支持与信贷支持、开发专门性的金融产品和服务、建立担保融资制度、支持创业与创新、建设普惠金融体系等。而在 2020 年 7 月 24 日，由工业和信息化部联合国家发展改革委、科技部、财政部等 17 个部门发布的政策性文件《关于健全支持中小企业发展制度的若干意见》中，我国确立了完善中小企业直接融资支持制度的政策方向，力争逐步改变以间接融资为主的格局，支持更多优质中小企业进入资本市场。通过梳理该文件可知，我国在完善中小企业直接融资支持制度方面，除实施少数的新举措（如培育创业投资市场、鼓励中小企业通过并购重组对接资本市场）外，更主要的是以制度完善、加大对已有制度的实施力度来实现政策目标（如完善中小企业上市培育机制，鼓励地方加大对企业小升规、规改股、股

---

① 《刘鹤主持召开国务院促进中小企业发展工作领导小组第一次会议》，http://www.gov.cn/guowuyuan/ 2018-08/20/content_5315204.htm，访问日期：2021 年 10 月 23 日。

② 《国务院关于进一步促进中小企业发展的若干意见》，http://www.gov.cn/zwgk/2009-09/22/content_ 1423510.htm，访问日期：2021 年 10 月 25 日。

上市的支持）。未来，如果我国引入小额发行豁免制度，那么此举将是继续推行这项政策的重要一步，而且是一项重要的制度创新。可以预见，小额发行豁免制度在帮助中小企业获得新的发展机遇之时，也会辅助解决许多相互关联的社会问题，如就业率提升、某一生产领域上下游企业的共同发展等。

（二）延伸功能

除了融资成本低、便利中小企业获得外部资本这项直接功能之外，小额发行豁免制度还具有延伸性功能，主要表现为有利于推动多层次资本市场的完善。

资本市场有广义与狭义之分。广义的资本市场既包括证券市场，也包括银行的中长期借贷市场。而狭义的资本市场专指发行和流通股票、债券、基金及衍生品等证券的市场，即通常所说的证券市场。本书所讨论的资本市场为狭义层面的资本市场。不可否认，在现代市场经济发展过程中，资本市场发挥了积极的推动作用，一国市场经济的发达程度也与资本市场的发展状况直接相关。世界发达经济体的经验表明，建立多层次资本市场是满足市场内部多样化主体（不同规模、不同发展阶段融资者与不同层次、不同风险偏好的投资者）差异化需求的重要举措，能够高效地促进资本的优化配置，更好地服务于经济发展。以美国为例，其资本市场主要分为四个层次。第一层次为纽约证券交易所、纳斯达克全球精选市场及纳斯达克全球市场，该层次的资本市场是面向大型企业提供融资服务的全国性市场。第二层次为美国证券交易所和纳斯达克资本市场，该层次的资本市场是为中小企业提供融资服务的全国性市场。第三层次为区域性交易所市场，包括费城证券交易所、辛辛那提证券交易所等。第四层次为场外交易市场，主要包括 OTC 市场集团（OTC Markets Group）中的 OTCQX、OTCQB 和 OTC Pink 三个市场，该层次的资本市场为达不到交易所市场上市标准或没有上市意愿的发行人的证券提供流通场所。客观上，美国目前的多层次资本市场并非一蹴而就，而是在经过长期发展后，逐渐形成并不断完善的。例如，作为美国资本市场重要组成部分的纳斯达克市场成立于 1971 年，最初仅为电子报价系统。发展至 2006 年 2 月，纳斯达克市场获得证券交易所牌照，转变为场内市场。2006 年 7 月，纳斯达克市场宣布将市场分为三个层次，即纳斯达克全球精选市场、纳斯达克全球市场及纳斯达克资本市场。以微观视角进行观察，美国多层次资本市场内部层次清晰、定位明确且相互联通，市场监管也视层次不同而在强度方面有所差异。以宏观视角进行观察，美国多层次资本市场以较为完善的运行机制引导资本募集与配置，为美国整体经济的发展提供源源不断的动力。

对于多层次资本市场而言，证券发行法律制度及企业上市（挂牌）标准是其形成的重要基础，多样化的证券发行法律制度及企业上市（挂牌）标准将引导处于不同发展阶段、具有差异化融资需求的企业进入各个层次的资本市场中，并且以此促进多层次资本市场的完善。依据前文所述，小额发行豁免制度与广大普通中小企业的融资需求相匹配。同时，适用小额发行豁免制度融资的中小企业通常达不到申请在证券交易所市场上市交易的标准。在这种前提下，发行人可以申请在场外交易市场挂牌交易。基于此，小额发行豁免制度与资本市场中的场外交易市场板块具有高度的契合性。2020 年 3 月 4 日，SEC发布了《条例 A+》自 2015 年 6 月 19 日生效后至 2019 年 12 月 31 日之间的适用数据。在这段时间内，共有 346 位发行人获得发行资格，其中有 75 位发行人选择在场外交易市场报价交易。具体地，有 61 位发行人选择在 OTC Pink 市场交易，另有 14 位发行人选择在 OTCQX 或 OTCQB 市场交易。此外，有 11位发行人选择上市交易[1]，其余的 260 位发行人未有市场交易数据。对于部分发行人未有交易数据这种情形，有评论人士认为，由于《条例 A+》要求二级市场交易必须在州层面进行注册，所以限制了证券的流动性。[2] 实际上，适用《条例 A+》的发行人绝大部分都是相对年轻的小型发行人，并且只有不到一半的发行人创造了收入。[3] 如果《条例 A+》没有做出上述规定，那么发行人在二级市场交易的成本将会大大降低，绝大多数小型发行人将选择在场外市场进行交易，证券的流动性也会得到增强。理论上，小额发行豁免制度的建立会吸引更多的中小企业通过发行证券开展融资。为保证证券的流动性，发行人会选择申请进入相应的场外交易市场挂牌交易，进而有利于扩大此类市场的规模，并促进其不断完善。

再将视角转向国内。1978—1992 年，在我国全面启动经济体制改革之后，股份制经济逐步发展，资本市场也开始萌生。自证监会于 1992 年 10 月正式成立，资本市场也开始被纳入统一性监管，全国性的资本市场开始形成。1999—

---

[1] 由于《条例 A+》不限制发行人的规模，所以具有上市资格的公司也适用该条例。

[2] SEC, "Report to the Commission Regulation A Lookback Study and Offering Limit Review Analysis", SEC Gov, accessed October 30, 2121, https://www.sec.gov/files/regulationa-2020.pdf.

[3] 同上。

2007 年，以《证券法》的实施为标志，中国资本市场的法律地位得到确立。①
2004 年，《国务院关于推进资本市场改革开放和稳定发展的若干意见》提出
"健全资本市场体系"，"在统筹考虑资本市场合理布局和功能定位的基础上，
逐步建立满足不同类型企业融资需求的多层次资本市场体系"。② 之后，我国
将发展多层次资本市场作为一项重大战略目标。随着实践的不断推进，我国对
于多层次资本市场的认知也在不断加深，并且在之后提出了更加具体、明确的
任务。《中共中央关于全面深化改革若干重大问题的决定》（以下简称《决
定》）于 2013 年 11 月 15 日正式公布，该决定指出："健全多层次资本市场体
系，推进股票发行注册制改革，多渠道推动股权融资，发展并规范债券市场，
提高直接融资比重。"③ 于 2014 年 5 月 9 日发布的《国务院关于进一步促进资
本市场健康发展的若干意见》（以下简称《意见》）指出，促进我国资本市场
健康发展的主要任务是："加快建设多渠道、广覆盖、严监管、高效率的股权
市场，规范发展债券市场，拓展期货市场，着力优化市场体系结构、运行机
制、基础设施和外部环境，实现发行交易方式多样、投融资工具丰富、风险管
理功能完备、场内场外和公募私募协调发展。到 2020 年，基本形成结构合理、
功能完善、规范透明、稳健高效、开放包容的多层次资本市场体系。"④ 2017
年 10 月 18 日，习近平总书记在党的十九大报告中指出："加快完善社会主义
市场经济体制"，需要"深化金融体制改革，增强金融服务实体经济能力，提
高直接融资比重，促进多层次资本市场健康发展。"⑤ 我国 2019 年《政府工作
报告》再一次指出："改革完善资本市场基础制度，促进多层次资本市场健康
稳定发展，提高直接融资特别是股权融资比重。"⑥ 2022 年 10 月 16 日，习近

① 《中国资本市场发展报告》，http://www.csrc.gov.cn/csrc/c101799/c1003784/content.shtml，访问日期：
2021 年 11 月 6 日。
② 《国务院关于推进资本市场改革开放和稳定发展的若干意见》，https://www.gov.cn/zhengce/content/
2008-03/28/content_2071.htm，访问日期：2021 年 11 月 6 日。
③ 《中共中央关于全面深化改革若干重大问题的决定》，http://politics.people.com.cn/n/2013/1116/
c1001-23560979.html，访问日期：2021 年 12 月 12 日。
④ 《国务院关于进一步促进资本市场健康发展的若干意见》，http://www.gov.cn/zhengce/content/2014-
05/09/content_8798.htm，访问日期：2021 年 12 月 18 日。
⑤ 《决胜全面建成小康社会 夺取新时代中国特色社会主义伟大胜利》，https://www.gov.cn/zhuanti/2017-
10/27/content_5234876.htm，访问日期：2021 年 12 月 23 日。
⑥ 《2019 中国政府工作报告》，http://www.gov.cn/zhuanti/2019qglh/2019lhzfgzbg/，访问日期：2021 年
12 月 23 日。

平总书记在党的二十大报告中再次指出："构建高水平社会主义市场经济体制"，需要"健全资本市场功能，提高直接融资比重"。① 由此可见，建立多层次的资本市场，并且促进其健康发展是我国需要长期坚持的一项重要政策。我国的资本市场从 20 世纪 70 年代末期萌生发展到今天，得益于政策层面的支持及法律层面的保障，已经成为世界第二大规模的资本市场。

在 2019 年《政府工作报告》中，可以关注到一个关键句"改革完善资本市场基础制度"。2024 年 1 月 22 日，国务院总理李强主持召开国务院常务会议，强调"要进一步健全完善资本市场基础制度"。② 对此，本书认为，资本市场的基础制度是一个范畴，包含了若干确保资本市场得以良好运行的基本制度。具体地，证券发行与交易制度、投资者保护制度、上市公司治理制度、监管执法和风险防控制度、金融基础设施建设、退市制度、中介机构监管制度，以及现货市场与期货市场制度等都属于这一范畴。相应地，小额发行豁免制度位于证券发行法律制度之中。因此，未来我国引入小额发行豁免制度，既是对资本市场基础制度的创新，又是完善多层次资本市场功能的重要举措。具体而言，引入此项制度，不仅可以填补我国证券发行法律制度的空白，而且可以增强我国资本市场的包容性、提升中小企业直接融资的比重。另外，依据前述《意见》，我国未来的多层次资本市场应当包含股票市场和债券市场、公募及私募发行方式、现货和期货交易、场内和场外交易市场等内容，这无疑是对构建我国资本市场的全方位布局。逐步地，小额发行豁免制度的建立与适用尤其会使我国场外市场获得更好的发展。

二、 小额发行豁免制度的价值

便利中小企业低成本公募融资是小额发行豁免制度的核心功能，建立此项制度表现出国家对中小企业的特别关注，体现了对这一弱势群体融资难题的正视。而且，小额发行豁免制度的建立也突显了一国在中小企业融资问题上对于公平价值的追求。

作为一项重要的价值理念，公平具有多重的外延。"以现实生活中人们的

---

① 习近平：《高举中国特色社会主义伟大旗帜　为全面建设社会主义现代化国家而团结奋斗——在中国共产党第二十次全国代表大会上的报告》，https：// www.gov.cn/xinwen/2022 - 10/25/content_ 5721685.htm，访问日期：2024 年 1 月 30 日。

② 《李强主持召开国务院常务会议　研究全面推进乡村振兴有关举措等》，https：//www. gov. cn/yao- wen/liebiao/202401/content_ 6927581. htm，访问日期：2024 年 1 月 30 日。

活动领域为标准，我们可以把公平分为经济公平、政治公平、社会公平和法律公平。"[①] 其中，"社会公平是指社会的政治利益、经济利益和其他利益在全体社会成员之间合理而平等的分配"[②]，它注重在社会治理中协调不同主体间的利益关系，并以此促进社会和谐发展。为实现这一总体目标，社会公平又被划分为多个方面予以践行。机会公平就是其中之一，它是指社会成员在利用生存与发展的资源和空间时拥有公平的机会。[③] 从创制小额发行豁免制度的初衷来看，其也蕴含了机会公平的理念。

中小企业作为一类重要的社会群体，其在金融市场融资的能力相较于大型企业偏弱。中小企业无法与大型企业获得同等丰富的金融资源，并且负担融资成本的能力也无法与大型企业相提并论。这种融资能力的强弱差异根源于中小企业与大型企业综合实力（包括企业规模、资金实力、技术能力、持续经营能力及持续盈利能力等方面）的差距。而且，企业间综合实力的差异如同自然人之间的天赋高低一样，是客观存在且无法被消除的。较弱的综合实力使中小企业对社会资本的利用能力受到制约，而且某些自带的先天因素（如所有制、地域因素等）也为其招致了金融排斥，进而影响了这类主体获得金融资源的数量与质量。从另一角度观察，综合实力的差距也使得中小企业无法获得与大型企业同等的融资机会。美国学者罗尔斯认为："一个社会体系的正义，本质上依赖于如何分配基本的权利义务，依赖于在社会的不同阶层中存在着的经济机会和社会条件。"[④] 对于中小企业而言，其可以接受公平竞争后带来的市场优胜劣汰的结果，但前提是一国政府为这类群体创造充分的接触外部资本的机遇，并且尽量消除外在不良因素（如制度不完善或缺失、垄断等）引发的金融资源配置不公平现象。

小额发行豁免制度以促进中小企业资本形成为重要目标，为这类金融主体提供了一条新的融资途径，也使得金融市场中的机会公平的实践又向前迈进了一步。一方面，小额发行豁免制度使得中小企业通过证券公开发行融资具有了可行性。客观上，常规公开发行法律制度的适用成本较高，利用此项制度融资的企业通常为成熟的大中型企业，这种情况在各国是较为普遍的。而普通中小

---

① 李昌麒、黄茂钦：《公平分享：改革发展成果分享的现代理念》，《社会学研究》2006 年第 4 期。
② 俞可平：《社会公平和善治是建设和谐社会的两大基石》，《中国特色社会主义研究》2005 年第 1 期。
③ 李昌麒、黄茂钦：《公平分享：改革发展成果分享的现代理念》，《社会学研究》2006 年第 4 期。
④ 罗尔斯：《正义论》，何怀宏等译，中国社会科学出版社，1988，第 58 页。

企业的融资需求相对较小，通过常规公开发行法律制度融资将得不偿失。小额发行豁免制度以适用成本较低的优势为中小企业创造了外部融资条件，使其可以通过直接融资方式获得资本支持，并且使得证券公开发行市场不再只是成熟大中型企业的专属融资场所。另一方面，小额发行豁免制度使中小企业能够摆脱所有制、地域差异带来的融资障碍。不可否认，在金融资源配置方面，一国内部不同所有制的企业、来自不同地域的企业面临的融资境遇是不同的。具体而言，非国有企业相较于国有企业获得的金融资源较为有限，农村地区与城市获得的基础性金融资源配置之间也不均衡。而且，非国有企业与农村地区企业获得充足、优质金融资源的难度也相对较大。小额发行豁免制度并非专门为某一所有制企业或某一地域的企业而制定，是一国以广大普通中小企业这一群体为对象而创设，它破除了所有制与地域因素给这类企业融资设置的藩篱。当企业满足制度预设的条件后，即可获得发行资格。

本质上，拓宽中小企业的融资渠道即是为其提供更多接触社会资本的机会，包含了为其营造更加公平的发展环境之意。而建立小额发行豁免制度则是实现机会公平的一次尝试，是使社会资本在大型企业与中小企业之间适度分配的一项有益举措。机会公平理念并不主张结果平均主义，并不意图通过消除社会成员之间的差异而寻求绝对意义上的结果平均，而是力争使各类社会成员都能够通过符合自身层面特征及需求的制度、政策或渠道获得发展的机遇。小额发行豁免制度以中小企业为制度适用对象，其内部规则以中小企业的特征及需求为依据而设计，为中小企业在证券市场开展公募融资提供了一种专门性工具，以弥补其获取外部金融资源能力的不足。同时，具有更大融资需求的成熟大中型企业则可以通过常规公开发行法律制度获得外部资本。由此，不同规模的企业在公开发行证券的渠道中，均享有与各自相适应的融资模式，即平等地享有各自通过证券市场公募融资的起点。

需要说明的是，社会公平并不是毫无标准地一味施舍。小额发行豁免制度中的核心部分包括：发行人的条件、发行限额、信息披露、发行方式及程序、投资者保护等。其中，发行人的条件限定了拟融资企业的资格，这样的制度安排将给予资质优等的中小企业融资机会，也将部分劣等企业排除在市场之外，择优之举会在一定程度上发挥保护投资者的功能。

第三章

证券小额发行豁免法律制度的理论基础

　　法律制度的构建需要相关的理论依据作为支撑，否则会因为缺乏坚实的基础而成为无源之水、无本之木。小额发行豁免制度的构建以解决中小企业融资难题为初衷，为其开辟一条直接融资的渠道。国外的制度实践表明，相对于常规证券公开发行而言，施加于小额发行的监管强度有所降低且极大地减少了发行成本。此种效果的产生以豁免对符合法定条件的小额发行强制注册或核准为前提，并辅以减轻信息披露义务等配套制度。进一步地，如何理解这项差异化制度设计的逻辑，需要对其背后的理论基础予以阐释。从中小企业的视角观察，该制度有效地平衡了小规模发行的费用支出与融资所得，体现出制度设计者权衡成本与收益的思维。从证券监管的角度思考，该制度视小额发行的潜在风险程度给予强弱匹配的监管，体现了对于监管权力的克制，反映出比例原则的意蕴。鉴于此，本书将结合经济学的成本与收益理论、行政法的比例原则来论证构建小额发行豁免制度的合理性，以明晰其理论基础。

第一节　基于成本与收益理论对证券小额发行的衡量

　　成本与收益理论是经济学的重要内容，主要应用于市场经济条件下企业的生产经营领域。其核心功能在于辅助这类经济单位做出相对最优的决策、合理配置各类资源，满足其利润最大化的需求。对于构建小额发行豁免制度的合理性，诸多学者从证券发行成本与收益的角度表达了观点。例如，Rutheford B.

Campbell[1]、Stuart R. Cohn[2] 和 Gregory C. Yadley 与金永军[3]等均认为小额发行负担常规公开发行制度下的高昂发行费用并不现实,给予其豁免资格是合乎逻辑的。此种观点将成本与收益理论及小额发行豁免制度建立了关联。不过,何为证券发行的成本与收益? 小额发行为什么无法承担常规公开发行的成本? 解答这两个问题,将更有利于证明成本与收益理论对于小额发行豁免制度的支撑作用。

一、 成本与收益理论应用于证券发行的契合点

证券发行是金融领域的一项特殊活动。作为资金短缺一方,发行人通过发行证券向社会筹集资金并用于自身的发展。发行证券与企业生产经营不同,发行人并非通过生产、销售产品获得收益,而是以满足法定发行条件并向社会公开自身信息为前提,方可获得外部资金支持。不过,证券发行与企业生产经营在外在表现方面具有相通之处。首先,二者皆需进行前期投入,即产生成本。例如,在生产经营中,企业会因购买或租用他人所拥有的生产要素而产生实际支出;在证券发行中,发行人前期投入的发行费用可被视作发行成本。其次,二者都以获得收益为目的。在生产经营中,收益是指企业销售产品得到的全部货币收益;在证券发行中,发行人募集的资金是其发行所得,可以被视为发行阶段的"收益"。当然,这里是借用经济学中的概念进行对比。在二者间有了基本的对应点之后,利用成本与收益理论对证券发行行为进行解释也具有了切入点。

经济学成本与收益理论中包含了若干种成本概念[4],立足证券发行阶段观察,最为关键的成本类型可对应为经济学中的显成本。以我国股票常规公开发行为例,发行人需要承担的显成本,即其需要支付的发行费用,主要包括保荐费、承销费、审计费、评估及验资费、律师费、用于本次发行上市的信息披露费、发行手续费、材料制作费等。这些费用全部可以用货币计量并记录在会计账目中。如果企业在以往的经营中存在历史遗留问题,还需负担规范化成本,

① Rutheford B. Campbell, "The SEC's Regulation A+: Small Business Goes Under the Bus Again," *Kentucky Law Journal* 104, no. 2 (2016): 325.

② Stuart R. Cohn, Gregory C. Yadley, "Capital Offense: The SEC's Continuing Failure to Address Small Business Financing Concerns", *NYU Journal of Law and Business* 4, no. 1 (2007): 79.

③ 金永军:《美国中小企业证券制度研究及启示》,《上海金融》2012 年第 2 期。

④ 经济学中的成本概念主要包括机会成本、显成本与隐成本、沉没成本、短期成本与长期成本、边际成本等。

如税收、社保等。另外，发行人在筹备发行过程中也会利用自有资源，产生一些不需要支出货币且不进入本次发行费用账目的成本，可以视为经济学中的隐成本。在"发行收益"一端，则具体是指募集资金总额减去发行费用后的剩余部分，即募集资金净额。依据程序性规则，发行人必须在招股说明书中针对发行中的募集资金总额、发行费用及募集资金净额向社会披露。

二、 构建小额发行豁免制度的合理性——基于数据统计分析

（一）股票公开发行并上市费用数据统计分析

"从经济学的角度分析，只有在注册的收益超过成本的情况下，证券法的注册要求才是合理的。"[1] 在适用常规公开发行法律制度的证券发行中，发行人需要依法准备复杂的发行申请文件，并且按照法定程序接受证券监管机构的审核，履行严格的强制信息披露义务。常规公开发行程序给发行人带来了巨大的成本，主要表现为高额的经济成本支出与大量的时间成本耗费。以美国证券注册制下的公开发行为例，任何证券公开发行如果不是被《证券法》予以豁免的特例，均需依法向 SEC 申请注册。在提交申请注册登记表时，申请人应向 SEC 交纳费用，收费按拟发售证券的最高总价计算，每 100 万美元需交纳 92 美元（在 2003 财政年度及以后各财政年度，委员会应于各财政年度发布命令调整该年度的收费费率）。[2] 美国有关部门曾对 2006—2011 年上市的 35 家新兴成长型公司的 IPO（募集资金数额均在 2 亿美元以下）成本进行调查，结果显示：实现 IPO 初始合规平均成本为 250 万美元，企业上市之后，每年的持续合规平均成本为 150 万美元。[3] 发行人在履行一系列注册程序过程中，还需要聘请专业的中介机构参与，这也将使发行人支付大额的经济支出。有学者针对在美国首次公开发行中发行人向承销商支付的费用比例做过调查研究，结果显示，承销费用大约占融资金额的 7%。[4] 前述 250 万美元的成本是固定成本，

---

[1] Bradford C. Steven, "Transaction Exemptions in the Securities Act of 1933: An Economic Analysis," *Emory Law Journal* 45, no. 2 (1996): 596.

[2] 中国证券监督管理委员会：《美国〈1933 年证券法〉及相关证券交易委员会规则与规章（中英文对照本）》，法律出版社，2015，第 19 页。

[3] IPO Task Force, "Rebuilding the IPO On-Ramp Putting Emerging Companies and the Job Market Back on the Road to Growth", SEC Gov, October 20, 2011, accessed December 25, 2021, https://www.sec.gov/info/smallbus/acsec/rebuilding_the_ipo_on-ramp.pdf.

[4] Mark Abrahamson, Tim J. Jones, "Why Don't U.S Issues Demand European Fees for IPOs?", *Journal of Finance* 66, no. 26 (2011): 1.

与承销费按照融资金额的比例收取不同，无论融资额度的大小，均需要支付。[1]

再将视线转向我国，发行人适用我国常规公开发行法律制度同样需要支付昂贵的发行费用。为说明问题，本书以我国股票公开发行的相关费用数据为对象进行分析，以明确在我国注册制下，公开发行股票并在证券交易所上市成本的一些情况。对此，本书首先以上海证券交易所、深圳证券交易所及北京证券交易所（北交所）网站公布的首次公开发行并上市的招股说明书为依托，分别选取创业板、科创板、主板[2]及北交所 2023 年 1 月至 6 月共 176 家企业的发行费用数据[3]进行统计，见表 3-1。

表 3-1　创业板、科创板、主板、北交所首次公开发行并上市发行费用概况

费用概况		板块			
		创业板	科创板	主板	北交所
募集资金 总额/亿元	中位数	9.59	12.69	7.93	1.58
	平均值	12.26	19.67	12.53	2.08
	最高值	45.00	110.72	72.00	7.48
	最低值	3.63	5.25	2.48	0.68
发行费用 合计/万元	中位数	9609.76	11093.31	8710.59	1853.08
	平均值	10971.56	13751.25	11105.80	2247.18
	最高值	24690.67	31583.06	36544.14	7092.91
	最低值	5175.95	6090.83	3194.42	879.51
承销保荐费 /万元	中位数	7393.95	8482.74	5818.80	1253.01
	平均值	8398.42	11103.45	8072.38	1576.71
	最高值	21701.11	28052.07	33211.32	5732.13
	最低值	3200.00	4336.71	1378.96	287.26
审计验资费 /万元	中位数	1300.00	1196.23	1141.51	377.36
	平均值	1404.90	1311.84	1287.07	420.28
	最高值	2793.21	5390.00	2241.08	905.66
	最低值	509.43	528.30	509.25	139.06

---

[1] 彭冰：《投资型众筹的法律逻辑》，北京大学出版社，2017，第 182 页。

[2] 经证监会批准，深交所主板与中小板于 2021 年 4 月 6 日正式合并，中小板成为主板市场的一部分。

[3] 2023 年 1—6 月，4 个板块共新增 176 家首次公开发行并上市的企业。其中，主板 37 家、创业板 55 家、科创板 39 家、北交所 45 家。在此，本书不列举 176 家企业的基本信息及详细的发行费用数据，仅列出统计结果（保留小数点后两位）。

表3-1(续)

费用概况		板块			
		创业板	科创板	主板	北交所
律师费/万元	中位数	680.00	641.51	613.21	167.92
	平均值	705.26	781.88	636.44	198.45
	最高值	1718.00	4418.71	1222.17	656.72
	最低值	167.78	245.28	141.51	70.75
信息披露费/万元	中位数	432.08	457.55	485.85	51.90
	平均值	443.27	465.05	493.57	48.63
	最高值	607.55	566.04	589.00	83.02
	最低值	323.58	316.04	408.49	9.43
发行手续费/万元	中位数	42.46	74.60	68.50	15.31
	平均值	65.40	89.02	84.96	23.06
	最高值	338.49	361.91	259.05	83.93
	最低值	4.76	21.00	10.03	0.12

资料来源：上海证券交易所、深圳证券交易所、北京证券交易所网站。

根据统计结果，得出以下结论。其一，发行费用与募集资金数额成正相关关系，即随着募集资金数额上升，发行费用数额随之增加。在4个板块中，科创板募集资金总额平均值最高，北交所平均值最低。相应地，科创板的发行费用合计平均值最高，北交所平均值最低。而且，在同一板块内部，企业支出的发行费用同样会随着募集资金数额的上升而增加。其二，在发行费用中，承销保荐费、审计验资费、律师费、信息披露费是重要组成部分，承销保荐费占比最高。其三，发行人在我国注册制下，公开发行股票并上市需要承担巨大的经济支出。即便在平均融资规模较小、服务创新型中小企业的北交所公开发行上市，发行费用的平均值也达到2247.18万元。此外，在发行人负担的成本中，除了较易于以货币额度进行量化的成本支出外，筹备发行阶段及发行上市审核程序所耗费的时间成本也不容忽视。不过，由于发行成本与收益比例适当且企业能够负担，所以《证券法》对于注册制发行的制度设计是具有合理性的。进一步地，本书依据采集数据的实际情况计算出4个板块的发行费率，见表3-2。

表3-2 创业板、科创板、主板、北交所发行费用占募集资金总额的比率

比率		板块			
		创业板	科创板	主板	北交所
发行费率	中位数	9.79%	8.4%	10.64%	11.88%
	平均值	9.91%	8.48%	10.62%	11.42%
	最高值	16.48%	15.07%	20.74%	13.44%
	最低值	4.7%	2.37%	3.14%	8.55%

资料来源：上海证券交易所、深圳证券交易所、北京证券交易所网站。

计算结果显示：北交所的平均发行费率最高，其后分别为主板、创业板、科创板。从另一个角度观察，募集资金数额越低，发行费用占比越高，即发行费率与融资规模大小成反比。为进一步验证这一规律，本书将4个板块的募集资金总额分划为5亿元以下、5亿~10亿元、10亿~30亿元及30亿元以上4个档位①，并分别计算不同档位的平均发行费率。计算结果显示：在4个板块各自内部，发行费率与募集资金数额大小亦成反比，见表3-3。

表3-3 创业板、科创板、主板、北交所发行费用所占募集资金总额的平均比率

募集资金总额档位	板块			
	创业板	科创板	主板	北交所
5亿元以下	16.48%	—	13.61%	12%
5亿~10亿元	10.71%	10.72%	11.59%	9.49%
10亿~30亿元	8.86%	8.28%	8.55%	—
30亿元以上	5.09%	5.87%	4.75%	—

资料来源：上海证券交易所、深圳证券交易所、北京证券交易所网站。

（二）成本收益分析下的小额发行豁免制度生成逻辑

与本书的研究思路类似，有学者亦曾针对美国境内的1028次IPO数据进行分析，发现了相同的规律。例如，当公司募股金额在10万美元至199.9999万美元之间时，平均总直接现金支出占募集资金的19.48%；而当募股金额为1000万美元或更多时，平均总直接现金支出占募集资金的9.34%。究其原因，

---

① 创业板5亿元以下的发行共1次（1家公司），5亿~10亿元的发行共31次（31家公司），10亿~30亿元的发行共21次（21家公司），30亿元以上的发行共2次（2家公司）；科创板5亿~10亿元的发行共8次（8家公司），10亿~30亿元的发行共26次（26家公司），30亿元以上的发行共5次（5家公司），无5亿元以下的发行；主板5亿元以下的发行共6次（6家公司），5亿~10亿元的发行共19次（19家公司），10亿~30亿元的发行共9次（9家公司），30亿元以上的发行共3次（3家公司）；北交所5亿元以下的发行共44次（4家公司），5亿~10亿元的发行共1次（1家公司），无10亿元以上的发行。

固定发行成本是一个不可忽略的重要因素。上海证券交易所于 2017 年做过统计，我国主板公开发行上市的收费标准为：保荐费一般为 200 万～400 万元，中位数为 250 万元；承销费一般占承销额的 5%～10%，中位数为 2500 万元；会计师费一般为 200 万～500 万元，中位数为 260 万元；律师费一般为 100 万～350 万元，中位数为 150 万元；评估费一般为 10 万～40 万元，中位数为 30 万元①。对于相对较小的发行，其发行成本占比相对较高。随着发行数额的提升，虽然产生了额外的成本，并增加了发行的总成本，但初始的固定成本会分摊在更大的发行数额上。同时，发行人与中介机构也将参照行业标准协商确定相关服务费用，避免发行成本与收益比例失衡。然而，当发行数额小到一定程度（如接近或低于固定发行成本）时，适用常规公开发行制度将导致成本与收益间的比例不合理，这种规模的发行在经济上是效率低下的。对于这一结论，欧盟小额发行豁免制度能够给出很好的例证。欧洲议会与欧盟理事会制定的招股说明书框架原则性规定《第（EU）2017/1129 号条例》序言部分第（12）条这样表述："对于在联盟范围内进行的额度在 100 万欧元以下的发行，依据本条例制作招股说明书的成本会与发行的预期收益不成比例。因此，对于这种小规模发行不应当被要求依据本条例制作招股说明书。"该条款表明，100 万欧元的发行数额是一个临界点，低于此额度的发行将使发行人承担过高且不合理的成本。

在达不到交易所上市标准的中小企业一侧，其融资需求相对较小。若要求这类中小企业适用常规公开发行制度，极有可能因为发行数额低于或接近固定成本而不可行。可以说，常规公开发行制度与中小企业周期短、频率高、额度小的融资特征，以及低成本融资的需求不相匹配。相对于额度较小的发行而言，与收益相比较，注册或核准发行的成本太高，因此豁免注册或核准具有经济合理性。国外的证券发行制度显示，在小额发行豁免制度设计下，发行程序及信息披露内容得到简化。在保证成本与收益比例合理的前提下，该项制度不仅可以使发行人节省发行费用，而且能够减少发行的时间成本。这样的设计对于众多具有迫切融资需求、无力承担高昂发行成本的中小企业极为有利。

前文的分析主要以显成本为基础展开，用以阐释成本收益理论对构建小额发行豁免制度的支撑作用。此项制度的建立为中小企业增加了一条新的融资途

---

① 《企业改制上市常见三十问》，http：//www.sse.com.cn/services/list/ipo/questions/，访问日期：2022 年 12 月 16 日。

径，使其可以在多样化的直接或间接融资途径中进行选择。由此，经济学的机会成本理论即获得了发挥指导作用的空间。"机会成本是指生产者所放弃的使用相同的生产要素在其他生产用途中所能获得的最高收入"①。机会成本不是真实的支出，而是观念上的成本或损失。机会成本告诉企业要将有限的资源投入在最有价值、代价最小的地方，放弃次优的资源利用选择。在企业做出生产投入决策时，必须考虑收益，要在多个选择间加以衡量。若机会成本大于收益，则是不合理的。"尽管机会成本是隐性的，但在做经济决策时必须予以考虑。"② 以机会成本理论为指导，中小企业需要分析多种融资途径各自的成本与收益比例，从而做出最优选择，实现融资收益最大化的目标。

鉴于上述分析，无论是国外已有制度经验，还是基于我国证券市场数据的分析结论，都能够有力地表明成本收益理论能够作为支撑小额发行豁免制度构建的重要依据，二者之间表现出较高的契合性。

三、 成本收益分析在小额发行豁免制度设计中的应用

前文利用经济学中的成本与收益理论解释了小额发行豁免制度创制的合理性，而在当今世界许多国家的金融立法活动中，成本收益分析方法已成为一种辅助立法的重要工具，并且形成了相应的制度，取得了良好的效果。"立法成本效益分析制度是立法学与经济学交叉研究的产物，属于法经济学研究的范畴。"③ "成本收益分析的中心或目标就是要实现所期望的效率：法律的资源配置效率和法律的制定实施效率。"④ "虽然经济学与法学属于不同的领域，法律方法和经济方法也存在差异，但是常常会得出相同的结论。就同一个法律规则而言，法学家维护的是公正，经济学家维护的是效率。"⑤ "但崇尚效率并不意味着排斥公正，用经济的方法分析法律同样可以达到追求正义的目标。"⑥ 通过立法进行成本收益分析是追求立法公正的一条途径。从成本收益分析方法应

---

① 高鸿业主编《微观经济学》，中国人民大学出版社，2018，第 120 页。

② 平狄克、鲁宾费尔德：《微观经济学》，高远译，中国人民大学出版社，2009，第 206 页。

③ 刘少军：《立法成本效益分析制度研究》，中国政法大学出版社，2011，第 40 页。

④ 谭立：《证券信息披露法理论研究》，中国检察出版社，2009，第 125 页。

⑤ 孙成文、宫钊：《立法的成本与效益研究》，《山东行政学院山东省经济管理干部学院学报》2005 年第 S2 期。

⑥ 董翔：《美国证券立法中成本效益分析方法的应用及借鉴》，博士学位论文，华东政法大学，2014，第 29 页。

用于证券监管立法实践的情况来看，该方法在小额发行豁免制度设计过程中的应用主要体现在以下两个方面。

（一）辅助立法的事前评估

成本收益分析提供了一种结构化的方法来评估立法预期产生的成本和收益，它试图在可能的情况下描述和量化立法可能产生的影响，包括对发行人、投资者、证券市场和金融监管机构的影响。在立法工作的早期阶段，高水平的成本收益分析可以帮助立法者在若干方案中进行选择。在做出初步选择之后，全面的成本收益分析将帮助立法者了解该项方案可能产生的影响，进而辅助立法者制定出最佳方案。金融立法作为法律创制的一个具体代表，其根本目的是为各类金融市场的建立及机制运行提供良好的制度保障。基于此，必须保证自身遵循科学性立法原则。具体而言，立法者要保证金融立法活动具有理性化的特征，并且始终坚持主客观相一致。对此，有学者认为，"法是通过理性所组织和发展起来的经验，由政治上有组织社会的造法或颁法机关正式公布，并受到社会强力的支持。"① 既然如此，可以将理性化及主客观相一致理解为立法追求的目标。要实现这些目标，立法者在实践中需要采用一些特定的方法来考察社会的实际情况、预测拟创制法律的社会影响，以及确定自身在立法过程中的消耗等，进而决策如何实施后续的举措。实际上，对于这些方面的衡量体现了立法者对于立法活动成本收益的思考。而经济学中的成本收益分析方法可以为此提供助力，有助于对其中的某些方面进行量化，进而辅助立法者对立法成本收益做出判断，选择最佳方案。美国 SEC 在 2014 年对其修订的小额发行注册豁免监管规则《条例 A》的建议稿进行了成本收益分析，并且将该建议规则及分析结果向社会公布，以征求意见及建议。SEC 在该建议规则的经济分析开篇部分这样说道："下文将讨论拟议规则的经济影响，包括拟议规则可能产生的成本和效益，以及拟议规则对效率、竞争和资本形成可能产生的影响。"② 在该建议稿中，SEC 先是公布了建议规则、设计思路及征集建议的相关问题。之后，该建议稿公布了对于每项规则所做的经济分析，主要项目包括：目前筹集高达 5000 万美元资金的方法；流动性考虑因素；不超过 5000 万美元发行中

① 庞德：《通过法律的社会控制》，沈宗灵译，商务印书馆，1984，第 34 页。
② SEC，"Proposed Rule Amendments for Small and Additional Issues Exemptions Under Section 3（b）of the Securities Act," Govinfo, accessed December 23, 2021, https://www.govinfo.gov/content/pkg/FR-2014-01-23/pdf.

的投资者；豁免范围；发行声明；试水规则；持续的报告要求；取消资格条款；与州证券法的关系；《条例 A》对场外市场、交易商中介的影响。[①] SEC 对于制定的监管规则进行经济分析已经是一项常态化的工作，其公布的每份监管规则建议稿及正式稿的文件中均包含了专章的经济分析内容。此举不仅帮助 SEC 对于该建议规则的预期经济效果形成初步的判断，也为市场中的各方潜在参与者提供了未来参与市场的判断依据，更为最终规则的颁行打下基础。英国金融行为监管局（FCA）在制定金融监管政策过程中，也同样会进行成本收益分析，其分析的内容包括三个部分：一是监管政策对于公司的合规成本、间接成本、利润减少产生的影响；二是金融消费者的成本与收益；三是 FCA 可能负担的成本。以对公司的合规成本预测为例，FCA 将合规成本界定为"由于满足新法规的要求而直接产生的成本"[②]。在预测合规成本时，FCA 会进行合规成本调查。调查时，FCA 会选择一个样本量，使其能够在可行的情况下获得合理的估计，即相对较小的样本，但仍能反映市场结构并给出广泛代表性的结果。对于成本收益的量化而言，易于量化的部分可以将其货币化或数量化。而像间接成本这样的部分难以对其进行量化，通常采取变通的方法对其进行定性说明。例如，SEC 在《众筹条例》建议规则的经济分析中这样表述："我们下面将要讨论的许多收益与成本难以数量化，特别是当分析本建议提案对于效率、竞争和资本形成的影响时。例如，我们很难准确地预测针对规则 147 的本建议提案未来在提升发行人利用这个豁免制度的依赖程度，或者未来使用规则 147 对于使用其他发行方法的影响程度。相似地，我们也难以量化本建议提案对于投资者保护的效果。因此，本部分中的许多讨论都是定性化的。然而，在可能的情况下，我们会试图量化本建议提案的预期影响。"另外，在美国与英国的金融监管立法过程中，SEC 及 FCA 进行成本收益分析也是其必须履行的法定义务。同时，二者所做出的成本收益分析也是国家对其进行问责的重要内容。

（二）辅助立法的事后评价

金融监管法律实施后，立法机关通常会持续关注已颁行立法的实施情况。

---

① SEC, "Proposed Rule Amendments for Small and Additional Issues Exemptions Under Section 3 (b) of the Securities Act," Govinfo, accessed December 23, 2021, https://www.govinfo.gov/content/pkg/FR-2014-01-23/pdf.

② "How We Analyse the Costs and Benefits of Our Policies", FCA, accessed December 28, 2021, https://www.fca.org.uk/publication/corporate/how-analyse-costs-benefits-policies.pdf.

当出现新的情况导致该法律无法应对，或者发现已颁行的法律存在缺陷时，立法者将会采取适当的方法完善立法，使立法更加科学化。一般地，立法完善的内容包括立法解释、法律修改、补充和废止等。立法完善的法律地位及价值与立法活动相当，其程序与立法活动具有一定的重合部分，属于立法性质的活动。而在立法机关采取上述方法开展立法完善之前，必然要对已颁行法律进行事后评估，找出症结所在。在这个过程中，使用成本收益分析是非常关键的。通过该分析，立法机关可以找到立法中经济不合理之处，尤其是对于被监管者产生的不当影响，从而便于立法的修改等活动。虽然法的完整性只是永久不断地对完整性的接近而已[①]，但是通过立法完善弥补立法者认知的局限性、使颁行的法律真正成为良法将是被永恒追求的目标。

将成本收益分析方法应用于金融立法活动，目的是利用以该理论为指导的分析方法辅助立法者做出相对最优的制度设计，使得立法更加理性并最大限度地促进监管目标的实现，增加对于社会的福利。另外，立法成本收益分析的实施需要接受外部的评价与反馈，这种带有监督性质的机制可以保证立法决策的透明化，确保立法活动能够沿着正确的路径行进。

第二节　比例原则指导下证券小额发行的监管

比例原则起源于 19 世纪德国警察法学领域，用于对警察权的规制，后期逐渐被广泛地引入行政法领域。比例原则的基本含义是："唯有在符合下列情况时，方可对个人自由及私法自治施加干预：这种干预相对于一个更高的利益而言是必要的；必须有利于所欲达成的目的；而且需要采取最温和的方式来实现目的"[②]。通说认为，比例原则包含三个子原则，即适当性原则、必要性原则与均衡性原则。三个子原则综合地反映了比例原则的价值观，即力图在公权力与私权利间寻求平衡，强调适度干预。对于小额发行实施监管而言，证券监管机构[③]同样需要对其证券监管权行使的限度进行考量。在监管手段运用与监

---

① 黑格尔：《法哲学原理》，范扬、张企泰译，商务印书馆，1961，第 42 页。

② Richard Holzhammer, Marianne Roth, "Allgemeiner Teil des bürgerlichen Rechts", *Einführung in das Bürgerliche Recht mit IPR* 2, no. 2（1999）：37-38.

③ 广义的证券监管机构包括政府证券监管机构、证券业协会及证券交易所等自律监管机构。本书所指的证券监管机构为狭义上的概念，即政府证券监管机构。

管目标相适应、利益衡量的层面上，小额发行的监管问题与比例原则具有相通性。本书认为，比例原则能否作为构建小额发行豁免制度的理论依据，需要从证券监管权应否适用比例原则入手分析。

一、 证券监管适用比例原则的逻辑分析

（一） 证券监管适用比例原则的应然性

在狭义层面上，证券监管权又称"政府证券监管权"[①]，指能够代表国家履行证券监管职能的机构为了维护证券市场的公平和效率，保护投资者的合法权益，依法律授权拥有的对证券市场各类主体及其行为进行监督和管理，制定相应的法规和政策并监督其执行，对违反者给予处罚的权力。[②] 从隶属关系角度观察，行使证券监管权的证券监管机构属于政府监管机构，证券监管权属于政府监管权的范围。"根据公权力的基本分类标准，监管权性质依然属于行政权的类别"[③]，由此证券监管权也具有了行政权的性质。在行使行政权力的语境下，比例原则是证券监管机构应当遵守的基本原则。虽然享有政府证券监管权的证券监管机构并不一定具有行政机关的主体性质，但是此类主体在由立法赋予权力的前提下，可以履行证券监管职能，即行使证券监管权这一公权力。例如，英国政府证券监管机构 FCA 则以公司制为基础设立。在这种情况下，不具有行政机关性质的证券监管机构所行使的证券监管权仍然具有行政权的性质，依据行政法治的精神，其应当遵守比例原则。

（二） 证券监管适用比例原则的必要性

探讨证券监管适用比例原则的必要性，需要从证券监管机构享有的权力入手进行分析，厘清二者的关系。一般地，监管是指政府监管机构依法对市场主体及其行为施加的干预。尽管各国证券监管机构的权力范畴不尽相同，但是核心内容皆以监管法规制定权、市场准入审批权、市场主体监管权[④]及违法行为查处权等为主。从行使证券监管权所能产生的实际效果来看，其突出表现为对监管对象的利益带来的各种影响。某些权力的行使为监管对象设定权益或者免

[①] 狭义的政府证券监管权不包括自律监管权。

[②] 马洪雨：《论政府证券监管权》，法律出版社，2011，第15-16页。

[③] 李东方：《证券监管机构及其监管权的独立性研究——兼论中国证券监管机构的法律变革》，《政法论坛》2017年第35期。

[④] 本书所指的市场主体主要包括发行人（上市公司）、证券交易场所、证券公司、证券服务机构、证券登记结算机构等。市场主体监管权是指证券业监督管理机构对各类证券市场主体的市场行为、业务活动进行监督与管理的权力，是对于各类主体市场准入后的监管。

除义务，即带来获益，如市场准入审批权；而某些权力的行使则为监管对象设定义务或者剥夺、限制其权利，即带来不利后果，如证券违法行为查处权。当"授益"或"损益"型证券监管权体现为具体的行政行为时，证券监管主体将享有自由裁量的权力。在此前提下，有必要适用比例原则对权力行使加以限制，这里主要针对"损益"型监管权行使而言。具体地，一是衡量拟行使权力所采取的措施是否有利于监管目的实现；二是权力行使以最小损害为限度，避免过度侵犯市场主体的权利；三是使监管措施实施产生的利益大于对市场主体权利的侵害，即带来正向的社会效果。此外，监管法规制定权的行使也具有"授益"或"损益"功能。而且，其行使还能够产生差异化监管强度的效果。例如，对不同严重程度的违法行为设定相当的法律责任。客观地，证券监管立法也涉及对于"度"的把握。从行为的性质视角考察，证券监管机构制定监管规章、规则或办法的行为是一种抽象行政行为，属于广义的立法行为。"无论是对于立法者、行政机关还是司法者，比例原则都具有重要的指引与规范功能。"[①] 20 世纪 50 年代后，德国联邦宪法法院大规模运用比例原则进行违宪审查，促使该原则逐步上升至宪法层面的法律原则。其在功能上可以同时约束行政、立法、司法机关，其规范领域遂由执法行为扩展至立法行为。"立法视角着力从立法结构的角度，对授权具体执法行为的法律规定或制度的合比例性进行评价"。[②] 在证券监管立法阶段遵循比例原则，旨在从制度构建的起始端对监管权力的设定及其行使的方式、限度予以制约。此举为后续监管执法的合比例性打下基础，即立法合乎比例性是保障执法合乎比例的关键前提。

二、 小额发行监管适用比例原则的原因及表现

（一） 小额发行监管适用比例原则的原因

虽然小额发行豁免制度降低了中小企业公开发行证券的门槛，但是仍需对其进行相应的监管。证券监管机构行使监管权势必会影响证券市场相关参与主体的利益，适用比例原则也同样具有应然性。依据上文的分析，比例原则适用于证券监管权行使的多个领域，其中包含了对于证券发行的监管。因此，针对小额发行进行监管适用比例原则亦具有正当性。由于本书是在小额发行豁免制度构建的语境下展开论证，所以此处的探讨是在立法层面对于比例原则的适

---

① 刘权：《比例原则的精确化及其限度——以成本收益分析的引入为视角》，《法商研究》2021 年第 4 期。

② 秦策：《刑事程序比例构造方法论探析》，《法学研究》2016 年第 5 期。

用。

美国《1933 年证券法》第 3（b）（1）条规定："委员会可以不时地通过规则或条例的形式，并根据其中的条款和条件将任何种类的证券加入本章规定的可豁免证券，前提是委员会认为基于小额发行的特点或者公开发行特征的有限性，在公共利益和保护投资者利益方面，无必要对此类证券施加本法关于注册发行的要求。但若向公众发行证券的总额超过 500 万美元，则该发行不得依本部分的规定而被予以豁免。"此款规定表明，该法对于小额发行实行注册豁免有两个前提：一是不超过法定最高发行限额；二是对于这种发行没有施加《1933 年证券法》的必要。其中，第二个前提可被解读为该证券发行对公共利益和保护投资者方面影响不大，即小额发行的风险程度相对较低。受限于发行规模，小额发行涉及的投资者范围有限，即使发行人经营失败或实施欺诈，也不会为社会稳定带来巨大危害。而且，投资者亦不会遭受严重损失。在此前提下，证券监管权的行使需要有所节制。监管强度应当与小额发行的风险程度相适应，无须对其施加与常规注册公开发行相同强度的监管，杜绝过度监管抑制中小企业的资本形成。在多数情况下，这些法规旨在解决由最大公司的行为和带来的风险所造成的市场问题。[①] 此外，建立小额发行豁免制度也将避免浪费监管资源，有利于提高监管效率。可以说，美国《1933 年证券法》的规定极为明显地体现了比例原则的思维。

（二）小额发行监管适用比例原则的表现

小额发行监管适用比例原则突出表现在两个方面：简化发行审核程序和简化信息披露。

1. 简化发行审核程序

小额发行豁免制度免除了常规公开发行制度中的注册或核准环节，在发行审核的方式与复杂程度方面有所调整。这种调整适当降低了监管强度，符合比例原则的精神。依据前文，美国的《条例 A》采用了简式注册模式，规定发行人须事先向 SEC 提交一份发行说明书。待 SEC 审核通过后，发行人方可正式销售证券。发行说明书相较于注册发行的申请文件有所简化，其中的第二部分（即发行通知书）的格式是注册发行中发行人需要提交的表格 S-1 的简化和缩

[①] Anzhela Knyazeva, "Regulation A+: What Do We Know So Far?", Sec Gov, January 1, 2016, accessed July 23, 2021, https://www.sec.gov/dera/staff-papers/white-papers/18nov16_knyazeva_regulation-a-plus-what-do-we-know-so-far.html.

放版本。同时，SEC 的审核过程也有所简化，发行审核的平均周期为 78 天[1]。美国小额发行豁免制度的另一代表《条例 D》免除了发行人在联邦层面的注册义务，但需要在发行涉及的州进行注册并事后通知 SEC。另外，欧盟成员国比利时规定了发行人应当在发行前通知监管机构，并且接受事后审核[2]。可见，三项制度无一例外地保留了对于发行的审核环节，其区别体现在审核与发行的先后顺序安排、履行审核职责的主体及审核内容的繁简程度方面。在简化事前审核流程的前提下，监管机构将通过事中、事后监管来加强对于风险的防范，维护证券市场的运行秩序。

2. 简化信息披露

小额发行豁免制度以常规公开发行强制信息披露制度为基础，适度降低了披露要求。本书将美国的《条例 A》与常规注册公开发行强制信息披露内容加以比较后发现，二者间的区别为：一是《条例 A》规定的披露项目较少；二是对于相同项目披露的详略程度不同，《条例 A》较为简略。与此相似，欧洲议会与欧盟理事会《第（EU）2017/1129 号条例》）规定，如果在联盟范围内公开发行的证券总额在每 12 个月内不超过 100 万欧元，发行人则不必制作招股说明书。但是，各个成员国可以提出其他适当的信息披露要求，只要这些要求不构成不相称或不必要的负担即可。可见，两项制度表明监管者根据发行规模进行风险等级评估，进而设定繁重程度不同的信息披露义务。将信息披露强度与发行规模挂钩，亦遵循了比例原则的内在要求。而且，这种监管理念在小额发行豁免制度内部设计中也发挥了指导作用。以《条例 A》为例，其发行限额分为两个层级。第一层级为每 12 个月不超过 2000 万美元，第二层级为每 12 个月不超过 7500 万美元。SEC 为两个层级的发行人设置了差异化的信息披露义务：第一层级的发行人仅需在发行阶段履行披露义务，并且不必提交经过审计的财务报表；第二层级的发行人在发行阶段与持续交易阶段均需履行披露义务，并且需要提交经过审计的财务报表。对第二层级发行人提出更高的信息披露要求是因为其发行限额高，蕴含的潜在风险程度也较高。

---

[1] IPO Task Force, "Rebuilding the IPO On-Ramp Putting Emerging Companies and the Job Market Back on the Road to Growth", SEC Gov, October 20, 2011, accessed January 12, 2022, https://www.sec.gov/info/smallbus/acsec/rebuilding_the_ipo_on-ramp.pdf.

[2] Thierry Bosly, Hadrien Servais, Willem Van de Wiele, "New Belgian Prospectus Law", White & Case, July 30, 2018, accessed January 12, 2022, https://www.whitecase.com/publications/alert/new-belgian-prospectus-law #:~:text=New%20Belgian%20Prospectus%20Law%20Proportionate%20disclosure%20regime%20for,has%20been%20published%20in%20the%20Belgian%20Official%20Gazette.

不难看出，简化发行审核程序和信息披露皆体现了通过建立小额发行豁免制度便利中小企业融资的目的。立法者视小额发行风险高低而对监管强度进行调适，并采用针对性的监管手段实现制度设计的初衷。与此同时，立法者综合考量不同主体的利益，力争达成促进资本形成与保护投资者相平衡，以及兼顾证券监管机构等其他市场主体利益的目标。从更高的层次思考，小额发行豁免制度对于促进社会经济发展，以及更好地实现社会公平正义也都具有重要价值。

综合上述分析，利用成本与收益理论、比例原则解释建立小额发行豁免制度的合理性皆可在逻辑上达成自洽。与此同时，在明确中小企业融资规模较小且负担融资成本能力较低的前提下，利用成本收益理论能够阐明构建此项制度的必要性；在小额发行风险程度评估结果较低的基础上，利用比例原则能够阐明构建此项制度的可行性。由此，二者均可以作为支持小额发行豁免制度得以产生的前提性理论基础，并在《证券法》促进资本形成与保护投资者之间达成平衡的层面上，共同为此项制度搭建起完整的理论依据框架。

若更为细致地分析，则会发现比例原则给予小额发行豁免制度的支撑更多地体现为对于监管理念的宏观指导，而无法给出精确化的标准以确定监管的边界。放眼境外证券立法实践，一些国家（如美国、英国等）为获得相对最优的制度设计，纷纷借助成本与收益分析方法评估制度设计方案将对证券监管机构、证券市场及社会经济等方面带来的影响。事实证明，运用该方法可以较为直观地展示出制度在制定、执行、遵守中对各类资源耗费的情况，以及取得的收益，辅助立法者做出理性选择。明显地，证券监管开展成本与收益分析的角度是全方位的，并不局限于发行人一方。在制定小额发行豁免制度时，亦可充分利用成本与收益分析方法，将定性分析与定量分析相结合，为手段的选择进行客观信息分析，提出可能的方案与替代性的解决方案，最终择优而取。可见，在具体的制度设计环节，成本收益理论、比例原则对于小额发行豁免制度而言，亦具有各自独特的价值，它们在共同发挥有效规制监管权力、提升监管效率，乃至增进社会福利等方面具有重要的作用。

第四章

证券小额发行豁免法律制度中的实体与程序问题

　　小额发行豁免制度的创制初衷是便利中小企业融资，在制度安排方面，包含促进资本形成、降低发行成本的特别设计。此外，为有效控制风险，小额发行豁免制度中也包括规制证券发行行为与保护投资者利益的部分。具体而言，确定发行限额、发行人信息披露义务的设定、投资者准入监管、发行审核程序设计四个方面是小额发行豁免制度中最为关键且极具特色的内容。在四项内容中，前三个方面是小额发行豁免制度需要解决的实体性问题，最后一个方面属于程序性问题。针对这四项内容进行研究，有助于为我国的证券发行制度构建提供有价值的参考建议。为更好地进行分析，本书将结合国外小额发行豁免制度展开探讨。

第一节　发行限额的确定

一、　发行限额的作用

　　"小额"是小额发行豁免制度最为核心的特征，也是构建此项制度的逻辑前提。在小额发行豁免制度的设计中，确定发行限额是极为关键的环节，其影响到此项制度在实践中的适用效果。发行限额是小额发行豁免制度中的一项实体性规则，主要具有如下两个方面的作用。

　　第一，发行限额是小额发行豁免制度的核心要件。通常，发行限额由一个最高额度与一个发行周期共同组成，发行人在法定的发行周期内发行证券募集资金的数额不得超过最高法定限额。发行限额制度起到限制发行人实体权利的作用，为发行人设定了一个行使发行权利的限度，发行人只能在发行限额及法定发行周期的约束下发行证券。换言之，满足发行限额条件是发行人获得适用小额发行豁免制度资格的前提，发行限额是一个重要的制度适用要件。

第二，发行限额能够起到防范风险的作用。发行限额将发行人通过发行证券募集资金的数额限制在一个相对较小的数值内，进而将发行的对象控制在一个相对较小的范围内。在发行涉及的对象范围较小的前提下，证券发行所蕴含的风险波及的社会范围也相对较小且易于控制。依据前文所述，美国《1933年证券法》第3（b）（1）条明确了 SEC 可以在 500 万美元的限额以下制定小额发行豁免制度的前提是"对此类证券施加本法要求在公共利益和保护投资者利益方面并无必要"。这意味着小额发行的风险较小，可以适当地降低对其监管的强度。鉴于限制发行额度有利于控制风险，小额发行豁免制度也就获得了一个支撑其建立的合理性依据。相较于常规公开发行法律制度，限制发行额度是小额发行豁免制度防范风险的一种特有的方式。

二、 发行限额的计算方法

（一）确定发行限额的基本思路

通过梳理国外立法可知，不同国家或地区所确定的发行限额是存在差异的。一般地，立法者需要通过多方调研，综合多方面因素考量才能够确定较为适当的额度。其一，在确定发行限额时，立法者需要清晰地对小额发行豁免制度进行市场定位，即服务于何种类型的企业，保证确定的发行限额能够满足企业的普遍融资需求。以美国立法为例，美国小额发行豁免制度的市场定位是小企业，而股权众筹的市场定位是小微、初创企业。由于不同类型企业的融资需求存在差异，所以两项制度所确定的发行限额也拉开了档次。美国小额发行豁免制度所确定的发行限额高于股权众筹的发行限额，两项制度的差异化设计也使得二者能够相互协调，共同服务于实体经济的发展。其二，立法者应当遵循成本与收益理论确定发行限额。依据本书观点，小额发行豁免制度的一项重要理论基础为成本与收益理论，并且发行限额是影响发行成本与收益比例的重要因素。在制度设计中，立法者应当在初步确定发行限额后，再对发行人适用制度的发行成本加以预估，进而明确发行限额是否合理并视情况加以调整。其三，确定发行限额还需考虑防范风险的因素。证券市场从来就是一个与风险伴生的市场，证券监管机构一直将有效防范风险作为重要的监管目标。在小额发行豁免制度中，发行人被免于注册或核准，而且立法者也降低了对于发行人信息披露义务方面的要求。这意味着对于该项发行制度的监管强度相较于常规公开发行有所降低。因此，在制度设计中，更应当加强对于风险的防范。在这个前提下，小额发行豁免制度的发行限额设定必须适当，不可过高。既要避免过高的发行限额与普通中小企业的规模及实际融资需求不匹配，又要避免发行限额过高造成发行牵涉的社会面过大。立法者应当从证券市场的整体安全角度出发进行制度设计，尽可能使小额发行豁免制度拥有良好的市场实践。当然，由于不同国家或地区的经济发展状况等方面的实际情况存在区别，在确定发行限额时，还应当结合自身面临的特殊因素加以衡量。

（二）发行限额的累计计算

通过梳理国外小额发行豁免制度，本书发现，计算发行限额较为普遍的方式是以 12 个月为一个周期进行累计计算。发行人在 12 个月的期限内累计发行额度不得超过最高法定限额。例如，美国小额发行豁免制度的代表之一《条例 A+》设置了两个层级的发行额度。第一层级为每 12 个月不超过 2000 万美元，包括作为发行人附属机构的证券持有人出售的不超过 600 万美元的证券。第二层级为每 12 个月不超过 7500 万美元，包括作为发行人附属机构的证券持有人出售的不超过 2250 万美元的证券。而美国另一小额发行豁免制度《条例 D》则将发行限额确定为每 12 个月不超过 1000 万美元。欧盟方面，欧洲议会与欧盟理事会制定的关于在欧盟范围内统一适用的招股说明书框架原则性规定《第（EU）2017/1129 号条例》将发行限额确定为每 12 个月不超过 100 万欧元。

在累计计算发行限额过程中，发行人在 12 个月期限内单次发行证券募集资金的数额，以及多次发行证券募集资金的总额均不得超过法定最高限额。此外，发行人在 12 个月期限内适用小额发行豁免制度发行不同种类证券的累计发行数额也不得超过最高限额。

（三）合并计算规则

本书通过梳理美国立法发现，在累计计算规则之外，SEC 还针对小额发行特别制定了合并计算规则。实践中，个别发行人可能会将一次较大规模的、无法适用小额发行豁免制度的发行分割成多个数额较小的发行，使这些发行均满足小额发行豁免制度的要求，发行人不必因为适用常规公开发行程序融资而负担巨大的成本。SEC 在小额发行豁免制度中设计合并计算规则的目的就是防止发行人逃避发行注册，有利于维护证券市场的秩序，保护投资者利益。合并计算规则的核心是将这些人为分割开的多个发行作为"一个发行"来看待①，合并计算的后果是发行人可能会因此失去小额发行注册豁免的资格。证券监管机构是否会实施合并计算，取决于其对于由一个发行人实施的、看似独立的多个发行是否构成同一发行的判断结论。从逻辑上分析，若发行人基于同一目的将大额发行分割成若干小额发行，则这些小额发行之间必然具有内在的联系，这些内在联系即为证券监管机构做出判断的依据。SEC 在判断多个发行是否应当合并计算时，主要依据五个方面的要素：该销售是否为单一融资计划的一部分；该销售是否涉及同一类别证券的发行；该销售是否在大约相同的时间做出；该销售是否收到了相同类型的对价以及该销售是否为了相同的总体目标而做出。虽然 SEC 制定合并计算规则的目的是正当的，但其将上述五条判断标准公布之后，美国国内出现了许多质疑的声音，评论者普遍认为该标准较为主观、可操作性不强，并且经常会造成混乱。

为了给发行人一个明确的预期，减少该标准给监管带来的困扰，尤其是避免因为合并而导致弱化发行人适用豁免发行规则筹资的能力，SEC 为小额发行设定了"安全港"。以《条例 A+》为例，SEC 规定依据《条例 A+》所进行的发售和销售不得与以下发售或销售合并：

先前的证券发行或销售；或者

以下证券的后续发行或销售：

根据《证券法》注册的证券发行或销售，但第 255（e）条另有规定的除外；

根据《证券法》第 701 条做出的证券发行或销售；

依据雇员福利计划做出的证券发行或销售；

依据《S 条例》做出的证券发行或销售；

根据《证券法》第 4（A）（6）条做出的证券发行或销售；或者

在依据《条例 A+》进行的发行完成后六个多月进行的证券发行或销售。

（四）发行限额的调整

综观国外立法对于发行限额的规定，额度不是一成不变的，而是以一国的经济发展状况为基础，随着不同时期经济形势的变化而做出调整。经济形势的变化会影响到企业的经营成本，发行人履行合规义务的成本亦会不断变化，进

---

① Ronald M. Shapiro, Alan R. Sachs, "Integration Under the Securities Act: Once an Exemption, Not Always," *Maryland Law Review* 31, no. 1 (1971): 10.

而影响到融资需求。因此，在一段时期过后，原来的最高发行限额会与新经济形势下的合规成本不匹配，要予以提升。本书分别对美国与欧盟的制度发展进行梳理，以便更好地说明这个问题。

1. 美国立法中发行限额的发展变化

美国的小额发行注册豁免制度经过多年的沉淀，已经形成了较为完善的制度体系。从整体上看，美国该项制度体系是以《1933 年证券法》中有关小额发行注册豁免制度的条文为基础的，并且辅以 SEC 经授权为实施该项制度而制定的条例及规则，它们一同构成了美国小额发行注册豁免制度的主体部分。目前，美国国内主要适用的小额发行豁免制度有两项，分别是《条例 A》及《条例 D》中的规则 504，二者均以《1933 年证券法》第 3 条（b）款为依据制定。《条例 A》最早颁布于 1936 年，而规则 504 最早颁布于 1982 年。至今，两项小额发行豁免制度均经历了数次修订，发行限额也经过多次调整。2012年 4 月，由美国国会通过的《JOBS 法案》是美国小额发行注册豁免制度发展的一个分水岭。该法案新增了一项小额发行注册豁免制度，并对股权众筹予以法律上的认可。随后，SEC 于 2013 年在《JOBS 法案》授权之下，对《条例A》着手开展修订工作。此外，SEC 于 2015 年 10 月对规则 504 进行了修订。在两项制度实施近 5 年后，SEC 对二者的最新修订于 2020 年 11 月 2 日开始生效。这一系列的修法活动使得美国小额发行注册豁免制度相较于《JOBS 法案》实施之前有了极大的变化。接下来，本书将分三个阶段对《条例 A》与规则 504 的变化做以梳理，以期展现一条完整的发展脉络。

第一阶段，《1933 年证券法》实施至《JOBS 法案》颁行前的立法。

首先，《1933 年证券法》的相关规定。《1933 年证券法》是美国证券法律历史上的一座里程碑，是在时任美国总统罗斯福实施新政期间通过的一部具有革命性意义的立法，体现了凯恩斯主义关于国家干预经济的立场。该法共 28条，规定了美国证券发行的基本制度，即实行以强制信息披露为根基的证券发行注册制。依据该法第 5 条的规定，公开发行证券均需向 SEC 进行注册，除非与证券相关的注册登记表业已生效，否则任何人直接或间接实施未经注册的证券销售或售后交付均属违法。[1]

除了证券公开注册发行的一般性规定外，立法者也考虑到由于某些证券发

---

[1] 中国证券监督管理委员会：《美国〈1933 年证券法〉及相关证券交易委员会规则与规章（中英文对照本）》，法律出版社，2015，第 25 页。

行人、证券本身及某些证券交易性质的特殊性，对其进行注册审核没有必要性，因此在该法中设立了两类证券发行注册豁免制度，即第 3 条规定的豁免证券（Exempted Securities）与第 4 条规定的豁免交易（Exempted Transactions），这两条规定奠定了美国证券发行豁免法律制度的基础。第 3 条（a）款规定：除非本法以下另有明文规定，否则本法各条款不适用于下述任何一类证券。[1]第 3 条（a）款第（2）至（8）项据此规定了 7 种可豁免注册的证券。而豁免交易制度则较为复杂，主要条款包括该法中的第 3 条（a）款第（9）项至第（11）项；第 3 条（b）款；第 3 条（c）款；第 4 条第（2）项、第（3）项。其中，第 3 条（b）款是关于小额发行注册豁免制度的基本规定，也是 SEC 随后制定相关发行条例及规则的依据。《1933 年证券法》第 3 条（b）款规定：委员会可以不时地通过规则或条例的形式，并根据其中的条款和条件将任何种类的证券加入本章规定的可豁免证券，前提是委员会认为基于小额发行的特点或者公开发行特征的有限性对此类证券施加本法关于注册发行的要求，在公共利益和保护投资者利益方面并无必要。但若向公众发售证券的发行总额超过500 万美元，则该证券之发行不得依本目的的规定而被予以豁免。[2]事实上，该条款最早规定的限额为 10 万美元，后期逐渐提升至 500 万美元。

从性质上分析，小额发行注册豁免属于豁免交易。[3]该条款规定，SEC 可以对于额度不超过 500 万美元的证券发行制定条例或规则，以此来细化规定并实施小额发行注册豁免制度。SEC 以《1933 年证券法》第 3 条（b）款的规定为依据，制定了一系列的小额发行注册豁免条例和规则。其中，最为主要的是《条例 A》及《条例 D》中的规则 504。

其次，《条例 A》的发行限额。在《JOBS 法案》颁行前，《条例 A》规定发行人在 12 个月内的发行总额不得超过 500 万美元。具体地，证券（发行）所获得的全部现金及其他对价（发行总价）不得超过 500 万美元，其中包括不超过 150 万美元的旧股（存量）出售收入，同时要减去在依据《条例 A》

---

[1] 中国证券监督管理委员会：《美国〈1933 年证券法〉及相关证券交易委员会规则与规章（中英文对照本）》，法律出版社，2015，第 13 页。

[2] 同上书，第 21 页。

[3] 在美国证券发行法律制度中，"交易"一词不同于我国立法语境下的"交易"，其不仅包括传统意义上投资者在二级市场上进行的交易，也包括发行人向投资者的发行行为，即可将其理解为发行人与投资者之间进行的交易。在豁免交易制度中，被豁免的是该次的发行行为。若同一发行人在下一次发行中不满足豁免的条件，则需依据证券法的规定进行注册发行，这一点与豁免证券不同。

进行本次证券发售之前 12 个月内对全部该类证券发行所获得的发行总价。① 如果发行人在过往 2 年中的至少 1 年未能从持续性经营中产生净利润，则发行人关联人的转售行为不被允许。② 实际上，500 万美元的限额并不是该条例最初实施的额度。《条例 A》下的年度最高发行额度是随着时间的推移不断增加的。该条例年度发行额度的变革历程为：最初为 10 万美元；1945 年为 30 万美元；1970 年为 50 万美元；1978 年 5 月为 150 万美元，同年 10 月提升至 200 万美元；1980 年至《JOBS 法案》出台之前为 500 万美元。③

再次，规则 504 的发行限额。规则 504 是 SEC 制定的《条例 D》中的一项小额发行豁免制度，其全称是"无须按《1933 年证券法》要求注册的受限制要约和证券销售的规则"。最初，《条例 D》内部包含两项小额发行注册豁免制度，分别为规则 504 与规则 505。另外，《条例 D》还包含一项私募发行注册豁免制度，即规则 506。2017 年 3 月，规则 505 正式被废止。

SEC 最初制定规则 504 的目的在于帮助小企业筹集"种子资本"。在发行限额方面，依据规则 504 的规定，12 个月内证券发售累计发售价格不得超过 100 万美元。

第二阶段，《JOBS 法案》颁行后小额发行注册豁免制度的修改。

2012 年 4 月 5 日，美国总统奥巴马签署了《JOBS 法案》，使其正式生效。该法案的立法宗旨在于通过改善新兴成长公司的公开融资环境，促进美国就业与经济增长。该法案共七章，主要内容围绕便利中小企业的融资、更好地向其开放美国的资本市场而设计。其中，第四章"小企业集资"第 401（a）条将《1933 年证券法》第 3 条（b）款修改为第 3（b）（1）条，并在该条款结尾处增加一个新的条款第 3（b）（2）条。依据第 3（b）（2）条的规定，SEC 可以通过制定规则或规章的形式，在该条款规定的豁免证券中新增一类证券，

---

① 当发售收入为现金与非现金对价的混合时，发行总价应依据证券以现金形式发售的价格计算。任何在发行总价中所收到的外汇部分应以在证券销售日之前合理的时间段内依照外币兑换率换算成美元。若证券的发售不是为了募集现金，则发行总价应取决于这些对价物在合理时间内可被善意出售的价值，或者在不存在出售条件时，依据一个可接受的准则所评估的公允价值。在对非现金对价进行评估时，应确保评估合理。

② 中国证券监督管理委员会：《美国〈1933 年证券法〉及相关证券交易委员会规则与规章（中英文对照本）》，法律出版社，2015，第 327 页。

③ Paul M. Getty, Dinesh Gupta, Robert R. Kaplan. *Regulation A+ How the Jobs Act Creates Opportunities for Entrepreneurs and Investors*（New York：Springer, 2015），p. 32.

该类证券的发行限额为每 12 个月不超过 5000 万美元。《JOBS 法案》实施后，SEC 根据该法案的授权，以第 3（b）（2）条的规定为基础，对《条例 A》进行了修改，新的《条例 A》也被称为《条例 A+》，该条例于 2015 年 6 月 19 日正式生效。

首先，《条例 A+》发行限额的变化。SEC 在《条例 A+》① 中保留了原来的部分规定，同时做了许多新的调整。在发行限额方面，《条例 A+》设置了两个层级的发行额度。第一层级为每 12 个月不超过 2000 万美元，包括作为发行人附属机构的证券持有人出售的不超过 600 万美元的证券。第二层级为每 12 个月不超过 5000 万美元，包括作为发行人附属机构的证券持有人出售的不超过 1500 万美元的证券。另外，在两个层级的发行中，所有的销售证券持有人在发行人首次依据《条例 A+》进行的发行中，以及首次发行后的 12 个月内的任何一次依据《条例 A+》的发行中，二次销售的额度不得超过证券发行总价的 30%。发行人的非关系人则没有这方面的限制。在两个层级的发行中，发行者的销售数额、附属机构的二级销售数额和非附属的二级销售数额都必须予以合计，以确定是否符合 2000 万美元或 5000 万美元的最高限额。如果发行人想要进行 2000 万美元以下的发行，其可以自由选择遵守第一层级或第二层级的发行规则。

实际上，在 SEC 发布《条例 A+》建议规则的时候，第一层级的发行限额为每 12 个月不超过 500 万美元。在该条例的最终稿中，SEC 将其调整为 2000 万美元。原因在于：在一般情况下，适用原有《条例 A》的固定发行成本过高（如合规成本、会计费用等），而 500 万美元的发行额度相对又太低。提升第一层级的发行额度可以增加小发行人利用该豁免条款的次数，增加他们潜在的收益。

其次，规则 504 发行限额的变化。2015 年 10 月 30 日，SEC 向社会发布了《便利州内和区域性证券发行的豁免规则》公开征求意见稿，其中涉及对《条例 D》中的规则 504、规则 505 的修改。2016 年 10 月 26 日，SEC 通过了规则 504 的修正案，该修正案于 2017 年 1 月 20 日生效，而规则 505 被废止。在发行限额方面，SEC 将发行限额从每 12 个月不超过 100 万美元增加到每 12 个月

① "Amendments for Small and Additional Issues Exemptions Under the Securities Act（Regulation A），" SEC, accessed January 16，2022，https：//www.sec.gov/comments/s7-11-13/s71113-74. pdf.

不超过 500 万美元。提升发行限额的根本目的依然是便利小企业融资，同时 SEC 认为此举也能够促进修订为了增加不同州之间证券注册发行的效率而设计的区域协调审查项目，并且不会为投资者增加风险。[①]

第三阶段，2020 年小额发行注册豁免制度的修改。

2020 年 3 月，SEC 公开发布了《1933 年证券法》下豁免发行规则的一系列修正案建议稿，并征求公众意见。SEC 此举目的在于协调、简化和改进多层且过于复杂的豁免发行规则体系，减少潜在的摩擦点，使融资过程更加有效，满足不断变化的市场需求，促进资本形成并扩大投资机会。2020 年 11 月 2 日，这一系列修正案经过投票程序后正式生效，《条例 A+》、规则 504 及股权众筹的发行限额均有所提升。首先，《条例 A+》第二层级的最高发行金额从 5000 万美元提高到 7500 万美元。其次，规则 504 的最高发行金额从 500 万美元提高到 1000 万美元。最后，股权众筹的发行限额从 107 万美元提高到 500 万美元。另外，修正案取消了股权众筹合格投资者的投资限额；在计算非合格投资者的投资限额时，使用其年收入或净值中的较大者。[②]

2. 欧盟立法中发行限额的发展变化

欧盟层面的小额发行豁免制度主要包含在由欧洲议会与欧盟理事会制定的一系列有关协调、统一并规范各成员国编制、批准与发布招股说明书的指令或条例之中。相关指令及条例对于招股说明书的形式、内容、生效方式等方面为各成员国做出了统一的规定，使得发行人能够在欧盟范围内更加便利地开展证券发行融资。为了解决中小企业的融资难题，立法者在制度设计中专门规定了可以豁免制定，并公布招股说明书义务的小额发行豁免制度。

第一，欧盟小额发行豁免制度的相关指令及条例。

2003 年 12 月 31 日，《欧洲议会与欧盟理事会第 2003/71/EC 号指令》[③]正式生效。其属于欧洲证券市场监督专家委员会建议采用的"四级立法程

---

① SEC, "Exemptions to Facilitate Intrastate and Regional Securities Offerings", SEC Gov, accessed January 16, 2022, https://www.sec.gov/rules/final/2016/33-10238.pdf.

② "Facilitating Capital Formation and Expanding Investment Opportunities by Improving Access to Capital in Private Markets," SEC Gov, accessed January 18, 2022, https://www.sec.gov/rules/final/2020/33-10884.pdf.

③ 全称为《关于向公众发行证券或证券获准交易时应公布的招股说明书，修正 2001/34/EC 号指令》。

序"① 中的第一级立法，即框架原则。该指令对向公众发行证券或证券获准在某成员国或某成员国境内受管制的市场交易时应公布的招股说明书的相关问题做了框架原则规定。按照该指令第 3（1）条的规定：成员国不得允许任何未事先公布招股说明书的证券在其境内向公众发行证券。此外，该指令第 3（2）条又规定了若干要约不受公布招股说明书义务约束的情形。其中，第 3（2）条（e）项对于小额发行豁免制度做了基本规定：证券要约的总对价少于 10 万欧元（以 12 个月为期计算该限额）。

2010 年 11 月 24 日颁行的《欧洲议会与欧盟理事会第 2010/75/EU 号指令》对《欧洲议会与欧盟理事会第 2003/71/EC 号指令》进行了较大的修改。其中，欧盟层面小额发行豁免的基础限额依然为每 12 个月不超过 10 万欧元，但是该指令对于《欧洲议会与欧盟理事会第 2003/71/EC 号指令》的第 1（2）条（h）项做出了修改，允许成员国在每 12 个月不超过 500 万欧元的限额下行使自由裁量权，豁免证券发行人公开发行证券提交招股说明书的义务。

2017 年 7 月 20 日，欧洲议会与欧盟理事会制定的关于欧盟新的招股说明书框架原则性规定《第（EU）2017/1129 号条例》② 正式生效，并且废止了前文述及的《欧洲议会与欧盟理事会第 2003/71/EC 号指令》（2010 年修订）。③ 该条例共十章，内容主要包括一般性规定，招股说明书的内容、格式、拟定及发布程序等。其中，第一章第 2 条、第 4 条规定了豁免证券制度；第 3 条规定了新的小额发行豁免制度的基本条款，即现行各成员国适用的条款。

第二，欧盟现行小额发行豁免制度的发行限额。

在发行限额方面，《第（EU）2017/1129 号条例》提升了原来《欧洲议会与欧盟理事会第 2003/71/EC 号指令》确定的每 12 个月不超过 10 万欧元的发

---

① 四级立法程序分别为：框架原则、实施细则、合作与执法。

② 全称为《关于向公众发行证券或证券获准在限制市场交易应公布的招股说明书，（EU）2017/1129 号条例》。

③ 2015 年，欧洲委员会专门针对《欧洲议会与欧盟理事会第 2003/71/EC 号指令》存在的缺陷进行了咨询与分析。结果表明，对于发行人来说，指令规定的有关招股说明书的编制等规定给企业带来了很高的发行成本及负担，特别是小企业。而且，投资者也很难通过复杂的招股说明书获得帮助。鉴于该指令生效以来的立法和市场情况都有了新的发展，遂决定将该指令废除，并且由新的条例将其取代。《第（EU）2017/1129 号条例》的制定是欧洲委员会关于"建立资本市场联盟行动计划"的一个重要步骤。建立资本市场联盟的目的在于帮助企业在欧盟范围内的任何地方获取多样化的资金资源，提升市场效率，并为投资者和储蓄者提供更多的投资机会，以促进增长和创造就业。

行限额。该条例第一章第 1（3）条的第一段规定：在对本款第二段和第 4 条
（自愿公布招股说明书）的规定没有影响的情形下，如果在联盟范围内向公众
公开发行的证券总额在 12 个月的期限内不超过 100 万欧元，那么本条例不适
用于在联盟范围内面向公众发行的总额不超过 100 万欧元的证券发行，该发行
数额应当以 12 个月为计算期限。第一章第 3（2）条规定：在对第四条规定没
有影响的情形下，一个成员国可以决定豁免向公众公开发行证券时公布招股说
明书的义务，前提是该发行不受第 25 条关于招股说明书通知规定的约束，并
且每一次在联盟发行的总额度为每 12 个月不超过 800 万欧元。

　　可见，在确定小额发行的额度方面，该条例给予成员国一定限度的选择
权。考虑到联盟内部不同规模的金融市场，给予成员国对于 800 万欧元以下的
公开发行豁免招股说明书义务的选择是适当的。成员国可以自由地在本国法律
中在 800 万欧元的范围内设定额度，作为在联盟 12 个月内的发行总额。然而，
这种证券公开发行豁免不应当从本条例的单一护照机制①中受益。另外，在成
员国确定各自小额发行豁免制度中的发行限额时，该条例第一章第 3（2）条
规定：成员国应当通知委员会及欧洲证券和市场管理局其是否和如何决定依据
第三条第二款第一小段来应用该豁免规定，包括该成员国在该豁免额度的限制
下如何应用该豁免规定。他们也应当通知委员会及欧洲证券和市场管理局任何
有关额度的变化。

　　通过上文对美国与欧盟立法的梳理，能够直接了解两大经济体的现行立法
对于发行限额的规定及不同历史时期的变化脉络。适时调整发行限额是小额发
行豁免制度的一个特点，其根本目的是确保该项制度能够适应时代的发展，满
足企业不断变化的融资需求。对于不同国家或地区而言，调整发行限额需要考
虑的最根本因素是企业融资需求整体的变化情况。以美国规则 504 发行额度的
调整为例，规则 504 最新修改前的 100 万美元的最高限额是由 SEC 在 1982 年
制定的，目的是为小型和新兴企业提供"种子资本"。在新的规则 504 生效前
的 25 年间，由于从公共来源筹集资金的成本过于高昂，所以美国国内未经注
册的证券发行市场发展迅速。大量的天使投资者和风投公司对未经注册的发行

① "单一护照机制"是欧盟金融市场一体化进程中的一项特别制度，主要解决各成员国在欧盟其他国
　家金融市场中有关证券发行人、中介机构及投资者的市场准入问题，核心是各成员国相互认可机制。
　当招股说明书得到了发行人母国的批准后，则该证券发行将会得到其他成员国的认可，并且可以在
　其他成员国发行、交易。

进行投资，这也增加了可用于公司初期投资的"种子资本"。根据普华永道的数据，2008 年美国风投公司对 440 家公司进行了 15 亿美元的"种子投资"。这意味着每家公司平均获得的"种子投资"为 350 万美元。[1] 另有数据显示，一些天使投资者对于处在种子期的每个实体进行了高达 250 万美元的投资。[2] 在考虑到这些变化后，SEC 将规则 504 的发行规模从 100 万美元提升至 500 万美元。市场趋势表明，企业的实际融资需求有所增长，需要更大数额的"种子资本"注入，原有 100 万美元的限额已经无法满足市场需求，SEC 提升发行限额的举措是必要的。

在调整发行限额问题上，不同国家或地区也会面临特殊的问题。例如，在《条例 A+》出台前，《条例 A》已经出现了适用效果不佳的情况。美国政府问责办公室对此进行了研究。结果表明，SEC 对发行申请的审核程序及州蓝天法对发行人的监管所带来的高成本，以及《条例 D》相对于《条例 A》的优势均是导致《条例 A》适用效果不尽如人意的原因。特别是经过调查，一些州的证券监管机构的工作人员表示，《条例 A》不太适用的原因是其发行限额太小，并且该条例与其他金融机制相比缺少成本收益上的优势。另外，一些证券领域的专业律师表示，与《条例 D》中的规则 506 相比，《条例 A》的发行限额太小，而且适用该条例需要支付的法律费用更高，相较之下规则 506 更具有吸引力。由于发行额度小，发行人也很难吸引到承销商参与，后者难以从中获利。[3] 因此，《条例 A》适用不佳的原因是在发行成本与收益的平衡方面出现了问题。可以看出，在发行成本相对固定的前提下，发行收益的高低取决于发行额度的大小。后期，SEC 提升了《条例 A》的发行限额。尤其是对于第一层级的发行而言，在发行成本基本不变的前提下，将发行限额提升到 2000 万美元，使得发行人可以从中获得更多的收益。SEC 认为，发行额度的提升将为发行人提供更大的灵活性，同时可以降低与发行监管相关的固定成本负担。这

---

[1] SEC，"Exemptions to Facilitate Intrastate and Regional Securities Offerings"，SEC Gov，accessed January 23，2022，https://www.sec.gov/rules/final/2016/33-10238.pdf.

[2] SEC，"Exemptions to Facilitate Intrastate and Regional Securities Offerings"，SEC Gov，accessed January 23，2022，https://www.sec.gov/rules/final/2016/33-10238.pdf.

[3] "Report to Congressional Committees Factors That May Affect Trends in Regulation A Offerings，" GAO，accessed January 23，2022，https://www.gao.gov/products/GAO-12-839.

可以使修改的法规比现有的《条例 A》更具成本效益，并可以吸引发行人。① 可见，虽然美国的证券发行豁免制度种类多样，能够满足不同的市场需求，但是也引起了制度间的竞争。由于《条例 A》的发行限额过低，导致发行成本与收益不平衡，所以私募发行豁免制度的代表——规则 506 更加受到市场的青睐。美国立法存在的这些问题说明，若在一国之内设计多项发行豁免制度，应当从整体上考虑制度体系内部的协调性，确保各项制度都能够发挥作用。

欧盟成员国在确定发行限额时考虑的因素更为复杂，本书在梳理欧盟成员国的相关文献时发现，竞争因素也是确定发行限额的一个重要参考。这里以英国财政部在 2018 年针对《2018 年招股说明书条例》所做的影响评估报告为例进行说明。在欧洲议会与欧盟理事会制定的《第（EU）2017/1129 号条例》颁行后，英国财政部认为行使自由裁量权将发行限额提高到 800 万欧元能使国内公司更有效地获得公开市场上的资本。与未提升限额的其他成员国相比，采用这项措施可能有利于提升英国公司的竞争力，并且避免加剧与实施这一措施的其他成员国在任何竞争上的劣势。② 2012—2017 年，伦敦证券交易所的主要市场和另类投资市场公开发行数量的数据显示，共有 1171 份公开发行受益于英国在 2011 年将发行限额提升至 500 万欧元的政策。如果将限额提升至 800 万欧元，将会有更多的发行受益。③ 不行使此项自由裁量权，可能削弱英国相对于其他成员国在筹集资本方面的竞争地位。

对于我国而言，在建立小额发行豁免制度初期，影响该项制度适用效果的因素不会像美国与欧盟那样复杂。原因有两点：一是我国尚未建立起多样化的证券发行豁免法律制度体系，不存在各项制度相互竞争及比较的问题；二是我国与美国、欧盟的证券监管体制不同。因此，对于我国来说，需要考虑的问题是如何在单项制度设计中确保发行限额与发行成本相协调。

---

① "Amendments for Small and Additional Issues Exemptions Under the Securities Act（Regulation A）", SEC Gov, accessed January 23, 2022, https:d∥www.sec.gov/comments/s7-11-13/s71113-74. pdf.

② "The Prospectus Regulations 2018 Impact Assessment," HM Treasury, accessed January 23, 2022, https:∥www.legislation.gov.uk/ukia/2018/100/pdfs/ukia_20180100_en.pdf.

③ "The Prospectus Regulations 2018 Impact Assessment," HM Treasury, accessed January 23, 2022, https:∥www.legislation.gov.uk/ukia/2018/100/pdfs/ukia_20180100_en.pdf.

⚔ 第二节　发行人信息披露义务设定

在小额发行豁免制度的设计中，如何为发行人设定信息披露义务①尤为关键。对于投资者而言，信息披露可以为其提供做出投资决策的依据，减少信息不对称带来的投资风险。对于证券监管机构而言，确保发行人依法履行信息披露义务是其有效监管证券市场的保障。对于发行人而言，信息披露是一项重要的实体性义务，也是为其带来发行成本的重要根源。立法者在制度设计中，应当结合小额发行的特点，合理地为发行人设定信息披露义务，适度减轻发行人的负担。本书将结合国外立法对小额发行与常规公开发行的信息披露制度设计进行比较研究，以期总结出可借鉴的经验。

一、小额发行与常规公开发行信息披露的比较

通过初步梳理国外立法可知，小额发行豁免制度对于发行人设定的信息披露义务相较于常规公开发行有所减轻。其中，最为突出的表现是豁免发行人提交招股说明书的义务。例如，欧洲议会与欧盟理事会制定的《第（EU）2017/1129 号条例》对每 12 个月在联盟范围内面向公众发行的总额不超过 100 万欧元的证券发行豁免了发行人提交招股说明书的义务；美国的《条例 A+》及规则 504 也同样豁免了发行人的这项义务。此外，国外小额发行豁免制度也表明，为发行人设定简化的强制信息披露义务是制度设计的一个重点。为了进一步吸取国外立法的有益经验，本书将首先以美国的《条例 A+》与常规注册发行制度中的发行信息披露相关内容进行比较研究，寻找双方之间的差异并做以分析。之后，本书将对欧盟小额发行豁免制度的信息披露相关规定予以探讨。

（一）《条例 A+》与常规注册发行信息披露的比较

依据美国立法，在《条例 A+》及常规注册两种发行中，发行人在发行前均需要向 SEC 提交一份发行申请文件。在注册发行中，发行人需要提交的文件为注册登记表（Registration Statement），且需要以表格 S-1 为模板进行填写并提交。适用《条例 A+》的发行人需要提交一份发行声明（Offering State-

---

① 由于本书研究的内容为证券发行市场（证券一级市场）的制度构建，所以接下来的论证皆围绕发行阶段的信息披露而展开。

ment），且需要以表格 1-A 为模板进行填写并提交。在注册发行中，发行人需要依据表格 S-1 中的第一部分招股说明书（Prospectus）的要求进行信息披露；在《条例 A+》的发行中，发行人需要依据表格 1-A 中的第二部分发行通知书（Offering Circular）的要求进行信息披露。此外，两项制度均要求发行人通过 EDGAR 电子数据系统将发行申请文件提交给 SEC 进行审核。依据两种表格内部的内容顺序，本书在表 4-1 中列举了两项制度规定的发行人强制信息披露的项目。其中，表格 S-1 的信息披露主要依据为《条例 S-K》《条例 S-X》[1]。

表 4-1　《条例 A+》中的表格 1-A 与注册发行中的表格 S-1 的信息披露项目对比表[2]

《条例 A+》中的表格 1-A	注册发行中的表格 S-1
第一部分　通知	**第一部分　招股说明书要求的信息**
第 1 项　发行人信息	第 1 项 注册声明的前半部分和招股说明书封面的内容
第 2 项　发行人资格	
第 3 项　规则 262 的适用（取消资格）	第 2 项 招股说明书封面及封底的内容
第 4 项　有关本次发行和其他当前或拟议发行的摘要信息	第 3 项 信息摘要、风险因素；如果发行债券，需要披露利率
第 5 项　本次证券发行涉及的司法管辖区	第 4 项 募集资金的使用发行净收益的使用目的，以及实现每个目的所使用的收益占比。
第 6 项　一年内发行或出售的未经注册的证券	
第二部分　发行通知书要求的信息	第 5 项 发行价格的确定
（一）发行通知书	第 6 项 稀释
第 1 项 发行通知书封面	第 7 项 出售证券持有人
发行人名称、发行人主要行政办公室的完整邮寄地址和发行人的电话号码（包括区号）以及（如适用）网站地址、发行通知的日期、发行证券的名称和数量、承销商的名称、发行证券所在州法律要求的任何说明或信息、对风险因素部分的交叉引用、拟议向公众出售的开始日期。	若部分证券出售对象为股东，则需披露这些股东的信息及其与发行人的关系；发行前这些股东的持股比例及向其发行的数量；发行完成后这些股东持股的数量及持股比例。
	第 8 项 分销计划
第 2 项 目录	若通过承销商销售，则需披露承销商的相关信息以及每个承销商承销的比例。若通过其他方式销售，则需披露相关的信息以及所占比例。
第 3 项 摘要与风险因素	
	第 9 项 待注册证券的说明

---

[1] 《条例 S-K》主要规定非财务项目的披露标准，《条例 S-X》则针对财务项目的内容及形式等方面进行规定。

[2] 参见 SEC *Form 1-A Regulation A Offering Statement Under the Securities Act of* 1933 与 *Form S-1 Registration Statement Under the Securities Act of* 1933。

表4-1(续)

《条例A+》中的表格1-A	注册发行中的表格S-1
第4项 稀释	第10项 指定专家和顾问的利益
第5项 证券持有人及分销计划	第11项 关于注册人的信息
第6项 募集资金的使用	业务描述;财产说明;诉讼情况;注册人普通股
第7项 业务描述	和相关股东事项的市场价格和股息;财务报表;
第8项 财产描述	选定的财务数据;补充财务信息;管理层对财务
第9项 管理层对财务状况和经营成果的讨论和	状况和经营成果的讨论和分析;会计人员在会计
分析	和财务披露方面的变动和分歧;市场风险的定量
第10项 董事、高管和重要员工	和定性披露;董事和执行官信息;公司治理;所
第11项 董事、高级管理人员报酬	有人和管理层的持股情况;高管薪酬;与关联
第12项 管理层和某些证券持有人的证券所有权	人、发起人和某些控制人的交易;某些受益所有
第13项 管理层和其他人在某些交易中的利益	人的证券所有权和管理等。
第14项 正在发行的证券信息	第11A项 重大变化
(二)财务报表部分	第12项 通过引用合并某些信息
第一层级与第二层级的发行人均须提交前两	第12A项 委员会在《证券法》赔偿责任上的地
个会计年度的资产负债表和相关财务报表(或更	位
短时间内的报表)。	**第二部分 招股说明书中不需要的部分信息**
对于第一层级的发行,发行人无须提供经审	第13项 其他发行和分配方面费用
计的财务报表,除非发行人已为其他目的编制了	第14项 董事和高管的赔偿责任
经过审计的财务报表。第二层级的发行人必须在	第15项 最近出售的未注册证券
其发行通知中提交经过审计的财务报表。	第16项 附件和财务报表附表
第三部分 附件	附件:
(一)附件内容	(1)承销协议
表格1-A第三部分要求发行人将某些文件	(2)收购、重组、安排、清算或继承计划
作为发行声明的附件提交。发行人必须在发行声	(3)章程与细则
明中提交以下附件:承销协议;章程和细则;界	(4)界定证券持有人权利的文书
定证券持有人权利的文书;认购协议;投票信托	(5)意见重新合法化
协议;重大合同;收购、重组、安排、清算或继	(6)税务事项意见
承计划;托管协议;会计师变更函同意书;授权	(7)表决权信托协议
委托书;同意书;关于合法性的意见;"试水"	(8)重大合同
材料;指定诉讼服务代理人;与非公开提交有关	(9)未经审计的中期财务信息函
的材料;以及发行人可能希望提交的任何其他材	(10)会计师变更函
料。	(11)注册人的子公司信息
	(12)专家和律师的同意

表4-1（续）

《条例 A+》中的表格 1-A	注册发行中的表格 S-1
（二）签名 　　发行声明必须由发行人，其首席执行官、首席财务官、首席会计官以及董事会或其他管理机构的大多数成员签署。若签名是由代表任何其他人的人签署的，则必须将授权签名的证据与发行声明一起归档，除非一名执行官员代表发行人签署。	（13）委托书 （14）受托人资格声明 （15）技术报告摘要 （16）附加 （17）交互式数据文件 第 17 项　承诺 **签名** **招股说明书摘要说明** 　　委员会可根据注册人的要求，并在符合投资者保护的情况下，允许遗漏本文件要求的任何信息，或提供具有可比性的适当信息来代替。在任何情况下，如为保护投资者而有必要或适当的情况下，委员会也可要求在本文件所要求的信息之外列入其他信息，或用其他信息代替这些信息。

　　除了上述表格内的项目，表格 S-1 也要求发行人在表格的前几页填写注册公司的名称、管辖、主要营业场所、工业分类号、地址、电话、注册费用的计算、大致发行时间等基本信息。[①] 通过对比可知，两种发行信息披露之间的异同主要体现在以下三个方面。

　　第一，信息披露的项目。在项目总体构成方面，两种发行信息披露均围绕发行人自身及其拟发行证券的相关信息展开。在类别划分方面，既包括财务信息与非财务信息披露，也包括既定事实信息与预测性信息披露。两种发行信息披露的项目数量存在差异，注册发行披露的项目数量多于小额发行。注册发行披露中的一些项目，如指定专家和顾问的利益，选定的财务数据，补充财务信息，会计人员在会计和财务披露方面的变动和分歧，市场风险的定量和定性披露，公司治理，与关联人、发起人和某些控制人的交易，注册人普通股和相关股东事项的市场价格和股息、委员会在《证券法》赔偿责任上的地位等内容是《条例 A+》中表格 1-A 的发行通知书不包括的。同时，在两种发行需要提交的附件方面，注册发行要求发行人提交的附件项目数量较多。其中，税务事项意见、未经审计的中期财务信息函、注册人的子公司信息、受托人资格声

---

① 李文莉、王玉婷：《中美证券发行信息披露制度比较研究》，《证券法苑》2014 年第 12 期。

明、技术报告摘要、交互式数据文件等也是表格 1-A 不包括的。另外，由于两种发行在性质上存在区别，所以《条例 A+》会要求发行人披露一些特有的信息，例如"试水"材料、发行人具有豁免资格的证明、一年内发行或出售的未经注册的证券等。

第二，相同项目信息披露的详略程度。通过梳理两张表格的内容可见，两种发行中均有相同的披露项目。对于某些相同的项目，注册发行要求发行人披露得更为详细，如业务描述、管理层对财务状况和经营成果的讨论和分析等。本书以表格的形式对两种发行中的业务描述项目进行比对，具体比较对象为业务描述中的叙述性描述部分。通过比较可知，《条例 A+》的披露项目基本涵盖于注册发行的披露项目之中，并且注册发行的披露要求更高，具体体现在发行人需要披露的信息年限范围更大（《条例 A+》的年限为三年，注册发行为五年），以及相同披露项目要求的内容涵盖面更广泛两个方面。

表 4-2 《条例 A+》与注册发行业务描述的叙述性描述部分内容对比表①

《条例 A+》中的表格 1-A "业务描述"	注册发行中的表格 S-1 "业务描述"
叙述性描述 1. 描述发行人及其子公司在过去三年或发行人可能在业务中的较短期间内所做和拟做的业务以及业务的一般发展。若这些因素对发行人业务的理解至关重要，则此类描述必须包括但不限于对以下因素的讨论： （1）发行人的主要产品和服务，以及此类产品和服务的主要市场和分销方法。 （2）产品或服务的状态，前提是发行人已公开有关新产品或服务的信息，且该新产品或服务将要求对发行人的重大资产或其他重大资产进行投资。 （3）保留。 （4）发行人聘用的总人数，注明全职聘用人数。 （5）任何破产、接管或类似程序。	叙述性描述 1. 描述注册人、其子公司和任何前任在过去五年或注册人从事业务的更短时期内业务的一般发展情况。其对于了解业务的总体发展有重要意义，应当提前披露。 在描述事态发展时，应提供以下事项的信息：注册人成立的年份及其组织形式；与注册人或其任何重要子公司有关的任何破产、接管或类似程序的性质和结果；注册人或其任何重要子公司的任何其他重大重新分类、合并或合并的性质和结果；除正常业务过程外的任何重大资产的收购或处置；对在计划所涵盖的期间内进行的重大产品研发的解释；各部门（如研发、生产、销售或管理部门）员工数量的任何预期重大变化；注册人业务可能特有的其他重大领域；以及经营方式的任何重大变化。

① 参见 SEC Form 1-A Regulation A Offering Statement Under the Securities Act of 1933 与 Form S-1 Registration Statement Under the Securities Act of 1933。

表4-2(续)

《条例A+》中的表格1-A"业务描述"	注册发行中的表格S-1"业务描述"
（6）对发行人的业务或者财务状况有重大影响的法律诉讼。 （7）非正常业务过程中的重大资产重新分类、合并、购买或出售。 2. 发行人还必须说明经营或行业的显著或特殊特征，这些特征很可能对发行人未来的财务业绩产生重大影响。可讨论的因素包括：依赖一个或几个主要客户或供应商（包括原材料或融资供应商）、现有或可能的政府监管（包括环境管制）、材料合同和/或到期的材料劳动合同或专利、商标的影响；许可证、特许经营权、特许权或特许使用权协议、行业异常竞争条件、行业周期性以及预期的原材料或能源短缺（管理层可能无法确保持续的供应来源）。	（1）注册人在细分市场和主要市场生产的主要产品和提供的服务、细分市场主要产品和服务的分销方法。此外，如果在过去三个财政年度中的任何一个财政年度的总收入不超过5000万美元，需说明过去三个会计年度中占合并收入10%或以上，或占合并收入15%或以上的任何类别的类似产品或服务贡献的总收入的金额或百分比。 （2）对产品或细分市场状态的描述（如是否在规划阶段、是否存在原型、产品设计的进展程度或是否需要进一步的工程），是否已经发布公告，或者注册人是否以其他方式公开了，需要对注册人的大量资产进行投资或在其他方面具有重大意义的新产品或细分市场。本款并不是要求披露非公开的公司信息，因为披露这些信息会对注册人的竞争地位产生不利影响。 （3）原材料的来源和可得性。 （4）所持有的所有专利、商标、许可证、特许权和特许权对该细分市场的重要性以及持续时间和效力。 （5）该部门的业务是或可能是季节性的程度。 （6）注册人和行业（各行业）在营运资本项目方面的做法（例如，注册人必须携带大量存货，以满足客户的快速交货要求，或确保自己能从供应商那里持续分配货物；注册人提供退货权利；或注册人向客户提供延期付款条件）。 （7）细分市场对单一客户或少数客户的依赖，其中任何一个或多个客户的损失将对细分市场产生重大不利影响。若一个或多个部门向客户进行的销售总额等于或超过注册人综合收入的10%，并且该客户的损失将对注册人及其子公司整体产生重大不利影响，则应披露任何客户的名称及其与注册人或其子公司的关系（如有）。可

表4-2(续)

《条例 A+》中的表格 1-A "业务描述"	注册发行中的表格 S-1 "业务描述"
	以包括其他客户的名称，除非在特定情况下，包括这些名称会产生误导。就本款而言，共同控制下的一组客户或相互关联的客户应视为单一客户。
	（8）截至最近一个日期及上一个财政年度的可比日期，据信是确定的积压订单的美元金额，显示在本财政年度内无法合理预计填补的部分，以及积压订单的季节性或其他重要方面。（可将已确定但尚未获得资金的政府订单和已授予但尚未签署的合同列为确定订单，前提是添加适当的声明以解释此类订单的性质和金额。根据完工百分比或计划核算，已包括在销售或运营收入中的订单部分不应包括在内）
	（9）需重新谈判或终止政府合同的业务。
	（10）所涉业务中的竞争条件，包括注册人竞争的特定市场的身份（如重要）、竞争对手数量的估计和注册人的竞争地位（如注册人知道或合理获得）。应单独考虑该分部的主要产品、服务或产品与服务类别（如有）。一般来说，竞争对手的名字不需要透露。注册人可以包括这些名称，除非在特定情况下，包括这些名称会产生误导。但是，注册人知道或者有理由知道一个或者少数竞争对手在该行业占主导地位的，应当予以认定。应确认竞争的主要方法（如价格、服务、保修或产品性能），并在注册人已知或合理获得的情况下，解释与注册人的竞争地位有关的正面和负面因素。
	（11）（保留）
	（12）还应适当披露遵守已颁布或通过的关于向环境排放材料的联邦、州和地方规定，或其他与环境保护有关的规定，可能对注册人及其子公司的资本支出、收益和竞争地位产生的实质性

表4-2（续）

《条例A+》中的表格 1-A "业务描述"	注册发行中的表格 S-1 "业务描述"
	影响。注册人应披露本会计年度剩余时间和下一会计年度以及注册人可能认为的更长时间内用于环境控制设施的任何重大估计资本支出。 （13）注册人雇用的人数。

第三，表格填写及提交方式。在填写方式方面，表格 1-A 相对简单。从表格 1-A 的设计来看，第一部分通知（Notification）的内容并不多、填写较为简单。SEC 对这部分的项目设计了简便的填写方式，并且某些项目可以直接在表格内勾选。而表格 S-1 仅有封面部分的基本信息填写较为简单，核心内容则要求发行人依据《条例 S-K》《条例 S-X》的规定进行详细填报。另外，《条例 A+》及注册发行均允许发行人"引用"之前提交或通过 EDGAR 系统（电子化数据收集、分析及检索系统）提交的其他文件进行合并披露。这样的制度设计有利于避免重复披露，降低披露成本。根据表格 1-A 中的提示，关于发行人引用或交叉引用的信息在何处可以找到的描述必须是具体的。所有通过引用合并的信息的位置描述必须附有一个指向 EDGAR 系统中合并文件的超链接。发行人不可将其他地方的信息纳入财务报表，若合并会使报表或报告不完整、不清楚或令人困惑，则不得通过引用或交叉引用的方式将信息合并。若自该文件提交以来，通过引用合并的任何文件的文本发生了任何实质性修改，则发行人必须将包含该修改文本和日期的声明与引用一起提交。①

通过上文的比较研究，可以对 SEC 关于《条例 A+》发行阶段的强制信息披露规则制定的思路加以总结：一是以注册发行信息披露规则为基础进行简化设计。《条例 A+》的发行信息披露规则设计并未脱离注册发行信息披露的框架，而是保留了注册发行中最为基本的披露内容，并且辅以小额发行豁免制度特需的一些信息。例如，"试水"材料、发行人具有豁免资格的证明、一年内发行或出售的未经注册的证券等信息。二是在财务信息披露方面，SEC 进行了差异化设计。这种差异化设计是与发行额度的大小相挂钩的。第一层级的发行人必须遵循表格 1-A 中 F/S（Financial Statement）部分对财务报表格式和内容的要求，绝大部分内容不需要遵循《条例 S-X》的要求。然而，除非 F/S 部分另有说明，第二层级的发行人必须遵守《条例 S-X》第八条对于财务报

① 参见 Form 1-A Regulation A Offering Statement Under the Securities Act of 1933 一般说明部分第Ⅲ项。

表的要求。在降低成本并保障信息的有用性方面，SEC 主要通过对披露信息所产生的时间范围进行限制来实现。例如，对财务报表在资格审查或备案时的账龄限制，可以确保披露的信息能够准确反映公司当前的财务状况。另外，SEC 要求发行人提交最近两个财政年度的（或其已经存在的时间较短的）资产负债表，而不是只在最近完成的财政年度结束时提交资产负债表。在这种前提下，发行人可能已经拥有额外的资产负债表，或者能够以最低的额外成本轻松地生成额外的资产负债表。并且，对两个财政年度的资产负债表进行比较将为投资者提供有价值的额外信息。三是在非财务信息披露方面，SEC 减少了发行人信息披露的项目种类，并且缩减了某些项目披露的内容范围（如上文提到的"业务描述"）。这样设计的目的依然是在降低发行成本与投资者保护之间寻求平衡，同时依然遵循重大性标准的要求。四是注重信息披露的效率。提高效率的方式之一是电子化提交信息披露文件。SEC 认为，目前采用的电子申报方法对于《条例 A+》中的发行人、投资者及其他市场参与者来说非常实用。发行人能够更好地控制其备案过程，降低与备案相关的印刷成本。[①] 另外，这种方式也方便证券监管机构审核及公众获取。方式之二是允许发行人通过引用之前提交过的文件进行合并披露，避免重复披露，这种方式在我国目前的证券发行信息披露制度中已经有所规定。方式之三是在申请文件的初始部分要求发行人披露其基本信息，以便证券监管机构可以更容易地对发行人是否具备豁免资格做出判断。

（二）欧盟小额发行豁免制度的发行信息披露规定

在欧盟的小额发行豁免制度中，发行人被免除公布招股说明书的义务。与此同时，欧盟允许各个成员国以成本收益分析为基础，在各自国内针对小额发行提出适当的信息披露要求。

1. 欧盟层面的框架性规定

依据欧洲议会与欧盟理事会《第（EU）2017/1129 号条例》第一章第 3（1）条规定：在对本章第 1（4）条没有影响的情形下，发行人在联盟范围内公开发行证券之前，必须依据本条例公开发布招股说明书。在一般情况下，事先公布招股说明书是发行人公开发行证券前必须履行的法定义务。而在小额发行豁免制度中，发行人被免除了公布招股说明书的义务，减轻了发行人信息披露的

---

① "Amendments for Small and Additional Issues Exemptions Under the Securities Act（Regulation A），" SEC Gov，accessed January 25，2022，https://www.sec.gov/comments/s7-11-13/s71113-74.pdf.

负担。该条例第一章第 1 (3) 条第一段规定：在对本款第二段和第 4 条（自愿公布招股说明书）的规定没有影响的情形下，若在联盟范围内向公众公开发行的证券总额在 12 个月的期限内不超过 100 万欧元，则本条例不适用于在联盟范围内面向公众发行的总额不超过 100 万欧元的证券发行，该发行数额应当以 12 个月为计算期限。

在上述基本规定之外，欧盟还为各个成员国设置了一种自由裁量权，即允许各个成员国每 12 个月在 100 万欧元至 800 万欧元的额度范围内自主设置小额发行豁免制度的发行限额，而且可以为发行人设定信息披露义务。欧盟做出此举的原因是其考虑到整个联盟的金融市场规模各不相同，允许成员国在一个较高的额度范围内自主决定小额发行豁免制度的发行限额是合适的。具体地，该条例第一章第 3 (2) 条规定：在对第 4 条规定没有影响的情形下，一个成员国可以决定豁免发行人向公众公开发行证券时公布招股说明书的义务，前提是该发行不受第 25 条关于招股说明书通知规定的约束，并且每次在联盟发行的总额度为每 12 个月不超过 800 万欧元。成员国在设定额度后，可以在国家层面对于发行人提出其他的信息披露要求，但该要求不得对该豁免制度下发行的证券产生不合适或不必要的负担。成员国在为小额发行豁免制度设定限额时，也应当以他们认为有利于保护本国投资者的水平为前提。依据上述条文，各个成员国在适用对于每 12 个月不超过 100 万欧元的证券发行时，不得要求发行人提交招股说明书，但是可以提出其他适当的信息披露义务要求。另外，成员国可以对于每 12 个月 100 万欧元至 800 万欧元之间的发行自主决定是否豁免发行人提交招股说明书的义务。若成员国对于这个额度区间范围内的发行豁免了发行人提交招股说明书的义务，则其可以提出其他的信息披露要求。

2. 成员国国内立法的规定

本书以欧盟成员国比利时的国内立法为例进行探讨。按照欧盟的要求，比利时依据《第（EU）2017/1129 号条例》修改了国内的立法，并且于 2018 年 7 月 11 日实施了新的国家法案，即《比利时招股说明书法案》（*New Belgian Prospectus Law*）。该法案将小额发行豁免制度的发行限额分为三个节点，分别为每 12 个月不超过 50 万欧元、500 万欧元和 800 万欧元，每个层级的发行均对应各自的信息披露要求。

对于每 12 个月不超过 50 万欧元的发行，在未经允许在指定 MTF（多边交易设施）交易时，发行人被豁免履行信息披露义务，既不需要公开招股说明书，也不需要提交其他信息披露文件；在经允许在指定 MTF 交易时，发行人需要提交一份信息说明（Information Note）。对于每 12 个月不超过 500 万欧元的发行，发行人不需要公开招股说明书，但需要公开一份信息说明。对于每 12 个月不超过 800 万欧元的发行，在经允许在指定 MTF 交易时，发行人需要提交一份信息说明。对于每 12 个月内 500 万至 800 万欧元的发行，在未经允许在指定 MTF 交易时，发行人需要提交一份招股说明书。[①]

按照法案规定，发行人需要提交的信息说明必须包括关于发行人和发行的最重要信息，并且必须包含对以下要素的简要描述：与发行人和发行有关的主要风险（必须描述与要约或承认交易有关的具体风险）；有关投资工具发行人和要约人的信息，包括财务信息（发行人最近两个财政年度的年度账目）；关于要约或承认交易的条件和理由的信息；关于发行特征的信息（发行的数额、证券的性质）。关于最近两个财政年度的年度账目，当发行人被要求委任法定审计师审计时，审计报告必须包括在信息说明内。当发行人不被要求委任法定审计师审计时，发行人享有一种选择权：要么由审计师进行独立审计；要么在资料文件中明示免责声明和警告，说明没有进行过这种独立审计。法案规定发行人制作的信息说明内容必须在 15 页以内。[②]

法案除了对于信息说明的内容提出要求外，还在该信息说明的公布、提交、审查及有效期方面做出了规定。首先，信息说明的公布。信息说明必须在发行人、要约人和相关金融中介机构（视情况而定）的网站上公布，并且必须最迟在要约的第一天向公众提供。其次，信息说明的提交。最迟必须在信息说明发布的同时，向 FSMA（比利时金融服务和市场管理局）提交，信息说明的每份附录也必须向 FSMA 提交。再次，信息说明的审查。与招股说明书不同的是，信息说明不受 FSMA 的事先审查。在发布信息说明之前，不要求获得 FSMA 的批准。然而，FSMA 有权进行事后审查，并且可以在信息说明不符合相关法律要求时，实施行政措施和行政处罚。信息说明必须包含对投资者的显著警告，表明它没有经过 FSMA 的先验审查。最后，信息说明的有效期。在向 FSMA 提交申请后，信息说明的有效期为 12 个月。若要约的有效期超过 12 个月，则需要向公众提供新的信息说明，并且向 FSMA 提交。此外，任何

---

① "New Belgian Prospectus Law," Whitecase, accessed January 28, 2022, https://www.whitecase.com/publications/alert/new-belgian-prospectus-law.

② 同上。

与要约和/或进入交易有关的营销材料都将受到同样类型的监管监督，即便 FSMA 没有事先审查，FSMA 也有权进行事后审查。[①]

《比利时招股说明书法案》是在严格遵守欧盟层面立法的前提下制定的，对于小额发行信息披露内容的规定也体现出简化的特点。与《条例 A+》的设计思路相同，比利时的规定也与发行额度挂钩，体现出差异化、分层级的设计。当然，比利时的信息披露制度还与证券在何种交易场所交易有关。与《条例 A+》不同的是，其要求发行人提交的信息说明的简化程度高于《条例 A+》的信息披露文件。另外，FSMA 对于信息披露文件的审查制度采取的是事后审查，这与 SEC 的事前审查完全不同，体现了监管机构不同的监管理念。本书认为，《比利时招股说明书法案》的制度设计更加倾向于便利发行人融资，采取事后审查的方式在一定程度上会降低发行成本、提升发行效率；而《条例 A+》的事前简化审核更加倾向于防范风险，更有利于保护投资者利益。

综上，由于不同国家对于常规公开发行信息披露的规定存在差异，所以各国小额发行豁免制度对于发行信息披露的具体内容必然不会完全相同。虽然美国与欧盟的小额发行豁免制度的信息披露设计不能代表所有国家的立法理念，但是其基本做法却能够提供可借鉴的经验。

二、 小额发行信息披露义务设定的理念

减轻发行人在发行阶段的强制信息披露义务是小额发行豁免制度设计中的普遍性做法，此举有利于降低发行成本。不过，小额发行始终是存在风险的，简化后的信息披露也应当能够发挥其辅助监管、防范投资风险及促进投资决策的基本功能，不可随意为之。结合国外的立法经验及信息披露的相关理论，本书认为，小额发行豁免制度中的发行信息披露义务的设定需要遵循如下理念。

（一）信息披露范围的划定应当以重大性标准为依据

投资者开展投资活动需要以充分、准确的信息为依据，即要依赖于发行人公开的信息。"理想的信息披露应使投资者获得了必要的信息，又使发行人只承担合理的披露义务，不至于因披露义务过于沉重而影响其发展。"[②] 这一点在证券发行法律制度的构建中尤为重要。对于立法者而言，为使发行人较好地

---

① "New Belgian Prospectus Law," Whitecase, accessed January 28, 2022, https://www.whitecase.com/publications/alert/new-belgian-prospectus-law.

② 覃宇翔：《浅议证券法信息披露义务中的"重大性"标准》，《商业研究》2003 年第 4 期。

履行信息披露义务，最佳的制度设计是为发行人规定明确的、必要的信息披露范围。对此，立法者应先明确哪些信息是需要发行人公开的，并且需要以一定的标准辅助其确定信息披露的范围。综观世界主要国家或地区的证券监管实践，重大性标准是得到普遍认可的并用来指导信息披露制度设计的一项标准。进一步地，重大性标准又可以细化为"影响投资者决策"与"影响证券市场价格"两项标准。可以说，"重大性标准的确立是确定证券市场信息披露范围的基础和前提"[①]，而且有利于在具体案件中判断发行人是否应当承担相应的法律责任。

实际上，我国的证券立法也确立了"重大性标准"。对于这一标准，学术界结合现行证券立法中的规定普遍认为，我国采用的是"影响投资者决策"与"影响证券市场价格变化"相结合的二元判断标准模式。"影响投资者决策"是一种主观标准，即站在投资者角度判断相关信息是否对其做出投资决策具有重大性影响。依据这一标准形成的条文以证监会制定的《上市公司信息披露管理办法》第十一条及《公开发行证券的公司信息披露内容与格式准则》系列为代表，条文中对于该标准的表述为"凡是对投资者做出投资决策有重大影响的信息……"。"影响证券市场价格"是一种客观性标准，即有关的信息是否会对证券的交易价格产生影响。依据这一标准制定的条文以我国《证券法》第八十条、第八十一条为代表，条文中对于该标准的表述为"发生可能对上市公司、股票在国务院批准的其他全国性证券交易场所交易的公司的股票交易价格产生较大影响的重大事件……""发生可能对上市交易公司债券的交易价格产生较大影响的重大事件……"。

通过梳理我国证券立法可知，"影响投资者决策"标准多应用于一级市场的发行信息披露，"影响证券市场价格"标准多应用于二级市场的持续信息披露。有学者指出，这样的制度安排是因为在中国证券市场发展的初期阶段，其信息披露基本借鉴了美国对一级市场和二级市场分别监管的二元体制，两种相对独立的披露制度各自都有一套互不相同的披露规则，即一级市场与投资者的投资决策有关，二级市场与证券价格的波动有关。[②] 实际上，"对证券价格有重要影响的信息当然会影响投资者的投资决策。同样，对投资者的投资决策具

---

① 李君临：《证券市场信息披露重大性标准探析》，《特区经济》2007 年第 11 期。
② 同上。

有重要意义的信息也必然会影响到证券价格"①，两种标准是不能够被绝对地区分开的。由于证券发行与持续交易两个阶段的市场活动特征有所区别，所以证券监管机构的监管侧重点不同，采用的标准也就有所差异。

虑及小额发行的风险较小，并且出于控制发行成本的原因，立法者需要简化小额发行豁免制度中的强制信息披露内容。在这种前提下，立法者应当更加注重以重大性标准为依据指导制度设计，确保投资者能够获得必要的、有价值的信息。客观地分析，重大性标准是一项原则性规定，较为抽象且不易把握。因此，立法者应当以重大性标准为指导，采取列举的方式为发行人确定一个最低的披露范围，便于其履行信息披露义务。另外，应当鼓励发行人自愿披露。自愿披露也同样需要遵守重大性标准。在发行阶段，发行人自愿披露可侧重以投资者决策标准为依据履行义务。

（二）信息披露范围的划定应当衡量发行人的经济成本

在小额发行豁免制度中，能够与发行限额共同起到平衡发行成本与收益作用的非信息披露义务莫属。发行人在发行信息披露中的成本包含了直接的经济支出，这部分成本是小额发行豁免制度确定发行信息披露范围时需考虑的重要因素。小额发行豁免制度的建立初衷之一在于促进低成本融资，在发行额度受限且对投资者、公共利益潜在风险较小的前提下，适度降低信息披露的要求，使之与常规公开发行信息披露相区别，才能保证小额发行的经济合理性。通常，发行信息披露的成本主要来源于信息收集、处理与传播环节，聘请会计师事务所、律师事务所、资产评估机构等提供服务所支付的费用是最主要的支出。在确定信息披露范围时，应当初步计算出发行人履行义务的经济成本，并且需要与发行限额相衡量，以确定规则设计的合理性。通过上文对《条例 A+》与常规公开注册发行信息披露的比较可知，减少信息披露的项目、缩减单个项目披露的内容、缩小提交财务报表的年度范围及电子化披露都是可以辅助目标实现的方式。

在美国《条例 A+》的设计中，SEC 将信息披露义务与发行限额层级相挂钩，为两个层级的发行人设定了不同轻重程度的信息披露义务。由于第二层级的发行最高额度较大，因此发行人须履行的信息披露义务也较重，包括发行信息披露和持续信息披露义务。对此，SEC 的设计理念是将信息披露义务与风险

---

① 赵威、孟翔：《证券信息披露标准比较研究——以"重大性"为主要视角》，中国政法大学出版社，2013，第 224 页。

程度相匹配。依据本书观点，SEC 的这种做法也符合比例原则的要求，即监管的强度与发行的风险程度相匹配，体现了比例原则的适当性及必要性要求。同样地，比利时的立法也符合这一原则。由此可见，设计信息披露制度不能一味地从发行人的角度出发，还应兼顾投资者的利益。另外，履行信息披露义务并非只会为发行人增加发行成本，也可以有效地促进资本形成。信息披露既是展现证券价格的基础，也是提升证券市场效率的重要手段。发行公司的公司治理结构、经营管理状况、财务状况等信息均是影响证券价格的重要因素。发行人将这些反映证券价格的信息向投资者披露，使其能够及时对企业的投资价值及前景做出判断，并且促进证券市场发现证券价格的功能得以发挥，避免由于信息不对称导致投资者缺乏投资信心，影响证券发行的实际效果。因此，信息披露制度既可以节约投资者获取信息的成本，又可以提升证券市场的效率，从而促进资本形成。

（三）根据证券的类型设定差异化的信息披露范围

国外小额发行豁免制度并没有将可适用的证券限制为单一类型的证券，可适用的类型较为广泛。除了股票以外，公司债券等其他类型的证券也可适用。由于证券间的特征不同，所以发行人在发行不同种类证券时需要披露的信息内容也有所区别。换句话说，信息是否符合重大性标准会受到证券种类的制约，投资者投资不同证券所依赖的重大信息之间是有差异的。例如，公司债券与股票之间的性质存在区别，其是公司依法定程序发行并约定在一定期限还本付息的有价证券。以我国的公司债券发行制度为例，发行人需要在募集说明书中披露特定的信息。例如，还本付息的方式、偿付风险、发行人及本期债券的资信状况、增信机制、偿债计划、债券受托管理人等。另外，以《条例 A+》规定的信息披露文件表格 1-A 为例。该表格第二部分发行通知书第 14 项"正在发行的证券信息"既包括所有类型证券发行均需要披露的相同内容，也包括不同证券发行需要披露的特殊内容。鉴于此，应当对股票、公司债券等类型的证券确定差异化的信息披露范围及内容，提高信息披露的针对性和有效性。①

---

① 程茂军、徐聪：《投资者导向信息披露制度的法理与逻辑》，《证券市场导报》2015 年第 11 期。

第三节　投资者准入监管

在证券监管中，保护投资者利益是重要的监管目标。在众多保护投资者的方式中，加强对于投资者市场准入环节的监管是行之有效的。投资者准入监管的表现形式主要为投资者进入证券市场设定资格条件，目的是防止不具备相应投资能力和风险承受能力的投资者进入市场，避免其遭受投资风险。在小额发行豁免制度的设计中，引入投资者准入条款亦是必要的。对此，首先应当对小额发行豁免制度下的投资风险进行分析，进而确定采取何种监管模式。本书将结合国外立法的几种准入监管模式进行探讨。

一、　小额发行投资风险的类别及特殊性

证券投资是一种具有潜在风险的金融投资。对于投资者而言，投资风险是对其投资预期收益的背离。投资者参与证券投资的目的在于获得未来的收益，但这种收益具有极大的不确定性。在投入资金后，投资者并不一定在很短的时间内获得收益。而且，在投资者持有证券过程中，投资收益将受到多种因素的影响，存在降低或者损失本金的可能性。由于小额发行豁免制度可适用的证券类型较为多样，包含了股票与公司债券等，所以以下文将从综合性的角度对投资风险进行分析。

（一）小额发行投资风险的类别

以投资者的视角观察，其在小额发行中面临的投资风险涵盖在常规公开发行中的投资风险范围内。总体上，投资者面临的投资风险主要包括如下几类。

第一，系统性风险。系统性风险来源于发行人外部，由某些全局性因素所引发，会影响所有证券的收益。SEC 在其关于适用《条例 A+》的研究报告中也指出："《条例 A+》的发行包括总体经济和市场状况相关的全市场风险。"[1]系统性风险主要包括政策风险、经济周期性波动风险、利率风险和购买力风险。政策风险是指由于与证券市场管理相关的政策发生变化，或者某些重要法律法规出台等引起的证券市场波动，从而给投资者的投资收益带来的风险。政

---

[1] Anzhela Knyazeva, "Regulation A+: What Do We Know So Far?", Sec Gov, January 1, 2016, accessed January 31, 2022, https://www.sec.gov/dera/staff-papers/white-papers/18nov16_knyazeva_regulation-a-plus-what-do-we-know-so-far.html.

府制定的各项有关证券市场建设、管理的政策具有稳定性特征，不会在较短的时期内发生频繁变动。政策的稳定有利于政府对证券市场的管理，使其处于总体平稳的运行状态。运用经济法的基本理论分析可知，政府制定证券市场的相关政策具有干预市场的性质，亦会存在政府失灵的可能性，某些政策可能会对市场的发展产生负面作用，从而引起证券市场整体的波动，引发风险。除了与证券市场直接相关的政策会影响投资收益之外，其他方面的法律、法规、政策（如财政、金融、税收、土地使用、产业政策、行业管理、环境保护等）变化也会导致投资风险。经济周期性波动风险是指由证券市场整体行情周期性变动而引发的风险，这种风险主要是由经济的周期变动引起的。虽然经济周期变动是一种规律性变动，但是会影响到企业的经营效益，证券的价格也会随着经济形势的变化而波动，而且证券市场的周期性波动是较为长期的。利率风险是指由利率变动引起投资收益变动的可能性。利率政策是一国中央银行在进行宏观调控时使用的货币政策工具，利率上调会引起社会资金更多地流向银行储蓄等领域，证券市场随之转冷，证券价格也会相应降低。同时，利率的提高会引起企业融资成本的增加，影响到企业的盈利，进而影响到投资收益。购买力风险是由通货膨胀导致的。货币贬值使得货币购买力下降，实际上，投资收益也随之下降。

第二，非系统性风险。与系统性风险不同，非系统性风险的影响范围较小，通常仅对于个别发行人或某个行业的证券产生影响。非系统性风险通常由某一特殊因素引起，作用于个别或少数证券的收益变动，不会对整体证券市场的价格产生广泛的影响。总体上，非系统性风险包括发行人的信用风险、经营风险及财务风险。信用风险是指证券发行人不能按时、足额地还本付息而导致的投资损失风险。信用风险也被称为违约风险，主要表现在债券的投资中，但在优先股及普通股的投资中也存在信用风险。股票投资中并无还付本金的规则，其信用风险表现为股息延付、少付或不付。信用风险背后反映的是企业的财务状况、盈利能力及经营能力等。经营风险是指由于发行人在经营管理过程中出现策略失误导致企业盈利受到影响，连锁引发的投资损失风险。"财务风险是指发行人财务结构不合理、融资不当导致投资者预期收益下降的风险。"[1]从投资者的角度观察，财务风险可以表现为由于企业过度负债引发投资收益下降，以及企业亏损导致的投资风险等。而从企业管理的角度观察，财务风险可

---

[1] 中国证券业协会编《证券市场基础知识》，中国金融出版社，2012，第262页。

以表现为企业现金流状况不佳、资产周转能力差、重大资产减值、重大担保或偿债风险等。

第三，欺诈风险。对于投资者而言，其与发行人之间存在信息偏在的问题，投资者处于信息劣势一方。理论上，投资者可能会遭受源自信息披露义务人的欺诈行为（如故意隐瞒事实、提供虚假信息等）所引发的投资损失。

此外，投资者的投资风险也可能来自缺乏投资经验导致的投资决策失误。

（二）小额发行投资风险的特殊性

上文所述风险是小额发行中的投资者会面临的潜在风险，这些分析是从常规性的视角展开的。小额发行豁免制度与常规公开发行法律制度的功能定位不同，其服务的对象为普通中小企业。相较于成熟的大型企业，多方面因素导致中小企业在市场竞争中处于劣势地位，许多中小企业的生存与发展面临困境。由于这类企业获得外部资金支持面临困难，以及自身在经营管理及创新发展等方面都存在不足，所以其抵抗外界风险的能力也相对较弱，存活率也相对较低。我国中小企业的平均寿命在 3 年左右，美国中小企业的平均寿命为 8 年左右。[①] 生存周期短也意味着诸多中小企业在存活期间的盈利能力较为不稳定。SEC 经过调研发现，与其他小型发行人类似，《条例 A+》中的发行人可能会受到重大融资约束。由于样本中的许多发行人没有产生足够的内部现金流，并且有大量累积的赤字，他们持续经营的能力可能在很大程度上取决于通过《条例 A+》发行或其他融资方式筹集新融资的持续能力。[②] 由此可以分析出，这类企业由于内部现金流和资产有限，发行人在间接融资方面可能会受到限制，无法获得银行或其他贷款融资，或者以优惠条件获得此类融资。这也表明适用该条例的部分企业的盈利能力在获得投资后的短时间内是难以得到保证的。另有美国学者对适用《条例 A+》的数据进行了研究，其调查数据的来源企业都是初创公司，几乎没有运营历史，主要依靠种子基金或早期资本投资生存。他们都无法通过产生可持续的经营利润来自我维持，有些甚至没有开始创收。依

[①]《中小企业寿命平均三年，贷款不良率已达惊人的 5.9%》，https：//www.sohu.com/a/325487927_100273862？_trans_=000019_wzwza，访问日期：2022 年 3 月 16 日。

[②] Anzhela Knyazeva, "Regulation A+: What Do We Know So Far?", Sec Gov, January 1, 2016, accessed February 6, 2022, https：//www.sec.gov/dera/staff-papers/white-papers/18nov16_knyazeva_regulation-a-plus-what-do-we-know-so-far.html.

据统计数据，该学者认为，至少有四分之三的公司可能在第五年倒闭。[①] 对于投资者而言，其投资的是企业的未来，谋求的是未来的投资收益。由于普通的中小企业在经营中更容易失败，所以投资者的预期收益将会受到极大的影响。因此，小额发行豁免制度中的投资者面临的投资风险具有特殊性，主要表现为普通中小企业存活率低、盈利水平不稳定，进而影响投资收益，甚至导致投资失败。可见，适用小额发行豁免制度实施的证券发行在非系统性风险方面较为突出，该风险源自广大普通中小企业经营的不稳定性。

（三）小额发行投资者准入监管的若干模式

在小额发行豁免制度中，投资者准入监管的模式是多样化的。而且，在投资者准入条件设计方面，不同的制度采用的限制要素之间也存在差异。本书以美国及比利时的立法为例进行说明。在美国的小额发行豁免制度设计中，《条例 A+》、规则 504 分别采用了限制非获许投资者的投资额度、无限制条件两种不同的监管模式。另外，《比利时招股说明书法案》对于不允许在指定 MTF 交易，并且每 12 个月不超过 50 万欧元的小额公开发行，豁免发行人的信息披露义务，并且限制了投资者的投资额度。

1. 限制非获许投资者的投资额度模式

《条例 A+》并没有对投资者资格做出限制，任何类型的投资者都可以进行投资。不过，SEC 考虑到随着《条例 A+》在整体上提升了发行限额的数量，投资者也将面临更大的投资损失风险。因此，为加强对于投资者的保护，SEC 在《条例 A+》中限制了非获许投资者的投资额度，这在以往的小额发行注册豁免制度中是未曾有过的。《条例 A+》的发行限额分为两个层级，第一层级为每 12 个月不超过 2000 万美元，第二层级为每 12 个月不超过 7500 万美元。SEC 并未对第一层级中的投资者做出限制，而是对第二层级中的非获许投资者制定了投资限额制度。具体规则为：如果投资者为自然人，那么投资额度不能超过其年收入或净资产的 10%（取较大者）；如果投资者为非自然人，那么投资额度不能超过其年收入或净资产的 10%（取较大者）。另外，发行人在出售证券时，负有向投资者告知投资限额相关规则的义务。不过，SEC 允许发行人可以依赖投资者对于自身信息的陈述，以确定其是否符合投资限额制度的规定，前提是发行人在出售时不知道该陈述不真实。

[①] Neal Newman，"Regulation A：New and Improved After the JOBS Act or a Failed Revival?"，*Virginia Law & Business Review* 12，no. 2，（2018）：278–279.

获许投资者（Accredited Investors）是一个非常重要的概念，它是 SEC 做出投资限额制度的重要前提。这一概念最早出现在 SEC 于 1982 年颁行的《条例 D》中，并且由该条例中的规则 501 予以界定。所谓获许投资者，是"那些财务成熟、有能力承受投资损失风险或有能力自理的人，这些人使《证券法》注册程序的保护变得不必要。"[①] 在美国的证券立法实践中，界定获许投资者的目的是更好地适用私募发行注册豁免制度。事实上，此举为私募发行提供了一条安全港规则。通过浏览 SEC 官方网站可知，SEC 对于获许投资者的界定为：银行、保险公司、注册投资公司、业务发展公司、小企业投资公司；员工福利计划（在《雇员退休收入保障法案》的含义范围内），如果银行、保险公司或注册投资顾问做出投资决定，或计划总资产超过 500 万美元；总资产超过 500 万美元的免税慈善组织、公司或合伙企业；出售证券的公司董事、高级管理人员或普通合伙人；所有权益所有者都是获许投资者的企业；净资产至少达到 100 万美元的个人，计算时不包括其住宅的价值；在最近两年的每年中，个人投资者的年收入都超过 20 万美元，或者与配偶合计收入超过 30 万美元，并且合理预期本年度的收入可达到与之前同样水平的自然人；总资产至少为 500 万美元的信托机构，并且非为收购所提供的证券而成立，而其购买是由符合法律标准的人指导的，该人在金融和商业事务方面具有足够的知识和经验，能够评估预期投资的优点和风险。[②] 可见，获许投资者包括机构投资者、发行人的高管及关系人、净值及年收入较高的自然人投资者。通过比较可知，美国获许投资者的范围与我国《证券期货投资者适当性管理办法》中的专业投资者范围存在一定的差异。该办法界定的专业投资者除机构投资者之外，还包括满足净资产、金融净资产及投资经验条件的法人或其他组织，以及满足金融净资产、年均收入、投资经验、金融产品设计等经验的自然人。我国对于专业自然人投资者的规定采用了多种条件相结合的方式，而美国获许投资者中的自然人投资者仅有个人净资产或者年收入的限制。

将原本应用于私募发行中的获许投资者制度引入小额发行豁免中，体现了

① "Report on the Review of the Definition of Accredited Investor", SEC Gov, accessed February 8, 2022, https://www.sec.gov/corpfin/reportspubs/special-studies/review-definition-of-accredited-investor-12-18-2015.pdf.

② "Frequently asked questions about exempt offerings", SEC Gov, accessed February 16, 2022, https://www.sec.gov/smallbusiness/exemptofferings/faq? auHash = rh5WfJi9h3wRzP6X2anOmgYLdhPHNuo - 3Vw0YNZyR_M#faq2.

SEC 在投资者保护制度中做出的创新。当一名投资者被界定为获许投资者时，意味着其具有较好的风险承受能力。而对于非获许投资者施与投资额度限制，可以避免投资者由于缺乏良好的资产基础及投资经验而遭受影响其正常生活的损失。投资限额制度除了应用于《条例 A+》之外，在美国的股权众筹监管规则中也适用，而且在其他国家的股权众筹规则中也有所体现。例如，英国《关于网络众筹和通过其他方式推介不易变现证券的监管规则》对一般的零售客户投资者的投资额度进行了限制，即不超过其可投资净资产的 10%。投资限额制度是以投资者为规制对象的设计，也是对于传统保护投资者制度的补充。《条例 A+》公平地向各类型投资者提供了参与投资的机会，同时对不同类型的投资者提供了与之风险承受能力相匹配的保护措施。投资限额制度不仅没有阻碍普通投资者进入市场，而且以发行限额制度进一步地降低了普通投资者的投资风险。客观上，《条例 A+》限制第二层级发行中非获许投资者的投资额度也体现了差异化监管的理念。在金融市场领域，除政府这类特殊的参与主体之外，在同一金融领域中还存在大量同类别的参与主体。例如，在证券市场中，包含具有融资需求的企业、中介机构及投资者等。在投资者方面，虽然不同投资者在总体类别上具有相同属性，但是在微观层面存在巨大差异，如专业投资者与普通投资者。因此，某一金融领域的监管者也就有了实施差异化监管的必要性，并且根据这些差异将同类别的监管对象进一步细化归类，使监管更加具有针对性。差异化监管是一种量体裁衣式的监管，它倡导具体问题具体分析，做到有的放矢，拒绝眉毛胡子一把抓。

与《条例 A+》的制度设计类似，《比利时招股说明书法案》也规定了投资限额制度。依据规定，该项制度适用于不允许在指定 MTF 交易的情况下向投资者进行的证券公开发行，发行限额为每 12 个月不超过 50 万欧元，每个投资者的最高投资金额为 5000 欧元。同时，发行人被豁免履行信息披露义务：既不需要提交招股说明书，也不需要提交其他信息披露文件。[①] 在证券经允许在指定 MTF 交易时，则无须适用投资限额制度，发行人需要公开一份信息说明。需要说明的是，《比利时招股说明书法案》仅对于每 12 个月不超过 50 万欧元的发行设置了投资限额制度。

---

① "New Belgian Prospectus Law," Whitecase, accessed February 18, 2022, https://www.whitecase.com/publications/alert/new-belgian-prospectus-law.

2. 无限制条件模式

规则504对于投资者准入并未做出任何限制，获许投资者与非获许投资者均可参与投资。而且，规则504也并未对非获许投资者的投资额度予以限制。

综上，《条例A+》、《比利时招股说明书法案》和规则504对于投资者的准入限制都不相同。唯一相通之处在于它们都未绝对排除普通投资者。规则504对于投资者准入的监管最为宽松，没有任何限制；《条例A+》采用了限制投资数额的方法；《比利时招股说明书法案》对于每12个月不超过50万欧元发行中的投资者限制了投资额度，但该投资限额并非仅针对普通投资者做出。通过比较，本书认为《条例A+》的做法最为优化。一方面，允许获许投资者与非获许投资者共同参与投资可以保证投资者参与的广泛度，有利于发行成功、促进资本形成且为投资者提供投资机会。另一方面，采用投资限额制度可以控制非获许投资者遭受投资损失的程度。采用何种模式对投资者准入进行监管，不仅需要与小额发行豁免制度的整体设计相协调，而且取决于规则制定者的证券监管价值理念。

第四节　发行审核程序设计

一、发行审核程序范例分析

在常规公开发行法律制度中，注册或核准是两项重要的制度安排。而在证券发行豁免制度中，豁免的外在表现为免于注册或核准，其本质是减轻或免于事前审核。美国《条例A+》采用的是前一种模式，即发行前简化审核模式；《条例D》中的规则504不要求发行人在发行前接受SEC的审核，本书将这种模式称为免除审核模式。接下来，本书以《条例A+》[①] 与规则504为例，分别讨论两种模式下的发行审核程序。

（一）《条例A+》——简化审核模式

在这部分内容中，本书将重点对《条例A+》的发行审核程序进行梳理与分析，并且对其适用效果进行考察。

1. 《条例A+》的审核程序

第一，发行审核程序。《条例A+》的发行程序与常规注册公开发行程序

---

① 此部分谈及的《条例A+》与规则504均为2020年11月2日最新修订前的版本。

较为相似。具体表现为：虽然《条例A+》免除了发行人在联邦层面的注册义务，但是仍要求发行人在发行前向 SEC 提交一份发行声明，并且接受 SEC 的审核。因此，依据《条例A+》进行的发行也被外界称为"简式注册发行"。SEC 为发行人应当提交的发行声明制定了统一格式及内容的文本，即表格 1-A。该表格包括三个部分：第一部分为发行人及其拟发行证券的若干基本信息，有助于审核机构确认发行人是否可以获得豁免发行的资格；第二部分为发行通知书，其内容由招股说明书简化而来，包括对于发行人财务与非财务信息的披露；第三部分为附件。除表格 1-A 规定的内容外，发行人还需依据其所做陈述情况在发行声明中提供其他必要的重大信息，并不得误导。与此同时，《条例A》允许发行人正式提交发行声明前，提交一份发行声明草案，并由 SEC 工作人员进行非公开审查，前提是发行人从未依据《条例A》《1933 年证券法》发行证券，并且正式版本的发行声明能够在审核通过之日前 21 日公开提交。在发行声明通过审核之前，SEC 在对发行声明进行审查过程中，有权力视情况要求发行人进行解释、修改或补充材料，发行声明及其修订稿的合格日期和时间最终皆由 SEC 确定。

第二，发行程序中的配套制度。在《条例A+》的发行程序中，除了提交发行申请文件及简化审核的规定，该条例也设计了其他与发行相关的制度。

一方面，豁免中止。SEC 可以在某些情形下通过发布命令的方式暂时中止豁免。这些情形主要包括：不符合豁免条件；违反《证券法》关于欺诈的规定；发行声明或要约邀请材料存在重要事实不实陈述或重大遗漏；相关人员存在条例所列举的违法、犯罪情况；相关人员拒绝、阻碍 SEC 依据条例进行的调查等。另外，SEC 应当在做出命令后及时通知发行人，并且告知其可以在命令做出后的 30 个日历日内提交申请听证的书面请求，SEC 将依据实际情况做出后续决定。

另一方面，发行声明的撤回或放弃。当发行声明中的证券还未被销售且该发行声明不属于豁免中止的情形，则发行人可以申请撤回声明并书面向 SEC 说明理由，经同意后，可以撤回。当发行声明申报时间超过 9 个月且未经过修订也未通过 SEC 的审查，SEC 可以自主做出决定启动相应方式来明确该声明是否已经被发行人放弃。

另外，《条例A+》为便利发行人融资，允许其在发行前，进行"试水"（Test the Waters），即发行人在正式发行前，可以提前试探市场中潜在投资者对于其所发行证券的兴趣，便于发行人做出及时、有效的应对措施。依据《条例A+》的规定，发行人的"试水"行为可以在发行声明合格之前的任何时间进行。发行人可以用书面或已经定稿的广播、电视广播稿的方式做出。"试水"规则也包含了若干限制性规定。一是发行人准备的书面材料及口头交流均受联邦《证券法》关于反欺诈规则的约束。二是在"试水"期间，发行人不得劝诱潜在投资者支付现金或其他对价；不得主动接受现金或其他对价；不得劝诱潜在投资者做出承诺，或者主动接受购买的承诺。三是发行人在"试水"的书面文件和广播稿中必须明确声明：材料中没有关于现金或其他对价的内容，如果予以回应，发行人也不会接受；在发行声明合格之前，发行人不接受任何购买证券的要约，不收取购买价格的任何部分，任何此类要约均可撤回；声明任何人的投资兴趣的意思表示并不涉及任何义务或承诺。"试水"材料只能包含如下范围的信息：发行人名称、证券的种类、发售数量、发售价格、发行人业务类别、发行人主要营业地及财产位置等情况。

　　第三，《条例A+》发行审核程序的特点。一方面，《条例A+》以简化审核模式为基础构建。《条例A+》以《条例A》为基础修订而成，其保留了《条例A》原有的发行审核程序，即简化审核。简化审核最为突出的外在表现是发行人提交的申请文件相较于注册发行的申请文件有所简化。其中，发行人在申请文件中的发行信息披露内容有所减少，披露标准也有所降低。发行人提交的发行声明中的第二部分——发行通知书的格式是注册发行中发行人需要提交的表格S-1的简化和缩放版本。同时，SEC的审核过程相较于注册发行的事前审核也有所简化。《条例A+》颁行后，SEC的内部工作人员针对该条例的适用情况做了一份调查报告，报告显示，SEC审查通过的平均时间为78日。[①] 这说明SEC的事前审核还是较为高效的。实际上，审核程序是否高效不仅取决于SEC的工作效率，而且受到发行人所准备的发行文件是否符合规定的影响。所以，不能简单地将发行效率的高低完全归因于证券发行审核部门的工作效率。另一方面，《条例A+》的发行审核程序体受美国双层证券监管体制的制约。美国的证券监管体制较为特殊，分为联邦与州两个层面的监管，联邦与各个州均有各自的证券立法。《条例A+》将发行限额分为两个层级。其

[①] Anzhela Knyazeva，"Regulation A+：What Do We Know So Far?"，Sec Gov，January 1, 2016，accessed February，23，2022，https://www.sec.gov/dera/staff-papers/white-papers/18nov16_knyazeva_regulation-a-plus-what-do-we-know-so-far.html.

中，第一层级的发行不豁免于州法的监管。如此，在适用《条例A+》进行的第一层级发行中，发行人需要接受来自联邦与州的双重发行前审核。对于发行人而言，这样的制度安排会为其带来较高的发行成本。对于投资者而言，双层监管则能够为其提供充分的保护。

客观地分析，简化审核的优点在于可以通过事前监管有效地防范风险。美国适用小额发行豁免制度的企业通常为小企业，这种类型的企业具有较高的经营风险，普通投资者对这类企业进行投资容易遭受投资损失风险。虽然《条例A+》的事前审核程序并不对企业的投资价值做出判断，但是可以在市场准入环节设置相应的发行人资格条件，并且通过审核过滤掉一些不符合条件的企业，将部分风险阻隔在市场之外。

2.《条例A+》与《条例A》的对比

《条例A+》是 SEC 对原有制度《条例A》做出的一次重大调整，是在寻找、分析导致旧有制度适用效果不佳的多方面原因的基础上进行修订的。新的条例既有对原有制度的继承，又有新的改进。本书通过对新旧条例加以比较的方法，分析 SEC 在提升该条例可适用性方面的思路。

表 4-3　《条例A》修改前后的差异对比①

项　　目	《条例A》	《条例A+》	
		第一层级	第二层级
发行限额	每 12 个月 500 万美元	每 12 个月不超过 2000 万美元，包括发行人的附属机构的二级销售限额 600 万美元	每 12 个月 5000 万美元，包括发行人的关联公司的二级销售限额 1500 万美元
发行人条件	非投资公司、报告公司、空壳公司、"坏人"公司等	非投资公司、空壳公司、"坏人"公司等（有其他新增情形）	非投资公司、空壳公司、"坏人"公司等（有其他新增情形）
可发行证券类型	股权证券、债权证券、可转换债券、可交换债券及对上述证券的担保等	相较于《条例A》原有规定，排除了资产支持证券的资格，增加了权证	相较于《条例A》原有规定，排除了资产支持证券的资格，增加了权证
发行方式	公开发行、提交发行声明前可以"试水"	公开发行、提交发行声明前均可以"试水"	公开发行、提交发售声明前后均可以"试水"

① 此表中《条例A+》为 2020 年 11 月 2 日最新修订之前的版本。

表4-3(续)

项 目	《条例 A》	《条例 A+》	
		第一层级	第二层级
信息披露	发行披露	发行披露	发行披露、持续披露
投资者人数及资格	无	无	无
投资限额	无	无	非获许投资者有投资额度限制
转售限制	无	无	无
是否豁免州法监管	不豁免	不豁免	豁免
向 SEC 提交发行声明、销售通知的程序	发行前提交表格 1-A，需经 SEC 审核	发行前提交表格 1-A，需经 SEC 审核，可非公开审核	发行前提交表格 1-A，需经 SEC 审核，可非公开审核

第一，修改立法以增强立法适用的灵活性。500 万美元的最高发行额度是从 1980 年起确立的，已经与本次条例修改时期的社会经济发展水平不相匹配。SEC 对于发行限额的提升是对市场需求的一次适时回应，是对于提升该条例适用性的一次尝试。在 5000 万美元的最高发行限额下，SEC 设置了两个发行层级供发行人选择，以此满足众多企业不同的融资需求。SEC 于 2016 年 10 月发布了一份关于《条例 A+》的白皮书，该文件中列举了自条例生效后 16 个月的短期数据。通过发行数据分析可知，适用《条例 A+》发行证券的企业规模相对较小。在所有的发行申请中，一个典型的发行人资产中值为 10 万美元。在所有经 SEC 审核通过的发行中，一个典型的发行人资产中值大约为 20 万美元。在所有申请发行和合格的发行中，大约有三分之二的发行是由资产不超过 100 万美元的发行人实施的。在所有的发行人中，平均资产数值为 5100 万美元。所有合格发行中的发行人的资产数值平均为 7900 万美元。另外，金融、

保险和房地产行业是发行中占发行数量和发行总额最多的行业。[①] 总之，适用该条例的发行人之间存在相当大的异质性，这与《条例A+》不限制企业的规模有关。此外，SEC为两个发行层级制定了不同强度的监管制度，并且第一层级的发行人还可以选择适用第二发行层级的监管制度实施发行。本书认为，这样的制度设计可以为第一层级的发行人开展发行成本收益分析提供便利条件。在确定发行额度后，发行人可以将该额度与适用两个发行层级规则产生的发行成本相衡量，进而做出最优化的选择，体现出《条例A+》制度设计的灵活性。

第二，降低发行成本。SEC降低适用《条例A+》成本的方式主要包括两种：一是提升发行限额；二是尽量减少州法监管带来的负面影响。首先，SEC通过将发行限额从500万美元提升到第一层级每12个月2000万美元，以及第二层级每12个月5000万美元，使得发行中产生的法律服务、审计、中介服务等类别的成本能够被实际融资收益覆盖，并且产生提高发行收益的效果。其次，在减少州法监管产生的不利影响方面，SEC进行了慎重的思考。州法监管除了为发行人带来更多的发行成本外，也能够为投资者提供额外的保护，完全取消州法的监管并非最优化的选择。实际上，由于美国特殊的联邦与州两级证券监管体制，完全取消州法的监管难度也是极大的。SEC也曾对于NASAA（北美证券管理协会）发起的协调审查计划进行过分析，发现在2015年4月发布《条例A+》最终规则之前，仅有很少数量的发行人接受并参与这个计划。因此，SEC无法判断该计划能否降低发行人的经济成本和时间成本，进而未将该计划纳入新的条例中。最终，SEC选择通过制定分层级、差异化的制度安排以减少州法监管带来的不利影响。在原有条例下，SEC及发行所涉及的各个州均会对发行申请进行审核。而《条例A+》取消了第二层级发行在州层面的注册义务，随之消除了原有条例规定的重复审核（SEC与各个州分别实施的审核）产生的费用和其他负担。此举也会在一定程度上抵消第二层级发行人履行持续信息披露等义务所产生的成本。

此外，第一层级的发行人不需要提交经审计的财务报表、不被要求履行持续信息披露义务也是SEC降低发行成本的重要举措。第一层级的发行规模较

[①] Anzhela Knyazeva，"Regulation A+: What Do We Know So Far?"，Sec Gov，January 1，2016，accessed February，23，2022，https://www.sec.gov/dera/staff-papers/white-papers/18nov16_knyazeva_regulation-a-plus-what-do-we-know-so-far.html.

小，通常会集中在几个州的范围内，接受州法监管的成本也很可能被这些发行收益所抵消。①

3.《条例 A+》的适用效果

《条例 A+》实施后，SEC 继续通过数据收集对新条例实施的效果予以分析。自新条例于 2015 年 6 月 19 日正式生效后，截至 2019 年 12 月 31 日，共有 442 位发行人提交了 487 份发行申请文件。其中，346 位发行人提交的 382 份发行申请文件通过了审核。在所有发行申请中，发行人总的预计募集金额约为 112 亿美元，合格发行募集的金额约为 91 亿美元。在这段时间内，第二层级的发行占适用《条例 A+》发行数量的大部分（70%的发行申请和 73%的合格发行）。由于第二层级的发行不需要在州层面进行注册，有助于发行人在全国范围内进行融资，以及通过互联网进行融资。这一原因可能促使第二层级发行更受寻求募集较低金额发行人的欢迎。②

在对此期间的数据进行分析后，SEC 认为，由于受到提升发行限额等因素的影响，2016 年至 2019 年适用《条例 A+》的总融资水平显著高于 2015 年修订之前的融资水平。③ 据此，《条例 A+》颁行后已经产生了较为平稳、良好的适用效果。

（二）规则 504——免除审核模式

在这部分内容中，本书将重点对规则 504 的发行审核程序进行梳理与分析，并且对其适用效果进行考察。

1. 规则 504 的发行程序

规则 504 的发行程序与《条例 A+》的设计不同，SEC 采用了免除审核模式。发行人在发行前，不需要在联邦层面进行注册，而且不需要经过 SEC 的发行前简化审核。根据规定，发行人需要在第一笔证券销售完成之后的 15 日内，向 SEC 提交表格 D，即履行事后通知义务。表格 D 要求发行人填写的主要内容为：发行人身份信息、主要营业地和联系方式、相关人员、所属行业、发行人规模、联邦豁免和除外声明、备案类型、发行期限、发行的证券类型、最低投资、是否涉及企业合并交易、销售报酬、发行和销售金额、销售佣金和

---

① "Amendments for Small and Additional Issues Exemptions Under the Securities Act（Regulation A）", SEC Gov, accessed March 6, 2022, https：//www.sec.gov/comments/s7-11-13/s71113-74.pdf.

② SEC, "Report to the Commission Regulation A Lookback Study and Offering Limit Review Analysis," SEC Gov, accessed March 16, 2022, https：//www.sec.gov/files/regulationa-2020.pdf.

③ 同上。

中介费支出及募集资金的使用。

此外，规则 504 对发行人及其所发行的证券进行了一定的限制。其一，公开劝诱限制。一般情况下，除非规则 504 另有规定，否则发行人或以其名义活动的人不得公开劝诱以要约发售或销售证券。其二，转售限制。投资者在规则 504 下购买的为受限制证券。一般情况下，《条例 D》规定规则 504 下发行的证券不得在没有依据《证券法》进行注册或者获得注册豁免的情况下被转售。投资者必须在持有至少 1 年之后才可以售出购买的证券。其三，公开劝诱及转售禁止存在例外情形，即当发行人发行或销售的证券满足下列条件时，其可以实施公开劝诱，并且转售不受限制。具体情形为：发行必须在有注册要求的州进行，并且在正式销售前进行公开申报、向投资者提供实质性信息披露材料；若发行人在没有注册要求的州发行，但其已经在至少一个有注册、公开申报和销售前提供信息披露资料要求的州进行了注册，则发行人应依据该州的立法进行要约发售和销售，并且信息披露材料应在销售前提供给所有购买人（包括没有这些程序要求的州）；根据州法律，只要销售对象仅限于第 230.501 节（a）条所界定的"经认可的投资者"，即可免除注册，允许进行公开劝诱和一般广告。

除上述规定外，该规则中也包含了对于轻微违反该条例的处理方式及豁免资格取消的条款等内容。

2. 规则 504 发行程序的特点

虽然规则 504 豁免了发行人在联邦层面的注册义务，但是发行人未被豁免州层面的注册义务。因此，适用规则 504 进行的证券发行并非完全不受发行前审核的监管。SEC 表示，目前绝大多数的州均对适用规则 504 进行的证券发行采用了统一的发行注册文件。[①] 统一发行注册文件能够减轻发行人的负担，最大化地避免各个州证券法不统一为发行人带来的高昂的合规成本。可以推测，规则 504 采用免除审核模式的一个重要原因是由州法监管作为保障。虽然 SEC 制定规则 504 的初衷包含了促进州证券监管之间的统一，但是州法的监管在客观上确实填补了豁免联邦层面注册审核后产生的空缺。因此，本书认为，美国的小额发行豁免制度并没有真正实施完全的放开政策，即便是豁免注册，也是有限度的豁免。

---

① SEC, "Exemptions to Facilitate Intrastate and Regional Securities Offerings", SEC Gov, accessed March 25, 2022, https://www.sec.gov/rules/final/2016/33-10238.pdf.

3. 规则 504 修订前后的适用效果

有数据显示，2008 年 9 月 15 日至 2010 年 10 月 18 日，大约有 2.7 万起适用《条例 D》的发行，其中适用规则 504 的发行一共有 1196 起，占比为 4.4%，而适用规则 506 的占比为 94%。[①] 2014 年，通过《条例 D》的发行有 33429 起，其中适用规则 506 的占比为 99%。[②] 这些数据说明，适用规则 506 的私募发行呈现出对于规则 504 压倒性的态势，原因在于规则 506 具有规则 504 无法比拟的优势。首先，该规则没有额度限制。其次，1996 年以后规则 506 下的发行可以豁免州法的注册。此规定既减少了发行成本，又迎合了市场的需求。另外，规则 504 禁止发行人公开劝诱，并且限制证券的转售，这些因素对该规则产生了限制作用。相对于中小企业自身的规模和较小的融资需求，利用规则 504 进行发行过于艰难和昂贵。在同一段时间内，《条例 D》中的规则 506 的适用比例占《条例 D》中三项发行注册豁免制度（包括已经废止的规则 505）之首。

2016 年 10 月 26 日，SEC 通过了规则 504 的修正案，该修正案于 2017 年 1 月 20 日生效。SEC 修改规则 504 的目的在于进一步促进发行人融资、在州层面促进广泛的区域协调审查项目改革，并且提升投资者保护的效果。首先，SEC 将规则 504 的发行限额提升至 500 万美元。一方面，提高发行限额可以更好地满足发行人业已提高的融资需求；另一方面，提高发行限额也可以给予各州更大的空间，便利其调整各自的小额发行注册豁免制度，提升规则 504 的适用效果。其次，SEC 在规则 504 中引入了"坏人规则"，以此加大对于投资者保护的力度。所谓"坏人规则"，是指当发行人及其前身、高管、董事、承销商或持有发行人 20% 以上股份的股东在发行前五年内，因在发行证券方面存在违法犯罪行为受到法院、证券监管机构的行政处罚或刑事制裁的，将不得适用证券发行注册豁免制度融资。

在新的规则 504 生效之后的第一年中，适用该规则的发行数量有了小幅提

[①] Rutheford B. Campbell, "The Wreck of Regulation D: The Unintended (and Bad) Outcomes for the SEC's Crown jewel Exemptions", *The Business Lawyer* 7, no. 2 (2011): 296.

[②] Scott Bauguess, Rachita Gullapalli, Vladimir Ivanov, "Capital Raising in the U. S.: An Analysis of the Market for Unregistered Securities Offerings, 2009-2014," SEC Gov, accessed March 28, 2022, https://vdocuments.mx/capital-raising-in-the-us-an-analysis-of-the-market-for-unregistered-securities.html?page=1.

升。与 2016 年相比，适用规则 504 的发行数量在 2017 年增加了大约 21%。[1]

表 4-4　2009—2017 年《条例 D》中的注册发行豁免制度的适用情况[2]

豁免	2009 年	2010 年	2011 年	2012 年	2013 年	2014 年	2015 年	2016 年	2017 年
规则 504	579	714	721	632	599	544	524	443	536
规则 505	195	262	207	227	229	289	174	176	84
规则 506（b）	12935	16559	17199	17262	18407	19560	20563	20707	22120
规则 506（c）					506	1611	1592	1665	1736

　　发行数量的提升说明新规则的修改是有所成效的，并且该规则对发行人的吸引力也得到了增强。将其与规则 506 进行对比可知，适用后者的发行数量依然占据绝对的优势。目前，《条例 D》中的注册发行豁免制度包括规则 504、规则 506（b）和规则 506（c）。结合各个规则的内容进行考察，促成这种适用比例形成的原因也是多方面的。其一，适用规则 504 的发行依然需要接受州法的监管。其二，虽然 SEC 提升了规则 504 的发行限额，但是规则 506 是私募发行豁免制度，其没有发行额度的限制，后者的适用更加具有弹性。其三，公开劝诱禁止也是制约规则 504 发挥作用的一个重要因素，尽管发行人在满足特定条件的前提下可以实施公开劝诱。2012 年通过的《JOBS 法案》要求 SEC 针对规则 506 进行修改，取消该规则原来对公开劝诱的禁止。前提是只在针对获许投资者的发行中才可以实施公开劝诱，并且要求发行人用适当的方式证实购买方为获许投资者，具体证实方式由 SEC 制定。SEC 依据《JOBS 法案》的规定做出修改，在规则 506 中增加了新的条款以执行法案的规定，即规则 506（c）。

　　另外，发行人也可以依据规则 506（b），以不采取公开劝诱的方式发行。因此，发行人在适用规则 506 时，有了更多的选择，这也是导致规则 506 更受欢迎的原因。表 4-4 中的数据表明，从 2013 年至 2017 年，适用规则 506（b）的发行数量呈现出上升趋势，并且高于适用规则 504 的发行数量。虽然规则 506 的适用率高于规则 504，但是并不代表 SEC 对于规则 504 的修改不成功，

[1] Scott Bauguess, Rachita Gullapalli, Vladimir Ivanov, "Capital Raising in the U. S.: An Analysis of the Market for Unregistered Securities Offerings, 2009-2014," SEC Gov, accessed March 28, 2022, https://vdocuments.mx/capital-raising-in-the-us-an-analysis-of-the-market-for-unregistered-securities.html?page=1.

[2] 同上。

只能说明具有不同需求的发行人根据自身的实际情况做出了选择。

4. 规则 504 与《条例 A+》的比较

在《JOBS 法案》通过后的 5 年中，SEC 先后对《条例 A》《条例 D》进行了修改。《条例 A+》《条例 D》中的规则 504 是美国现行的最为主要的两项小额发行注册豁免制度。对二者进行比较能够清晰地展现出 SEC 制定不同小额发行注册豁免制度理念上的异同。

表 4-5　规则 504 与《条例 A+》制度的对比表①

项目	规则 504	《条例 A+》	
		第一层级	第二层级
发行限额	每 12 个月 500 万美元	每 12 个月 2000 万美元，包括发行人的附属机构的二级销售限额 600 万美元	每 12 个月 5000 万美元，包括发行人的附属机构的二级销售限额 1500 万美元
发行人条件	非投资公司、报告公司、空壳公司、"坏人"公司等	非投资公司、空壳公司、"坏人"公司等（有其他新增情形）	非投资公司、空壳公司、"坏人"公司等（有其他新增情形）
发行方式	公开发行、有条件地公开劝诱	公开发行、提交发行声明前后均可以"试水"	公开发行、提交发售声明前后均可以"试水"
信息披露	联邦层面无特殊要求，需遵守州法规定	发行披露	发行披露，持续信息披露
投资者人数及资格	无	无	无
投资限额	无	无	非获许投资者有投资额度限制
转售限制	一般情况下至少持有 1 年	无	无
是否豁免州法监管	不豁免	不豁免	豁免
向 SEC 提交发行声明、销售通知的程序	第一次发行后的 15 天内向 SEC 提交表格 D	发行前提交表格 1-A，需经 SEC 审核，可非公开审核，需经 SEC 审核通过后才可发行证券	发行前提交表格 1-A，需经 SEC 审核，可非公开审核，需经 SEC 审核通过后才可发行证券

① 此表中的《条例 A+》为 2020 年 11 月 2 日最新修订之前的版本。

第一，规则 504 与《条例 A+》两项发行制度的发行审核程序设计说明美国的小额发行豁免制度并未完全放弃发行前审核环节。在适用两项制度的发行中，发行人或者接受联邦与州双重发行前审核，或者仅接受联邦层面的简化审核，抑或仅接受州层面的发行前审核。总之，发行前审核环节是始终存在的，规则 504 的免除发行审核模式实际上是免除部分审核，即免除了联邦层面的审核。试想，如果在统一证券立法与监管体制的国家或地区的小额发行豁免制度中取消了发行前审核环节，证券监管机构将如何防范风险呢？理论上，证券监管机构可以依靠市场的力量来起到监管的作用，如证券中介机构及证券交易场所。另外，证券监管机构也可以采取类似比利时小额发行豁免制度事前通知、事后审核的方式。经事后审核发现信息披露不符合相关法律要求，则对发行人等相关主体进行处罚。但是，即便证券监管机构通过事后审核发现了违法行为并予以处罚，监管也是相对被动的。本书认为，简化发行审核与免除发行审核模式皆有其合理性。采取何种模式，取决于一国的证券监管制度实践情况、证券市场的成熟度等因素。同时，证券监管机构在促进资本形成与保护投资者之间更倾向于哪一方，也会影响制度设计的走向。

第二，规则 504 与《条例 A+》之间体现出制度建立的协调性。在美国的小额发行注册豁免制度发展过程中，SEC 在制度建立时，力图使不同的发行规则都能发挥自身的作用。规则 504 与《条例 A+》共包含三个发行额度，即 500 万、2000 万与 5000 万美元。三个额度之间的差距较大，既能够满足不同发行人多样化的融资需求，又能够避免不同制度之间发生冲突。此前，规则 505 的发行限额为 500 万美元，在 SEC 将规则 504 的发行额度提高至 500 万美元之后，两个规则之间产生了限额重合的现象。数据表明，规则 505 原本的适用效果并不理想，并且规则 505 对于投融资条件的限制比规则 504 的规定更加苛刻。[1] 在 SEC 将规则 504 的限额提升之后，规则 505 更加缺少发挥作用的空间，SEC 遂决定将其废止。从法的实施角度分析，规则 504 与《条例 A+》之间良好的协调性，不仅有利于发行人在二者间进行选择，而且有利于监管者履行监管职责。

---

[1] 适用规则 505 发行的证券也称为受限证券，证券转售受到限制，而且不允许公开劝诱，发行人同样需要履行在州层面的注册义务。另外，该规则允许获许投资者和非获许投资者参与投资，但非获许投资者的人数不得超过 35 人。规则 504 则没有对于投资者资格和人数的限制，而且允许有条件的公开劝诱。

通过上文的解析可知，美国的小额发行注册豁免制度主要分为两大类型，即《条例 A+》的简化审核程序模式与《条例 D》中规则 504 式的免除审核模式。SEC 始终坚持将成本收益分析作为基础指导规则的设计，注重促进资本形成与投资者保护相平衡、不同制度间的协调与互补。此外，联邦与州两级监管体制是美国所特有的。SEC 在制定监管规则时，尽力排除这种体制带来的不利影响，力争发挥联邦与州证券监管各方的优势。

二、　小额发行豁免制度的本质——程序豁免与实质豁免的统一

小额发行豁免制度中的关键词除了"小额"之外，"豁免"是另一核心词汇。通过对国外立法的梳理可知，小额发行豁免制度是程序豁免与实质豁免的统一。而且，通过对简化审核模式与免除审核模式的比较发现，豁免也具有相对性。

（一）程序豁免

小额发行豁免制度的外在表现形式为对于发行审核程序的豁免。在常规公开发行法律制度中，发行审核程序是制度设计中的核心，处在发行程序的前端。发行人若想获得公开发行证券的资格，必须通过发行审核，即注册或核准。在小额发行豁免制度中，由于证券发行满足特定的前提条件（小额、风险易于控制、发行人满足特定条件），并且出于发行成本与收益的考虑，该项制度的设计相较于常规公开发行程序，减少了注册或核准环节。在美国的《条例 A+》及规则 504 的发行程序中，SEC 在制度设计时，均未安排联邦层面的注册程序，体现了小额发行豁免制度最重要的一个特征。

在小额发行豁免制度中，免除注册或核准的本质是对发行审核程序的简化。而在证券发行豁免制度之外，也存在针对发行审核程序进行简化的情形。不过，不同情形的程序简化的目的有所区别。以我国为例，为了支持上市公司通过发行公司债券融资，证监会于 2010 年简化了公司债券发行审核程序。主要措施包括：提出发行申请时，不再要求召开见面会；审核部门向保荐人反馈问题后，不再召开反馈会，而直接召开评审会。另外，证监会曾于 2015 年对股票发行审核程序进行了简化。在新股发行方面，证监会改进了审核环节中监管部门与企业、中介机构的见面沟通方式，将集中会面改为书面通知。在上市公司再融资方面，证监会对于优先股实施了快速审核机制，减少了长时间等待现象。而且，对于依法经营、具有良好市场表现的上市公司，在符合法定条件的前提下，不再要求发行人到发审会接受问询，并且在 15 个工作日内做出审

核决定。证监会简化股票及公司债券发行审核程序的制度安排表明，此种简化是对原有审核程序的一种优化而非取消，目的是提升发行审核的效率。其中，证监会对新股发行及上市公司再融资审核程序的简化是阶段性的制度完善，是监管部门从履行职责的角度出发做出的选择。在这样的制度设计中，发行人及证券监管机构均节省了大量的时间成本。而在小额发行豁免制度中，免除注册或核准的目的是降低监管的强度，使监管严格程度与小额发行所蕴含的风险相匹配。而且这种制度安排是专门性的特殊设计，并非阶段性的制度完善。在小额发行豁免制度中，这种程序豁免的客观效果主要表现为减少了发行人的经济成本，并且时间成本也随之减少。

（二）实质豁免

在常规公开发行法律制度中，注册或核准不仅是证券监管机构履行审核职责的程序，而且两种审核制度也要求发行人履行相应的义务。发行人需要向证券监管机构提交发行申请文件，接受审核。在此过程中，发行人履行的义务主要表现为依照相关规定准备申请文件，其中包含了大量的用于信息披露的材料。无论是在注册制还是在核准制中，证券监管机构均会对材料进行实质性审核，并非单纯形式上的审核。如此，发行人在常规公开发行中履行的义务均为实质性的义务。在小额发行豁免制度中，随着注册或核准程序的免除，发行人接受注册或核准的义务也被豁免，其所提交的发行申请材料也有所简化。例如，日本的《金融商品交易法》免除了发行人提交有价证券申报书的义务，欧盟制定的有关招股说明书的指令也免除了发行人提交招股说明书的义务。所以，小额发行豁免制度中的豁免也是实质上的豁免，即对发行人义务的实质性豁免。

从设计思路层面分析，小额发行豁免制度的实质性豁免安排是必然的选择。依据前文观点，成本与收益理论、比例原则是指导小额发行豁免制度构建的理论基础。据此，小额发行豁免制度的设计既要保障监管强度适当，又要降低发行成本。相应地，立法者必须以能够影响制度设计目标实现的方面为切入点进行思考，而证券发行法律制度规定的法定程序与发行人的实体义务则是最为关键的两部分。一方面，程序豁免是对法定程序中的步骤、环节进行免除或简化；另一方面，实质豁免是对法定义务内容的免除或简化。在小额发行豁免制度中，实质豁免的核心是减免发行人的信息披露义务。另外，小额发行豁免制度对于发行人聘请中介机构参与发行的规定也有别于常规公开发行。以美国的《条例A+》为例，SEC并未强制规定发行人通过承销商发行，原因仍然是使监管强度、发行成本与小额发行的特征相匹配。此项规定也可以视作对发行人实质义务的豁免。

（三）豁免的相对性

国外立法使人们认识到小额发行豁免制度中的豁免具有相对性，单纯从字面含义来理解豁免会导致认知与实践相互脱离。实践表明，豁免注册或核准并不代表绝对免除对于发行的相关情况进行审查，而是在审查的方式与复杂程度方面有所调整。依据前文对国外立法的梳理，美国的《条例 A+》采用的是简式注册审查模式，即对注册环节进行了简化后，应用于小额发行场合；规则504 免除了联邦层面的注册，但发行人需要在州层面注册，并事后通知 SEC。另外，比利时对于符合特定条件的小额发行规定了发行人应当事前通知监管部门，并且接受事后审查。可见，三项制度无一例外地保留了对发行相关信息进行审查的环节，而区别体现在审查与发行的先后顺序安排、履行审查职责的主体及审查内容的繁简程度等方面。本书认为，小额发行豁免制度设计中所反映的豁免的相对性具有合理性，符合《证券法》的宗旨，体现了证券监管一贯地以防范风险为重要目标。一方面，审查环节可以确认发行人是否满足制度规定的发行人资格条件；另一方面，审查环节也可以对发行人的发行信息披露行为起到监管作用。当然，立法者也应当考虑如何控制审核环节带来的制度适用成本，避免使其阻碍资本形成。

综上，程序豁免与实质豁免是小额发行豁免制度中并存的两项特殊设计，在各国的制度中均有所体现，二者共同发挥了降低发行成本的作用。此外，多样化的豁免模式设计也反映出不同国家证券法制环境产生的影响，以及立法者对于小额发行适度监管的差异化理念。

第五章

我国证券小额发行豁免法律制度构建的现实基础

构建小额发行豁免制度对于我国而言是证券立法中的一项制度创新，而非对已有立法的完善。由于我国在构建该项制度方面缺少来自本土的立法经验，所以需要通过对国外立法的研究来形成对该项制度的基本认识。同时，我国也需要对自身构建小额发行豁免制度的现实基础有一个清晰的把握。如此，才能形成符合我国实际的小额发行豁免制度构建思路，进而有针对性地指导后续的证券发行制度设计。

第一节　现行《证券法》对构建证券小额发行豁免法律制度的供给

我国现行《证券法》共十四章二百二十六条，该法确立了证券发行等制度，这些制度共同构筑起我国证券领域的基本制度框架。虽然现行《证券法》中并未有小额发行豁免制度的直接法律规定，但该法依然是我国构建此项制度的基础，并且其中的某些制度对小额发行豁免制度也具有直接的可适用性。

一、现行证券公开发行法律制度

现行《证券法》第二章规定了证券发行制度，主要包括对于公开发行证券的界定、证券发行的审核程序、公开发行股票及公司债券的条件及报送材料的种类，以及证券承销制度。对于小额发行豁免制度而言，上述内容与其都具有不同程度的关联性。

首先，《证券法》第九条①对于何为证券公开发行做出了界定。该条在对公开发行进行界定时，主要考虑了两个因素：一是发行对象是否特定；二是投资者的人数。依据该条款，公开发行最典型的一种情形是面向不特定的社会公众，任何社会公众投资者均可以认购。而向特定对象发行，若超过200人，也属于公开发行，但依法实施员工持股计划的员工人数不计算在内。一般地，向少数对象发行证券，而且投资者与发行人具有一定的关联是非公开发行的特点。当向特定对象发行证券且投资者人数过多时，则会使该发行失去非公开的特征。因此，我国《证券法》将人数作为界定公开发行的一个依据。就小额发行豁免制度而言，其也是公开发行的一种类型，并以常规公开发行法律制度为基础建立。虽然小额发行在发行额度设置方面具有特殊性，但是在发行对象方面也应当符合我国《证券法》第九条对于公开发行所界定的基本特征。

其次，《证券法》第九条也明确了我国证券发行审核制度所采用的模式，即注册制。依据该条规定，在我国公开发行证券需要先行依法报经国务院证券监督管理机构或者国务院授权的部门注册。另外，《证券法》第十一、十三、十六、二十至二十四条规定了发行注册的基本程序。一般地，在小额发行豁免制度中，当发行人符合法定条件，并且发行数额在法定限额范围内时，发行人将会被豁免注册，这体现出证券公开发行法律制度下的一般与特殊情形之间的区别。由于证券发行审核制度是证券发行制度的重要组成部分，所以一国的证券发行审核制度是构建小额发行豁免制度的基础，也是构建小额发行豁免制度的重要起点。相应地，《证券法》第九条的内容是我国建立该项法律制度的基础条款，该条款起到了区分小额发行与常规公开发行的作用。

再次，《证券法》第十一至十八条分别规定了股票、公司债券发行方面的内容。具体地，这些条款对于发行人的资格、申请公开发行应向发行审核机构报送的材料种类，以及禁止发行证券的负面条件都做出了详细的规定。当然，在《证券法》之外，发行人还会因发行证券种类的差异而分别受到其他法律法规的约束，如《公司债券发行与交易管理办法》等。股票及公司债券是我

①《证券法》第九条：公开发行证券，必须符合法律、行政法规规定的条件，并依法报经国务院证券监督管理机构或者国务院授权的部门注册。未经依法注册，任何单位和个人不得公开发行证券。证券发行注册制的具体范围、实施步骤，由国务院规定。有下列情形之一的，为公开发行：（一）向不特定对象发行证券；（二）向特定对象发行证券累计超过二百人，但依法实施员工持股计划的员工人数不计算在内；（三）法律、行政法规规定的其他发行行为。非公开发行证券，不得采用广告、公开劝诱和变相公开方式。

国《证券法》规定的两种最为重要的证券类型，也是小额发行豁免制度适用的最为主要的证券类型。现行《证券法》对于这两类证券公开发行中的发行人资格、发行申报材料的种类等方面的规定是小额发行豁免立法需参考的基础性条款。

最后，《证券法》第十条规定了证券发行保荐制度的基本条款，第二十六至三十四条规定了证券承销制度。承销与保荐是证券公司的两类主要业务。保荐业务是指证券公司作为保荐人，为符合一定条件的发行人公开发行股票并上市提供服务。而承销业务是指证券公司以承销商的身份为证券发行人的股票或者债券销售提供服务，分为包销和代销两种方式。证券公司在开展这两种业务过程中，不仅要为发行人提供中介服务，而且要扮演第一看门人的重要角色。承销商与保荐人均需要对发行人履行尽职调查义务，并且对招股说明书或公司债券公开募集办法等相关配套文件的真实性、准确性及完整性负责。另外，承销商在确定证券发行价格方面也会起到重要的作用。梳理国外立法可知，小额发行豁免制度并未强制发行人聘请承销商参与发行。未来，我国在进行证券发行制度设计时，也需要思考承销商参与发行的必要性。

二、 其他制度与小额发行豁免制度的关联

我国《证券法》除了在第二章规定了证券发行的基本制度之外，在第三至十三章中分别规定了其他与证券发行及交易有关的内容。其中，第三章为证券交易；第四章为上市公司的收购；第五章为信息披露；第六章为投资者保护；第七至十章为关于证券交易场所、证券公司、证券登记结算机构、证券服务机构的性质、业务、设立等方面的监管规定；第十一和十二章为关于证券业协会和证券监督管理机构基本职能方面的规定；第十三章为法律责任。下文将针对《证券法》第三至十三章与小额发行豁免制度的关联做以分析。

其一，《证券法》第三章。《证券法》第三章规定了证券交易制度，共设置了三节内容，分别是"一般规定"、"证券上市"及"禁止的交易行为"。"一般规定"及"证券上市"两节阐明，关于证券上市交易的内容是否可以适用于小额发行豁免制度，取决于立法者对于小额发行豁免制度发行人层次的设定。另外，"一般规定"一节中关于交易场所运行的基础性条款，如第三十五条、第三十七条、第三十九至四十五条是适用于小额发行豁免制度的。因为这些条款并非仅针对上市公司及场内交易市场而制定的，其内容对于不同类型的证券公开发行及证券交易具有普适性。同理，第三节"禁止的交易行为"也

适用于小额发行豁免制度。

其二，《证券法》第四章。由于小额发行豁免制度设计并不涉及上市公司收购问题，所以该项制度与这一章所做的规定并无直接关联。

其三，《证券法》第五章。在信息披露制度方面，我国《证券法》在第二章证券发行及第五章信息披露中设置了相关的条文。依据披露的阶段划分，可将信息披露分为发行时的信息披露和持续交易时的信息披露。在发行阶段，发行人首次申请公开发行股票的，在提交申请文件后，应当按照国务院证券监督管理机构的规定预先披露有关申请文件。证券发行申请经注册后，发行人应当依照法律、行政法规的规定，在证券公开发行前公告公开发行募集文件，并将该文件置备于指定场所供公众查阅。在持续交易阶段，《证券法》规定了上市公司及公司债券上市交易的公司向证监会和证券交易所提交定期报告的义务（中期报告、年度报告）；《上市公司信息披露管理办法》规定了上市公司提交季度报告的义务。另外，《证券法》还规定了发行人提交临时报告的义务。当发生可能对上市公司股票及上市交易公司债券的交易价格产生较大影响的重大事件，投资者尚未得知时，公司应当立即将有关该重大事件的情况向证监会和证券交易所报告，并予以公告。

信息披露制度是证券发行制度中的核心内容，《证券法》关于信息披露的规定是小额发行豁免制度为发行人设定信息披露义务的基础。通过梳理条文可知，我国证券立法对于信息披露制度规定的内容十分丰富、细致。但在实践中，我国的信息披露制度存在膨胀化的总体趋势。① 不仅为发行人、上市企业带来过多的成本，也为投资者查阅、分析带来了许多困难。在小额发行豁免制度构建过程中，我国也需要对此多加思考。在要求发行人遵循信息披露真实、准确、完整原则的前提下，需要结合小额发行的特点予以设计。

其四，《证券法》第六章。这一章是我国《证券法》专门为保护投资者利益而设置的，该章确立了投资者适当性制度、上市公司股东权利代为行使征集制度、上市公司现金分红制度、债券投资者与债券持有人保护制度、先行赔付制度、投资者保护机构职责及证券集体诉讼制度。这七项制度均为《证券法》首次引入，体现了立法的创新。从制度间的关联性及兼容性角度考察，《证券法》中的投资者适当性制度、债券投资者与债券持有人保护制度、先行赔付制度以及证券集体诉讼制度可直接适用于小额发行豁免制度。

① 邢会强主编《证券法学》，中国人民大学出版社，2019，第107页。

其五，《证券法》第七至十二章。虽然第七至十二章的规定并非构建小额发行豁免制度的基础性规定，但是这些章节的内容对于保障未来我国证券小额发行及交易实务活动的有序开展具有重要作用。小额发行豁免制度的构建侧重于证券发行制度的设计，是相对于常规公开发行法律制度的差异化设计。由于该项制度与常规公开发行法律制度具有许多共通之处，所以《证券法》中的一些现有内容对小额发行也具有可适用性，不必为其单独制定规则。

其六，《证券法》第十三章。在证券法律责任制度方面，我国《证券法》针对证券市场中的常见违法行为制定了相应的法律责任。在市场参与主体违法行为类型方面，我国《证券法》第三及十三章主要囊括了信息披露义务主体的内幕交易行为、市场操纵行为、非法定信息披露义务主体传播虚假信息行为、证券公司欺诈客户行为、擅自发行证券行为、证券公司非法承销证券行为、发行人或上市公司擅自改变公开发行证券所募集资金的用途、擅自设立证券公司、非法经营证券业务或者未经批准以证券公司名义开展证券业务活动等。这些违法行为发生在证券的发行、上市、交易、监管等其他相关活动中，在扰乱了证券市场秩序的同时，也给投资者的利益造成了损害。在小额发行中，发行人及其他参与发行、交易的主体（除投资者外）均存在违反《证券法》等立法的可能性，也涉及承担法律责任的问题。而且，小额发行交易活动与常规公开发行交易活动中的违法行为并无二致。因此，《证券法》第十三章规定的法律责任制度也可以适用于小额发行交易中对于违法行为的追责。

三、 注册制改革带来的影响

目前，我国的证券公开发行审核制度已经步入了新的阶段，注册制已经得到确立并发挥了重要作用。新的发行审核制度对于构建我国小额发行豁免制度也将产生相应的影响。

（一）我国证券发行审核制度的发展历程简要梳理

我国的证券发行审核制度几经变革，已经步入注册制发行的时代。在此之前，我国的证券发行审核制度经历了两个重要的发展阶段：审批制及核准制阶段。我国于20世纪90年代初步建立起证券市场，该时期也是我国从计划经济走向市场经济的转型期，我国当时证券监管体制具有很浓厚的行政色彩。在发行审核制度方面，我国当时实行的是审批制，即由指标分配与行政推荐两部分内容组成。① 审批制的本质是由政府通过行政化控制分配资源，后期逐步显现出与证券市场内部供求关系的严重冲突，并且在客观上阻碍了我国证券市场的良性发展。因此，我国对证券发行审核制度进行了改革。1999 年实施的《证券法》第十五条明确规定：国务院证券监督管理机构依照法定条件负责核准股票发行申请。2000 年 3 月 6 日，《股票发行核准程序》的颁行标志着我国核准制的正式实施（现已失效）。后期，核准制扩大到对公司债券发行审核的适用上。② 相较于审批制，核准制取消了行政分配指标的做法，改由证券监管机构对发行人的发行资格进行实质性审查。发行人不仅需要依法披露与发行有关的重要信息，而且需要符合法律和证券监管机构规定的条件。当发行申请经过证券监管机构的审查并获得批准后，发行人即可获得发行证券的资格。在核准制最初实施的阶段中，我国实行了一段时间的通道制。所谓通道制是指由主管部门向具有主承销商资格的券商下达可以公开发行股票并上市的企业数量，一个主承销商可以获得 2~8 个通道，新的综合类券商可以获得 2 个通道。所有获得通道的券商可以在获得的通道数量范围内推荐公开发行股票的企业。通道制在实行一段时间后，也暴露出弊端，主要表现在三个方面：一是通道分配抑制了承销行业内部的竞争，券商不需竞争便可获得通道名额，极不利于整个行业的发展。二是由于每个券商获得的通道数量较少，出于获得更大经济收益的考虑，券商对大规模发行更感兴趣，因而不利于较小规模的企业融资。三是无法有效约束证券公司及相关中介机构尽职履责。最终，我国于 2005 年 1 月 1 日正式取消了通道制。此后，我国实行了保荐制度。实行保荐制度的目的是发挥保荐人对于发行人的监督功能，督导发行人规范运作，确保发行人的质量。核准制的优点在于通过严格控制市场准入环节，有效地控制发行人的资质及证券的质量。其本质是政府对于企业业绩与投资价值、未来发展前景等做实质判断和"背书"，并且以此保障证券市场的稳定。但是，核准制也存在不足，表现为审核程序期限较长、效率较低，容易产生对市场的过度干预。2013 年 11 月

---

① 在审批制下，我国的股票发行先由证监会根据经济发展及市场需求确定总体的年度发行规模，报经国务院批准后，再由国家发改委将总额度向各省、自治区、直辖市和计划单列市人民政府及国务院有关产业部门予以分配。行政推荐是指申请发行股票的企业先向地方政府或国务院有关产业部门申请，地方政府或国务院有关产业部门根据证监会下发的指标，以及国家有关政策及法规推荐预选企业并报送材料。在发行定价方面，采取非市场化的行政定价方式。

② 我国《证券法》（2014 年修订版）对于公司债券的发行采用核准制。目前，2019 年最新修订的《证券法》已经将公司债券的发行审核制度更改为注册制。

15 日，《中共中央关于全面深化改革若干重大问题的决定》正式公布，拉开了我国股票发行注册制改革的序幕。该决定指出："健全多层次资本市场体系，推进股票发行注册制改革，多渠道推动股权融资，发展并规范债券市场，提高直接融资比重。"[①] 2018 年 11 月，习近平总书记在上海宣布将于上海证券交易所设立科创板并实施股票发行注册制试点。2019 年 3 月 1 日，证监会发布了《科创板首次公开发行股票注册管理办法（试行）》《科创板上市公司持续监管办法（试行）》。2019 年 3 月，《上海证券交易所科创板股票上市规则》也正式实施，拉开了我国注册制发行的序幕。注册制发行以充分的信息披露为制度设计的重点，发行人需要将涉及证券投资价值及投资者投资决策判断的所有实质性信息予以披露，政府不负责对公司是否具有良好的投资价值进行判断。

（二）注册制对我国小额发行豁免制度构建理念的影响

我国最新修订的《证券法》已经将证券公开发行审核制度确立为注册制，股票发行注册制已经全面推行。具体情况为：主板、科创板、创业板股票发行上市，上市公司证券发行上市；北京证券交易所向不特定合格投资者公开发行并上市、上市公司证券发行上市、上市公司重大资产重组；全国中小企业股份转让系统股票定向发行、股票挂牌实行注册制。此外，公司债券及企业债券发行也已经实施注册制。未来，若我国确立小额发行豁免制度，亦应当以注册制为基础。

在以注册制为基础的前提下，小额发行豁免制度应符合注册制的基本监管理念，即监管者不代替市场对发行人的投资价值做出判断，真正做到有所为与有所不为。以股票发行为例，修订后的《证券法》对于证券公开发行条件的规定，以及证监会颁布的《首次公开发行股票注册管理办法》《北京证券交易所向不特定合格投资者公开发行股票注册管理办法》对于首次公开发行股票条件的规定相较于以往有了明显的变化，即取消了对发行人财务状况及持续盈利能力方面的要求，转而规定切实可行、注册机构能够把握的积极条件。[②] 具体包括：发行人的组织机构，业务完整性，持续经营能力，会计基础工作，财务状况，内部控制制度，生产经营符合法律、行政法规的规定，符合国家产业政

[①] 《中共中央关于全面深化改革若干重大问题的决定》，http://www.scio.gov.cn/zxbd/nd/2013/document/1374228/1374228.htm，访问日期：2022 年 5 月 16 日。

[②] 李东方：《证券发行注册制改革的法律问题研究——兼评"《证券法》修订草案"中的股票注册制》，《国家行政学院学报》2015 年第 3 期。

策、发行人及其相关人员不存在规定的违法违规记录等。两个办法虽然取消了对于发行人必须满足一些硬性指标方面的限制，但是依然对发行人的资质有所要求。发行人在制作注册申请文件后，需要向证券交易所申报并由后者进行审核。审核通过后，证券交易所需要将审核意见、发行人的注册申请文件及相关审核资料报送证监会履行发行注册程序。另外，两个办法对于发行人的信息披露义务做出了严格的规定。可以看出，我国实施的发行注册制并非学界一直以来普遍理解的一般，即注册制下监管机构对发行申请材料只做形式合规审查，而不关注发行人的质量。我国的注册制是在监管理念上从过去试图对股票的投资价值或者投资收益作实质性判断，转向对信息公开的监管；从市场准入设置高门槛的事前监管，转向事中事后监管。[1]

我国在实施核准制过程中，由于受信息、专业能力的限制，监管机构并没有绝对的能力代表市场判断投资价值与风险。核准制只是在发行人申报和披露的基础上，以保荐人、会计师、律师的尽职调查和专业意见为前提，实行非现场的、以合规性审查为主导的审核。"实质审查内容在实施过程中只能简化为标准，因而所谓实质审核就演化为对照标准的'形式审核'，相应地，迎合监管要求成为市场流行做法。"[2] 本书并不否定核准制的优点，而认为在我国实行核准制过程中存在误区，需要在理论及实践中形成新的认知。我国实行注册制，并且在监管理念及方式上有所转变，不是对于监管的放松，而是在认识到核准制的优缺点的基础上，将两项发行审核制度的优势结合起来发挥作用。另外，此举更是在认清监管机构真正可以做到什么的基础上，采取适度监管的方式对市场负责。这种监管理念的转变在小额发行豁免制度的构建中也应得到贯彻。即使为了便利融资而免除了发行人的注册义务，仍然需要对其施加适当的监管。与注册发行一样，小额发行豁免制度中的监管也非代替市场作价值判断，而是作为有效防范风险的手段。同时，小额发行豁免制度也注重对发行人信息披露义务的设计，其将能为投资者提供有利于形成投资决策、符合重大性标准的信息作为重点。虽然小额发行在形式上区别于常规注册公开发行，但是在体现证券监管与市场之间关系的核心理念方面是一致的。因此，在小额发行

---

① 李东方：《证券发行注册制改革的法律问题研究——兼评"《证券法》修订草案"中的股票注册制》，《国家行政学院学报》2015 年第 3 期。

② 证券市场导报编辑部：《注册制与核准制再辨——兼论中国新股发行制度改革的方向》，《证券市场导报》2012 年第 5 期。

豁免制度的发行条件方面，本书建议遵循我国《证券法》证券公开发行条件的设计思路，即不设定硬性盈利、财务指标，而是对发行人的组织设立、持续经营能力、财务及经营合规等必要方面提出要求。这样的制度设计既符合中小企业的特点，也符合对小额发行施加的监管强度低于常规注册公开发行监管的逻辑，能够确保制度具有可实施性。

第二节　证券交易市场对构建证券小额发行豁免法律制度的制约

依据市场的功能，证券市场分为证券发行市场与证券交易市场。二者相互依存，相互制约。发行市场的建立是交易市场形成的前提，交易市场为证券的流通提供渠道，其良性运转又是发行市场健康发展的重要保障。因此，在构建小额发行豁免制度之时，需要分析我国证券交易市场的现状对于构建此项制度会有何等影响。

一、我国证券交易市场的层次结构

证券交易市场是为已经发行的证券提供流通转让机会的市场，通常分为场内交易市场与场外交易市场。场内交易市场也被称为交易所市场；场外交易市场是相对交易所市场而言的，是在证券交易所市场外部进行证券交易的场所。最初，场外交易市场主要分散在券商柜台市场，因此也被称为柜台市场或者店头市场。场外交易市场没有集中交易的场所和统一的交易制度。不过，随着信息技术的发展，各国场外交易市场的交易模式发生了重大变化，场外交易市场与场内交易市场均建立了网络系统，采用电子化操作，而且各国场外交易市场也建立起规范的交易制度。场内交易市场与场外交易市场在物理界限层面的区分也逐渐模糊。目前，各国区别建立、管理场内与场外交易市场的意义在于对资本市场的分层管理，以及满足不同层次市场参与主体的差异化需求。

现阶段，我国的证券交易市场已形成了场内交易市场与场外交易市场相结合的结构。而且，每个市场内部也形成了不同的层次。

（一）场内交易市场

目前，我国的场内交易市场包括上海证券交易所、深圳证券交易所、全国中小企业股份转让系统，以及北京证券交易所。场内交易市场的各个板块皆具有各自的市场定位，服务于不同层次投融资者的需求。

1. 上海证券交易所、深圳证券交易所建立的主板市场

主板市场是我国建立最早的证券交易市场，分别位于上海证券交易所和深圳证券交易所内部。主板突出"大盘蓝筹"特色，重点支持业务模式成熟、经营业绩稳定、规模较大、具有行业代表性的优质企业。依据我国《证券法》的规定，公开发行的证券应当在证券交易所上市交易或者在国务院批准的其他全国性证券交易场所交易；非公开发行的证券可以在证券交易所交易。证券发行后，发行人申请证券上市交易的，应当满足证券交易所上市规则规定的上市条件。我国沪深两大证券交易所规定的上市规则对于发行人的经营年限、财务状况、最低公开发行比例和公司治理、诚信记录等方面均提出了要求，并且在所有市场板块规定的上市条件中要求最高。

主板市场位于我国多层次资本市场的顶端，其服务于少数的大型企业。这类企业已经过最初的成长时期，并且对于资金的需求量较大，主板市场以其强大的融资能力与之相匹配。对于投资者而言，投资这类企业的风险相对较小。在我国主板市场的 30 年发展历程中，沪深两大交易所内部又相继建立了其他市场板块，分别是深圳证券交易所内部的中小企业板块和创业板块市场，以及上海证券交易内部的科技创新板块市场。在整体上，两大交易所内部建立了多个市场层次，主板与其他板块之间形成了功能互补的格局。在多板块共存的局面下，我国证券市场内部也曾存在其他板块对于主板市场能否带来不利影响的担心，主要焦点为资金分流。实际上，新的板块在运行初期的确会吸引市场的注意力，短期内会对主板市场带来一定的影响。不过，不同板块的市场定位之间存在差异，经过磨合期之后，所谓资金分流现象会逐渐消除，早期的创业板与近期的科创板运行情况均证明了这一点。然而，不可否认沪深交易所主板市场之间是存在相互竞争的，主要表现为对于优质上市公司及投资者资金两个方面资源的追求。客观上，良性的竞争对于我国资本市场的运行及发展是有利的，它可以促使证券交易市场不断完善内部制度，更好地服务于上市公司及投资者。而且，中央也倡导资本市场内部的适度竞争。沪深两大交易所近些年的多项举措也紧紧围绕加强主板市场基础性制度改革而展开，主要包含了发行、上市、信息披露、交易及退市等方面。此举既遵循了我国长期以来对于资本市场的政策规划，又对其他市场板块起到了良好的示范作用。

2021 年 2 月 5 日，经中国证监会批准，深圳证券交易所启动合并主板与中小板（以下简称"两板合并"）相关准备工作。在中国证监会统筹指导下，

深圳证券交易所与市场各方一道，按照"两个统一、四个不变"的总体思路，扎实开展各项工作，组织整合相关业务规则和监管运行模式，推动完成相关指数及基金产品适应性调整，顺利实施技术系统改造，平稳推进发行上市安排。在经中国证监会同意后，深圳证券交易所发布两板合并业务通知及相关规则，明确合并实施后的相关安排，于2021年4月6日正式实施两板合并。合并后，深圳证券交易所将形成以主板、创业板为主体的市场格局，结构更简洁、特色更鲜明、定位更清晰，有利于厘清不同板块的功能定位，夯实市场基础，提升市场质效，从总体上提升资本市场的活力和韧性；有利于进一步突出创业板市场定位，深入贯彻创新驱动发展战略；有利于充分发挥深圳证券交易所市场功能，促进完善资本要素市场化配置体制机制，更好地服务于粤港澳大湾区、中国特色社会主义先行示范区建设和国家战略发展全局。

可以说，中小板已经出色地完成了历史使命。2004年5月，经国务院批准，证监会批复同意后，深圳证券交易所在主板市场内部设立了中小企业板块市场。在板块定位方面，中小板主要服务于即将或已进入成熟期、盈利能力强但规模较主板小的中小企业。该类企业主营业务突出，具有良好的成长性和科技含量。虽然中小板的市场定位与主板不同，但是中小板与主板遵循相同的法律、法规和部门规章；发行人在中小板上市必须符合主板的发行上市条件和信息披露的要求。不过，中小板拥有独立的运行机制、监察机制、股票代码及指数。建立中小板是我国多层次资本市场形成过程中的重要布局。在我国，中小板市场被设计为主板市场中一个相对独立的组成部分，这一安排来源于我国对资本市场建设的深层次思考。实际上，深圳证券交易所在主板内设立中小板，作为分步推进创业板的重要步骤，能够为创业板顺利推出创造条件、积累经验，亦开辟了中小企业、民营企业进入资本市场的新渠道。而且，建立中小板可以避免直接推出创业板市场所面临的风险和不确定性，实现证券市场改革的力度、发展的速度和市场可承受程度的统一。[①] 而依托主板市场建立中小板，并且要求二者遵循相同的法律、法规和部门规章，以及相同的发行上市条件和信息披露的要求，不仅可以避免由发行上市条件的改变而产生的风险，而且可以避免直接建立创业板最初规模过小引发的风险。由此，中小板的建立是创业板问世的前置步骤。客观地，中小板在成立后，市场内部的发行上市、信息披

[①] 《深圳证券交易所设立中小企业板块实施方案》，http://www.szse.cn/www/certificate/smeboard/SMErules/t20040525_539332.html，访问日期：2022年4月25日。

露、投资者保护及市场退出等制度的创新为我国多层次资本市场的建设提供了大量的有益经验。经过发展，中小板上市公司总体不断发展壮大，在市值规模、业绩表现、交易特征等方面与主板趋同。合并深圳证券交易所主板与中小板是顺应市场发展规律的自然选择。

在合并主板与中小板的总体思路方面，深圳证券交易所遵循"两个统一、四个不变"的原则。具体而言，"两个统一"是指统一业务规则、统一运行监管模式；"四个不变"是指保持发行上市条件不变、投资者门槛不变、交易机制不变、证券代码及简称不变。本次合并仅对部分业务规则、市场产品、技术系统、发行上市安排等进行适应性调整，总体上对市场运行和投资者交易的影响较小。

2. 深圳证券交易所的创业板市场

2009年10月23日，经国务院同意、证监会批准后，我国创业板市场在深圳证券交易所正式启动。创业板也被称为"二板市场"，其上市标准低于主板市场，中小企业更容易在此板块上市募集资金。该板块以自主创新企业及其他成长型创业企业为服务对象，这些企业具有较为突出的成长性特点，开始具备一定的规模和盈利能力，并且在技术创新及经营模式创新等方面较为活跃。简而言之，该市场以支持创新型、成长型企业为使命。经过发展，创业板成为科技创新与战略性新兴产业企业融资的重要市场。虽然创业板与科创板市场都吸纳了科技创新型企业，但是二者的市场定位是有所区别的。科创板主要服务于符合国家战略、拥有关键核心技术的企业，支持和鼓励硬科技企业在该板块上市。而创业板目前则专注于将传统产业与新技术、新产业、新业态、新模式紧密融合，力求为多样化、多类型的企业提供融资服务。这一定位反映了当前创业板全面改革的一个重要方向，是在保持原有定位的基础上顺应时代趋势变化的表现。遵循这一市场定位，创业板在改革中调整了发行并上市条件，做出与科创板及新三板差异化的制度安排。在财务指标方面，实施注册制后的创业板在总体要求上低于科创板，而高于新三板精选层。毋庸置疑，差异化的发行并上市条件是各个板块不同市场定位的外在表现，满足了建立多层次资本市场的需求。

3. 上海证券交易所的科技创新板市场

2019年，上海证券交易所正式推出了科技创新板市场。该板块是我国多层次资本市场中的新兴板块，也是我国逐步实行证券发行审核注册制的试验田。科创板主要面向世界科技前沿、面向经济主战场以及面向国家重大需求的企业。同时，科创板优先支持符合国家战略、拥有关键核心技术、科技创新能力突出、主要依靠核心技术开展生产经营、具有稳定的商业模式并且市场认可度高、社会形象良好、具有较强成长性的企业。[①]

对于我国资本市场而言，设立科创板是一次增量改革。具体地，科创板的建立并非对已有资本市场板块进行重建、调整，而是以原有格局为基础开辟出全新的板块。与其他板块相同，科创板市场也具有自身重点扶持的企业类型，即科技创新型企业。为这类企业设立专门的板块，目的在于提升我国资本市场服务科技创新的能力，此举是对于科技强国战略的实践，也是引领我国经济向创新驱动转型的重要一步。回顾我国资本市场的发展，其对于新兴经济的支持是不足的。适时建立科创板，可以提升我国资本市场对于此类企业的包容度，弥补过去的缺失。与此同时，我国在科创板开展公开发行注册制试点也是深化资本市场改革的关键一环。在科创板初始设立之际实行注册制，可以在与原有核准制并存的前提下逐步推进。如此，既可以避免跃进式变革带来的风险，又可以在经验成熟时带动存量市场改革。

4. 全国中小企业股份转让系统

全国中小企业股份转让系统也被称为"新三板"，是依据《证券法》设立的继上海证券交易所、深圳证券交易所后第三家全国性证券交易场所，于2013年1月16日正式揭牌运营。2013年12月13日，国务院发布的《关于全国中小企业股份转让系统有关问题的决定》明确了该板块主要为创新型、创业型、成长型的中小微企业发展提供服务，境内符合条件的股份有限公司均可通过主办券商申请挂牌。从新三板的实际运行效果层面考察，该市场在解决中小企业融资难题方面作用突出，其内部的各项融资制度安排对于民营经济、中小企业的发展提供了重要的支撑。

自2017年以来，新三板市场内部出现了挂牌企业数量减少、发行规模下降、市场流动性不足等不良现象。形成此种局面的主要原因在于新三板市场内部的投融资等制度已经无法适应新的市场需求，并且新三板市场与交易所市场之间的联通机制也并未建立。对此，证监会在几经论证之后制定了新三板的改革方案，力求完善市场功能，激发市场活力。经国务院批准，中国证监会于2019年10月25日正式启动新三板改革工作。从整体上看，本次改革是对新三

[①] 《科创板业务介绍》，http://edu.sse.com.cn/tib/poster/，访问日期：2022年4月28日。

板市场内部制度的一次重大更新，是在保持其最初市场定位不变的前提下进行的一次全新探索。具体地，新三板改革的主要举措包括调整发行融资制度、增加市场内部层次、设立转板上市制度及健全市场退出机制等方面。

5. 北京证券交易所承接新三板精选层板块市场

北京证券交易所于 2021 年 9 月 3 日注册成立，是经国务院批准设立的我国第一家公司制证券交易所，受中国证监会监督管理。经营范围为：依法为证券集中交易提供场所和设施、组织和监督证券交易以及证券市场管理服务等业务。建设北京证券交易所的主要思路是：严格遵循《证券法》，按照分步实施、循序渐进的原则，总体平移新三板精选层各项基础制度，坚持北京证券交易所上市公司由创新层公司产生，维持新三板基础层、创新层与北京证券交易所"层层递进"的市场结构，同步试点证券发行注册制。同时，北京证券交易所与沪深交易所、区域性股权市场坚持错位发展与互联互通，发挥好转板上市功能。北京证券交易所在建设的过程中，确立了三个明确的目标：一是构建一套契合创新型中小企业特点的涵盖发行上市、交易、退市、持续监管、投资者适当性管理等基础制度安排，补足多层次资本市场发展普惠金融的短板。二是畅通北京证券交易所在多层次资本市场的纽带作用，形成相互补充、相互促进的中小企业直接融资成长路径。三是培育一批专精特新中小企业，形成创新创业热情高涨、合格投资者踊跃参与、中介机构归位尽责的良性市场生态。

（二）场外交易市场

与场内交易市场一样，场外交易市场同样是我国多层次资本市场的重要组成部分。目前，我国证券市场中的场外交易市场也形成了不同的层次，主要包括证券公司柜台市场与区域性股权市场。

1. 证券公司柜台市场

我国的证券公司柜台市场是指证券公司为与特定交易对手方在集中交易场所之外进行交易或为投资者在集中交易场所之外进行交易提供服务的场所或平台，其市场定位为私募市场。证券公司柜台市场位于我国多层次资本市场金字塔结构的底端，是众多中小微企业获得外部资本的重要市场。客观地，证券公司柜台市场的发展有助于证券公司基础功能的再造及整合，有效释放证券公司的业务空间，充分发挥证券公司的产品创设、风险管理以及定价能力，扩大证券公司的买方、卖方客户资源，丰富其收费模式和服务方式。另外，发展证券公司柜台市场也有利于进一步提升资本市场的资源配置效率，使其更好地服务实体经济的发展。

2012年12月21日，中国证券业协会发布了《证券公司柜台交易业务规范》，标志着建立证券公司柜台市场试点工作的正式启动。此后，中国证券业协会又陆续制定了若干自律规则，包括《证券公司金融衍生品柜台交易业务规范》、《证券公司柜台市场管理办法（试行）》及《场外证券业务备案管理办法》等。这些规则对于进一步促进证券公司柜台市场的规范发展，维护投资者权益及市场秩序起到了重要的作用。从试点工作实施至今，证券公司柜台市场的内部制度不断地得到优化，其促进实体经济发展的功能也逐步完善，并且产生了良好的效果。在内部制度建立方面，开展柜台市场业务的证券公司均能够依据监管部门出台的自律性规则制定内部管理及业务制度，如投资者适当性管理、产品管理、交易管理及风险管控制度等。在服务实体经济方面，证券公司柜台市场的场外金融衍生品、结构化收益凭证产品在为实体企业提供风险管理、套期保值、资产配置工具等方面发挥了积极作用。目前，我国的证券公司柜台市场已经具备了较为丰富的基础功能，其销售或转让的产品种类也较为齐全。2019年9月12日，证监会在北京召开了全面深化资本市场改革工作座谈会，并且提出了今后一段时期资本市场改革的12个关键任务。在补齐多层次资本市场体系的短板这项任务中，证监会指出允许优质券商拓展柜台业务，这对于促进行业的良性竞争及证券公司柜台市场的壮大无疑是极为有利的。

2. 区域性股权市场

区域性股权市场是为其所在的省级行政区域内的中小微企业证券非公开发行、转让及相关活动提供设施和服务的场所，其定位是私募股权市场。区域性股权市场由省级人民政府依法对其进行监管，市场内部的股票、可转换公司债券和国务院有关部门认可的其他证券的非公开发行、转让等活动由区域性股权市场运营机构组织开展。

区域性股权市场被誉为我国多层次资本市场的塔基，这一比喻形象地表明了该市场的地位。依据一般逻辑，基础性的市场应当率先得以建立。然而，相较于我国的交易所市场，区域性股权市场的发展起步较晚。自2008年起，该市场在我国初步建立并逐渐发展壮大。截至2023年6月底，全国35家区域性股权市场共服务企业19万家，培育专精特新"小巨人"企业1200家、专精特新中小企业7900多家；服务企业中累计转沪深北交易所上市121家，转新三板挂牌871家；累计实现各类融资2.3万亿元，其中股权融资7150亿元，债券融资 4597 亿元，股权质押融资 7883 亿元。① 区域性股权市场在我国资本市场中的地位能够得到确认，原因在于其可以有效地拓宽中小微企业的融资渠道、增加其直接融资比例，使这类企业获得专门性、个性化的服务，提升资本市场服务中小微企业的能力。而且，私募股权市场机制灵活、融资成本低的优势也迎合了中小微企业的需求。不过，由于发展时间较短等原因，我国区域性股权市场的成熟度不及沪深交易所市场及新三板市场。一方面，有关规范区域性股权市场的外部制度供给不足；另一方面，区域性股权市场的内部管理及服务市场的能力有待提升。在外部制度供给方面，我国需要继续结合区域性股权市场的特点做好基础性制度的建设。在市场自身能力提升方面，区域性股权市场应当结合其市场定位，继续加强对于股权融资模式的探索并完善内部管理制度。此外，无论市场外部或内部监管，都应当加强防范来自市场内部的风险。

总体上，我国证券交易市场的内部结构清晰，各个组成部分的定位也较为明确。场内交易市场的各个板块通过不同的准入制度将投融资者自然划分，满足其差异化的投融资需求。场外交易市场也以其特殊的定位及功能成为场内交易市场的补充，两类市场共同推动了我国实体经济的发展。

二、　小额发行证券面临的流通障碍

一个完整的证券市场包括发行市场（一级市场）及交易市场（二级市场）。发行市场的功能在于帮助发行人募集资金，交易市场的功能是为发行的证券提供流通的渠道。证券市场的建立不可偏废二级市场，若证券市场不能保证证券的流通性，将会影响到投资者的利益并最终制约发行市场融资功能的发挥。因此，交易市场是证券市场的另一核心组成部分。小额发行豁免制度是发行市场领域的一项制度，建立此项制度为中小企业拓宽融资渠道的同时，也必须考虑证券发行后如何在市场流通的问题，避免制度成为空中楼阁。依据我国现行的有关证券法律制度，小额发行在我国场内及场外交易市场中流通均会面临障碍。

（一）场内交易市场对于小额发行证券流通的障碍

第一，沪深交易所市场对于小额发行证券流通的障碍。我国的沪深交易所市场包括了主板、创业板及科创板三个板块。在我国现行的证券法律制度下，发行人若要公开发行股票或公司债券并申请在三个板块上市交易，必须满足

---

① 《我国已设 34 家区域股权市场 累计为企业实现融资 9063 亿元》，http://www.ce.cn/x wzx/gnsz/gd xw/201904/09/t20190409_31815705.shtml，访问日期：2022 年 5 月 16 日。

《证券法》及证监会规定的公开发行条件、证券交易所上市规则规定的上市条件、相关的信息披露要求，经证券交易所依法审核通过后报经证监会履行发行注册程序。无疑，股票能在交易所市场上市的公司与公司债券可以在交易所市场上市交易的公司通常为成熟的大型企业，以及各项财务指标均达到较高标准的中型企业，即各行业内部的精英企业。由前文统计数据可知，在我国沪深交易所市场上市的公司发行规模较大，其一般的融资需求远远高于小额发行，并且能够负担得起高昂的发行并上市交易的费用。因此，小额发行的规模无法满足这类企业的需求，申请在沪深交易所市场上市交易的企业通常不会是小额发行豁免制度的适用者。此外，上市公司再融资的规模也相对较大。而且，证监会最新修正的《上市公司证券发行注册管理办法》对于上市公司面向不特定对象公开发行证券的要求较高，表现在盈利能力、财务指标条件等方面。由此，小额发行豁免制度也不适用于上市公司再融资。达不到上市标准的中小企业通过小额发行豁免制度发行证券后，自然无法申请在沪深交易所市场交易。

第二，全国中小企业股份转让系统对于小额发行证券流通的障碍。通过制度梳理可知，小额发行豁免制度与新三板市场内部特殊的运行制度不兼容，导致小额发行证券在新三板市场流通存在障碍。依据证监会制定的《非上市公众公司监督管理办法》，挂牌公司在新三板市场可以进行股权融资、债权融资、资产重组等活动。其中，发行股票是最为主要的证券市场行为，下文将以新三板股票发行为对象进行分析。

股票发行方面，新三板规定了面向特定对象的定向发行。具体地，定向发行又分为挂牌公司定向发行与申请挂牌公司定向发行两种情形。前者是指已挂牌公司定向发行，后者是指公司提出挂牌申请时一并提出定向发行申请。所谓定向发行是指针对特定对象的发行，前述两种定向发行的情形均如此。依据《非上市公众公司监督管理办法》的规定，特定对象包括公司的股东、董事、监事、高级管理人员、核心员工，以及符合投资者适当性管理规定的自然人投资者、法人投资者及其他经济组织。在发行前，公司应当对发行对象的身份进行确认，并且不能够公开路演、询价。此外，在两种定向发行中，发行后股东人数将超过 200 人的，经新三板审核通过后，报证监会注册。反观小额发行豁免制度下的发行，其面对的是不特定的对象且免于注册或核准。同时，发行人可以采用公开路演的方式进行宣传。由此，小额发行豁免制度这些方面的特点均与新三板定向发行不同，小额发行豁免制度无法以定向发行模式为基础建立。

　　第三，北京证券交易所市场对于小额发行证券流通的障碍。在发行上市方面，北京证券交易所目前实施了向不特定合格投资者公开发行股票并上市制度。虽然小额发行豁免制度与股票面向不特定合格投资者发行同为公开发行，但是从制度间的融合性层面考察，小额发行豁免制度并不能以后者为基础建立。一方面，股票向不特定合格投资者公开发行的发行人必须满足已经在全国股转系统连续挂牌满 12 个月的条件，这意味着适用该项制度的挂牌公司范围是较为有限的。如果小额发行豁免制度以其为基础设立，那么制度功能可以惠及的中小企业范围将会是极其有限的。另一方面，北京证券交易所市场投资者准入的条件也是相对较高的，投资者必须为合格投资者，包括机构投资者及自然人投资者。其中，个人投资者参与该所市场股票交易的，应当符合下列条件：一是申请权限开通前 20 个交易日证券账户和资金账户内的资产日均不低于人民币 50 万元（不包括该投资者通过融资融券融入的资金和证券）；二是参与证券交易 24 个月以上。而依据前文内容可知，小额发行豁免制度不排斥普通投资者。另外，北京证券交易所股票向不特定合格投资者公开发行制度仅适用于股票一种类型的证券，而小额发行豁免制度可适用的证券类型却不止于此。

　　（二）场外交易市场对于小额发行证券流通的障碍

　　第一，证券公司柜台市场对小额发行证券流通的障碍。我国的证券公司柜台市场的定位为私募市场，在该市场发行、销售与转让的产品为私募产品。例如，证券公司及其子公司以非公开募集方式设立或者承销的资产管理计划、公司债务融资工具等产品；银行、保险公司、信托公司等其他机构设立并通过证券公司发行、销售与转让的产品等。与证券公司柜台市场的产品性质不同，适用小额发行豁免制度的发行行为具有公开发行的性质，其证券亦非私募产品。因而，适用小额发行豁免制度发行的证券无法在我国证券公司柜台市场流通。

　　第二，区域性股权市场对小额发行证券流通的障碍。适用小额发行豁免制度发行的证券在该市场流通面临的障碍源于二者性质间的冲突。依据前文内容可知，我国将区域性股权市场定位为非公开发行、转让证券的场所，即私募市场。在这样的定位下，市场内部的挂牌公司不能采用广告、公开劝诱等公开方式向投资者宣传、发行证券。与市场定位相适应，区域性股权市场的投资者也被限定为合格投资者。依据前文观点，小额发行豁免制度具有公开发行的性质，公司可以面对不限于合格投资者的对象发行证券。基于性质间的冲突，在区域性股权市场挂牌的公司无法适用小额发行豁免制度融资。另外，区域性股权市场的挂牌公司在非公开发行证券之外，还可以面向合格投资者转让证券。此种转让行为也具有非公开性质，其与适用小额发行豁免制度发行证券的行为性质同样是不一致的。鉴于上述原因，区域性股权市场也并不适于小额发行的证券流通。

结合上述分析，适用小额发行豁免制度发行的证券在我国场内及场外交易市场流通均会面临障碍。在场内交易市场方面，适用小额发行豁免制度的公司达不到在沪深交易所市场公开发行并上市交易的标准，北京证券交易所、新三板证券发行制度不适宜成为小额发行豁免制度建立的基础。在场外交易市场方面，证券公司柜台市场与区域性股权市场的私募市场定位与小额发行豁免制度的公开发行性质之间不相匹配，适用小额发行豁免制度发行的证券无法在市场中流通。如果我国未来建立小额发行豁免制度，那么需要为其配套交易市场。由于小额发行豁免制度服务于中小企业融资，所以配套的交易市场应当与这类企业的层次相适宜。证券交易市场的设立均以其稳定的市场定位为前提，该定位也是建立多层次资本市场的基础，监管者不会轻易对市场定位做出改变，支撑市场运行的各项制度也不会随意变动。鉴于此，上海、深圳、北京证券交易市场，新三板市场，证券公司柜台市场与区域性股权市场均不是适当的选择。结合中小企业的特点及国外经验，本书认为可以考虑建立专门的场外交易市场。

第三节　非发行豁免制度下的证券小额发行实践

一、　创业板上市公司"小额定向增发制度"

再融资制度是资本市场的一项基础性制度。与首次公开发行不同，再融资制度旨在为上市公司的进一步发展壮大提供融资渠道，其性质为增资发行。在我国，上市公司再融资的方式包括：向原股东配售股份、向不特定对象公开募集股份、发行可转换公司债券及非公开发行股票。为了更好地解决创业板上市企业再融资问题，证监会在经过深入调研后制定了《创业板上市公司证券发行管理暂行办法》（以下简称《管理暂行办法》）。该办法于 2014 年正式颁行，并于 2020 年 2 月 14 日修订①。该办法在上市公司非公开发行股票的制度设计中，特别引入了小额定向增发融资模式。依据该办法的规定，小额定向增发制度具有如下的特点：

首先，该制度为上市公司规定了发行限额。依据《管理暂行办法》第三十六条的规定，上市公司申请非公开发行股票融资额不得超过五千万元人民币，并且不超过最近一年末净资产的百分之十。其次，采用非公开发行方式。依据《管理暂行办法》的规定，小额定向增发为非公开发行，具体为上市公司向特定对象非公开发行股票。依据第十五条的规定，非公开发行股票的特定对象应当符合股东大会决议规定的条件，并且发行对象不超过三十五名。再次，采用简易程序核准发行申请。中国证监会自受理之日起十五个工作日内做出核准或者不予核准决定。最后，允许"不承销"。《管理暂行办法》规定上市公司非公开发行股票，发行对象符合规定情形的，可以不聘用证券公司承销。依据《管理暂行办法》第三十九条的规定，发行对象符合特定情形之一的，发行人可以自行销售证券。具体情形包括：发行对象为原前十名股东；发行对象为上市公司控股股东、实际控制人或者其控制的关联方；发行对象为上市公司董事、监事、高级管理人员或者员工；董事会审议相关议案时已经确定的境内外战略投资者或者其他发行对象；中国证监会认定的其他情形。

《管理暂行办法》于 2014 年施行后，由于小额定向增发制度确定的额度较小等，通过该项制度融资的上市公司数量较少，制度适用效果并不理想。本书通过梳理深圳证券交易所网站公开的企业小额定向增发预案数据了解到，2014 年共有 13 家公司通过该项制度融资。在此后 5 年多的时间里，仅有不超过 12 家公司再次尝试"小额快速"再融资机制。②

为进一步推进注册制的全面实施，证监会制定了《创业板上市公司证券发行注册管理办法（试行）》（以下简称《再融资办法》），该办法于 2020 年 6 月 12 日正式颁布。《再融资办法》施行后，原《管理暂行办法》废止。与此同时，深圳证券交易所颁布了《深圳证券交易所创业板上市公司证券发行上市审核规则》（以下简称《上市审核规则》）。《再融资办法》及《上市审核规

① 《创业板上市公司证券发行管理暂行办法》于 2014 年 2 月 11 日由中国证券监督管理委员会第 26 次主席办公会议审议通过，并根据 2020 年 2 月 14 日中国证券监督管理委员会《关于修改〈创业板上市公司证券发行管理暂行办法〉的决定》修正。
② 《"小额快速"定增再现江湖，三德科技拟募资 4700 万元补充流动资金》，https://www.sohu.com/a/377083256_115433，访问日期：2022 年 5 月 6 日。

则》对小额定向增发制度进行了完善，不仅提升了发行限额，而且优化了发行审核程序。发行额度方面，《再融资办法》将原有 5000 万元的发行限额提升至 3 亿元，并且不超过最近一年末净资产百分之二十。发行程序方面，《再融资办法》及《上市审核规则》规定深圳证券交易所应当自收到注册申请文件后的两个工作日内做出是否受理的决定；自受理之日起三个工作日内完成审核并形成意见。另外，《再融资办法》规定证监会在收到交易所报送的审核意见及发行上市申请文件后，应当在三个工作日内做出予以注册或者不予注册的决定。另外，《深圳证券交易所创业板上市公司证券发行与承销业务实施细则》对于上市公司发行承销也做出了特别规定。该细则规定，在适用简易程序的情况下，上市公司不得由董事会决议确定具体发行对象。而《再融资办法》规定当上市公司董事会决议提前确定所有发行对象时，可以自行销售。由此，适用小额定向增发制度融资的上市公司不能够由董事会决议确定发行对象，而且需要聘用证券公司承销。这一规定与已废止的《管理暂行办法》的制度设计有所区别。

综合来看，新的小额定向增发制度以注册制为基础建立。该项制度以简便的发行程序及大幅提升的发行限额满足创业板上市公司快速、灵活的再融资需求，并且有效地降低了再融资的成本。另外，《再融资办法》取消了创业板上市公司向特定对象发行股票需要满足连续两年盈利的要求。客观上，这一做法可以起到拓宽小额定向增发制度服务覆盖面的作用。

二、 全国中小企业股份转让系统"小额授权发行制度"

为优化股票发行制度、提升发行的效率，新三板于 2018 年专门为挂牌企业推出了小额授权发行制度。依据《关于挂牌公司股票发行有关事项的实施细则》第六条的规定，挂牌公司年度股东大会可以根据公司章程的规定，授权董事会在募集资金总额不超过 1000 万元的额度范围内发行股票。在小额授权发行制度的设计中，新三板借鉴了创业板小额发行"年度股东大会一次决策，董事会分次实施"的规定，允许挂牌公司在年度股东大会时，根据公司章程的规定对下一年度小额融资一次性做出决议，授权董事会"分次"对具体融资时间和融资额度做出决策，以此提高挂牌公司发行的内部决策效率。

在小额授权发行制度出台之前，无论发行金额大小，挂牌公司必须就发行事项逐次完成董事会、股东大会审议程序，未能体现新三板发行制度小额、快速、灵活的特点。① 授权发行制度推出后，挂牌公司小额融资内部决策时间可以缩短 15 天以上。经测算，大约 20%挂牌公司的融资需求可以通过授权发行方式实现。② 对于小额授权发行制度，新三板新闻发言人曾指出，初期将授权发行范围限定为小额发行，规定小额发行的标准为授权期限内累计募集资金不超过 1000 万元。待实践成熟后再考虑逐步放宽标准，推广适用。③

2020 年 1 月 23 日，新三板发布《全国中小企业股份转让系统股票定向发行规则》（以下简称《定向发行规则》），同时废止了《关于挂牌公司股票发行有关事项的实施细则》。颁行《定向发行规则》是近年来新三板改革进程中的一项重要举措，是对于新三板市场发行融资制度的完善。对于授权发行制度，《定向发行规则》规定发行人年度股东大会可以根据公司章程，授权董事会在规定的融资总额范围内定向发行股票。股东大会决议方面，应当就发行股票数量的上限、发行对象范围或发行对象确定方法、现有股东优先认购安排、发行价格区间或发行价格确定办法、募集资金总额上限及用途、对董事会办理发行事宜的具体授权等事项做出决议，作为董事会行使授权的前提条件。授权发行额度方面，新三板规定基础层公司授权董事会募集资金总额不得超过 2000 万元，创新层公司授权董事会募集资金总额不得超过 5000 万元。由此，小额授权发行制度的授权额度相较于以往有了大幅提升，并且设置差异化的授权发行额度也与新三板之前推行的市场分层管理制度相适应。

三、　已有小额发行实践与小额发行豁免制度之间的区别

创业板小额定向增发制度与新三板小额授权发行制度都是对原有发行制度的革新。新的制度设计提升了证券发行的效率，这与小额发行豁免制度的创制初衷是相通的。不过，三项制度之间存在诸多的区别。

（一）小额定向增发制度与小额发行豁免制度的区别

第一，两项制度的性质不同。小额发行豁免制度具有公开发行的性质，而小额定向增发制度的性质为非公开发行。第二，制度适用的发行人层次不同。

---

① 《新三板再出"组合拳"促进创业创新》，http：//www.ce.cn/xwzx/gnsz/gdxw/201810/29/t20181029_ 30646017.shtml，访问日期：2022 年 6 月 16 日。

② 《一图读懂系列之股票发行制度优化改革》，http：//www.neeq.com.cn/important_news/200004958.html，访问日期：2022 年 6 月 18 日。

③ 《新三板发行改革重大突破：35 人限制放开，授权发行落地》，https：//www.yicai.com/news/ 100047407.html，访问日期：2022 年 6 月 18 日。

小额发行豁免制度适用于中小企业，而且主要是非上市中小企业；小额定向增发制度适用的企业层次为上市企业。第三，两项制度的功能不同。小额发行豁免制度可以适用于首次公开发行及后续融资，而小额定向增发制度为上市企业再融资制度中的一种方式。第四，两项制度的审核程序不同。小额发行豁免制度免于注册或核准，而上市公司适用小额定向增发制度需要经过注册程序。第五，两项制度可适用的证券类型不同。小额定向增发制度仅适用于股票发行，而小额发行豁免制度可适用的证券类型包括股票、公司债券等。

（二）小额授权发行制度与小额发行豁免制度的区别

第一，两项制度的设计理念不同。小额授权发行制度通过优化挂牌企业的内部决策机制来达到提升发行效率的目的，而小额发行豁免制度是通过免除注册或核准，以及降低对发行人的信息披露要求来实现降低发行成本，满足中小企业小额、快速融资的需求。第二，两项制度可适用的证券类型不同。小额授权发行制度仅适用于股票发行，而小额发行豁免制度可适用的证券类型更加多样化，不限于股票一种证券类型。第三，两项制度可适用的投资者类型存在差异。由于小额授权发行制度为新三板的挂牌公司所制定，所以投资者需要满足新三板投资者适当性制度的要求。而小额发行豁免制度允许普通投资者参与投资。

通过比较，可以明确小额定向增发、小额授权发行与小额发行豁免制度各自具有独特的功能。小额定向增发制度并非服务于普通中小企业融资，其功能在于提升创业板上市企业再融资（非公开发行股票）的效率，并且帮助企业降低发行的成本。小额授权发行制度虽然可以便利在新三板挂牌的中小企业融资，但是该项制度的着力点是提升发行的效率，并非降低发行成本。公司在年度股东大会授权的范围内进行小额融资只需通过董事会审议，这意味着该项制度通过简化公司发行股票的内部决议程序来缩减决策的时间，从而实现提升发行效率的目标。小额发行豁免制度与另外两项制度最为核心的差异在于制度设计的出发点，其重在降低发行成本，其产生基于成本与收益理论和比例原则。小额发行豁免制度的核心设计为简化发行审核程序，而非发行人内部决议程序，是对常规公开发行法律制度进行的例外设计。因此，创业板及新三板针对小额发行的两项制度创新并不能代替小额发行豁免制度，后者的特有功能及价值是其能够被多国证券法律认可的重要基础。

第六章

我国证券小额发行豁免法律制度构建的路径

　　小额发行豁免制度以其特殊的功能促进中小企业实现低成本直接融资的目标，得益于创新的制度设计。通过对国外立法的研究，能够看到在相同的立法目的下，不同的制度设计之间存在差异化的安排。这些差异来源于不同国家证券监管体制、监管理念及证券市场的发展程度等方面的区别。鉴于此，我国在构建小额发行豁免制度之前，需要结合自身的现实基础展开深入思考，回答若干宏观方面的问题，并且以此为我国的证券发行制度设计铺好路。

第一节　确立促进资本形成与投资者保护相平衡的原则

　　适用常规公开发行法律制度融资产生的高成本往往将众多自身规模较小、融资需求不大的中小企业挡在证券公募融资的大门之外。为更好地促进这类企业获得外部资本的支持，许多国家建立了小额发行豁免制度，使其成为中小企业融资的一个新途径。当然，小额发行对于投资者而言也存在潜在的风险。为有效地保护投资者的合法权益，构建此项制度必须兼顾投资者保护这一证券法的重要目标。本书认为，我国构建小额发行豁免制度的基本原则应为促进资本形成与投资者保护相平衡。

一、　促进资本形成的关键点

　　小额发行豁免制度能否实现促进资本形成的目标，取决于它的制度设计能否有效地平衡发行成本与收益之间的比例。小额发行豁免制度平衡发行成本与收益的关键点包括：发行限额、信息披露及发行程序设计。其中，信息披露及遵守发行程序是发行人必须履行的义务，也是产生发行成本的重要根源。在平衡发行成本与收益的环节，发行限额是一个重要条件。立法者需要在发行人适用制度的合规成本与发行限额间进行衡量，使制度设计能够满足发行人的融资需求，获得合理的融资收益。在发行限额方面，应当在明确制度适用对象的前提下，测算出具有良好覆盖性的额度，以满足普遍性的融资需求。在发行程序设计方面，关键点在于采用何种模式的发行程序，即是采用完全免除审核模式，还是采用简化审核模式。对此，本书认为并不能完全局限于降低发行成本单一方面的考虑，应当结合证券监管体制、市场的成熟度、适用成本等因素综合考虑。在决定采用某种发行程序模式后，应当遵循此种模式的监管思路制定其他部分的制度，其中就包括信息披露制度。在小额发行豁免制度中，发行人信息披露义务的繁重程度与发行限额的规模相关联。发行规模越大，信息披露的范围越广，标准越高，这一点在美国的《条例 A+》、欧盟及其成员国的立法中均有所体现。在三者之间进行协调，根本问题是小额发行豁免制度能否帮助发行人实现低成本、快速融资。解决这一问题应当借助于成本收益分析方法在发行限额及发行程序、信息披露设计之间进行权衡，明确制度设计对发行人可能产生的经济影响，进而形成相对最优的方案。在分析的过程中，应当尽可能地对预期成本与收益进行量化。

实践证明，在一个好的立法初衷下，立法者并不必然制定出具有良好实施效果的法律制度。往往良法的产生需要经历一个不断完善的过程。上文关于美国立法的统计数据表明，修订前的《条例 A》与规则 504 在适用效果方面皆不理想。《条例 A》的制度设计并未有效降低发行成本，发行人仍需履行繁重的义务。而规则 504 除了发行限额过低以外，发行人还需要接受州法的监管，因此该规则与《条例 A》同样存在发行成本过高的问题。近年来，SEC 注重在制定监管规则的过程中运用成本收益的分析方法，并且在经历了大量的立法实践基础上，于 2012 年制定了《SEC 规则制定的经济分析通用指南》（*Current Guidance on Economic Analysis in SEC Rulemakings*）①。SEC 希望通过精细化的成本收益分析使其制定的监管规则更加合理，并且保证监管的正当性。SEC 近年来发布的立法文件也都包含了成本收益分析的内容，如《条例 A+》、规则

---

① 《SEC 规则制定的经济分析通用指南》规定，SEC 的经济分析应当包含 4 个主要方面：（1）关于制定规则必要性的说明；（2）确定衡量建议规则可能会产生的经济影响；（3）提出可替代的方案；（4）对建议规则及可替代方案进行成本收益分析，并从定量与定性两个方面进行评估。

504 及股权众筹①的监管规则。其中，许多分析都是围绕着发行成本而展开的②，并且 SEC 也在文件中表明非常关注规则产生的成本及带来的收益。至于《条例 A》与规则 504 在各自实施的过程中所产生的发行成本过高的问题，本书认为主要原因可归结为两点。其一，SEC 作为监管规则的制定者，也会受到有限理性及客观现实的制约，这导致其并不能预计立法在未来对社会产生的所有影响。其二，SEC 制定监管规则也受到美国证券监管体制的制约，导致其在协调联邦与州法监管的关系上具有很大的难度，反映出美国特有的国情。

2004 年 3 月 22 日，国务院印发并实施了《全面推进依法行政实施纲要》。该纲要提出积极探索对政府立法项目尤其是经济立法项目的成本效益分析制度，这说明我国已经意识到规范化的立法成本收益分析对于保障立法理性的重要作用。SEC 在制定证券监管规则中应用成本收益分析的做法为我们提供了良好的示范。虽然开展成本收益分析会增加立法过程中的成本，但是最终会为广大适用该制度的中小企业带来收益，增进该类群体的福祉。

二、 促进资本形成与投资者保护相平衡

促进资本形成与投资者保护相平衡是一个难以度量的问题。在二者之间形成平衡的态势既要满足发行人的需求，又要保护投资者的利益。客观地分析，促进资本形成与投资者保护相平衡不可能像天平一样通过增减两端的砝码形成绝对的平衡，这只是监管者力争达到的一种相对均衡的监管效果。

从投融资者双方的视角进行分析，投资者最为关心的是投资安全及未来的收益；发行人看重的则是实现低成本融资的目标。如此，需要思考一个问题：通过小额发行豁免制度能做到什么？这里，不妨先回顾国外立法的设计。以《条例 A+》为例，SEC 为促进资本形成与投资者保护达到平衡，分别为双方设计出特殊的制度安排。例如，豁免注册义务、简化发行程序及减轻信息披露义务等能够起到降低发行成本的作用；而限制发行最高限额、规定发行人的资格条件、限制普通投资者的投资额度及为发行人设定信息披露义务均能够起到保护投资者的作用。在《条例 A+》的内部构造中能够较为直观地观察到，为

---

① 三个监管立法的名称分别为：*Amendments for Small and Additional Issues Exemptions Under the Securities Act（Regulation A）*、*Exemptions to Facilitate Intrastate and Regional Securities Offerings* 及 *Crowdfunding Final Rules*。

② 例如，SEC 发布的《条例 A+》最终规则就包括了对于发行声明形式与内容、公开劝诱、持续信息披露、坏人规则适用及与州证券法关系等方面的成本收益分析的内容。

发行人一方设计的特别制度是对投资者一方形成潜在风险的来源，相反，为投资者制定的某些特别保护制度则是对于发行人的制约。投资者保护的相关制度能够发挥的作用并不是确保投资者一定能够获得未来的收益，而是最大限度地降低潜在的投资损失风险。SEC 并不会为发行人的投资价值做出判断，发行人是否值得投资，完全取决于投资者自己的衡量。设计小额发行豁免制度的初衷是便利中小企业融资，其无法保证投资者一定能够获得投资收益。监管者只能通过制定并实施信息披露制度，尽量消除投资者与发行人之间信息不对称带来的不良影响，帮助投资者防范风险并辅助其形成投资决策。而且，适用小额发行豁免制度的企业本身就身处融资困境，并不一定具有盈利能力。因此，对于保护投资者而言，小额发行豁免制度的目标是尽量保障投资安全。对于促进资本形成而言，小额发行豁免制度的目标是将发行成本控制在合理的范围内。

第二节　确定制度的引入方式及构成

在构建小额发行豁免制度的过程中，我国需要思考如何将其引入证券立法，以及对制度构成做以必要的论证。这么做的目的在于确定适当的立法形式与内容，为后续具体的制度设计打下基础。

一、制度的引入方式

本书谈及的制度引入方式是指采取何种立法模式将小额发行豁免制度合理设置在我国的证券法律制度中。通常，立法模式是一个国家创制法律的惯常套路、基本体制和运作程式等要素所构成的有机整体。[①] 基于这样的界定，立法模式反映了一国制定法律的传统，或者习惯。同时，立法模式也受到一国法律制度的制约，尤其受到一国的立法体制制约。而立法体制是有关法的创制的权限划分所形成的制度和结构，它既包括中央和地方关于法的创制权限的划分制度和结构，也包括中央各国家机关之间及地方各国家机关之间关于法的创制权限的划分制度和结构。[②] 观察我国证券领域的立法，除了宪法性规范以外，最主要的立法是由全国人民代表大会及其常务委员会制定的法律、国务院制定的

---

① 江国华：《立法模式及其类型化研究》，http://www.wendangku.net/doc/df33a37c168884868762d635-2.html，访问日期：2022 年 6 月 28 日。

② 张文显主编《法理学》，法律出版社，2007，第 210-211 页。

行政法规及证监会制定的部门规章所组成的，地方性法规及地方性政府规章中涉及的金融事项并不多。另外，我国证券领域的立法模式也体现出一个突出特点，即由法律规定基本制度，国务院可经全国人民代表大会及其常务委员会授权或依法定职责制定相关的行政法规，证监会可以根据法律和国务院的行政法规、决定、命令，在本部门的权限范围内制定规章。部门规章规定的事项应当属于执行法律或者国务院的行政法规、决定、命令的事项。由此，我国证券立法形成了由《证券法》与大量行政法规、部门规章等组成的制度体系。

　　我国证券法律的制度体系是在遵守《立法法》关于法的制定相关条文的前提下形成的，这样的体系化安排是极富效率的。首先，对于法律尚未规定的事项，国务院在经过授权之后可以先行制定行政法规，待授权立法事项经过实践检验，制定法律的条件成熟时，再制定法律。这种安排遵循了立法适时性原则，在一定程度上可以避免出现由于法律供给不及时引发的不良后果。其次，证监会可以通过制定部门规章的方式对证券法律中的基本制度设计配套实施规则，促进基本法律制度的实施。这种安排可以避免《证券法》内部章节体例不协调，并且有利于发挥证监会在证券立法领域的专业能力。

　　综上，对于小额发行豁免制度的引入方式而言，本书建议延续我国在证券立法领域的习惯模式，将基本法律制度与配套实施规则相结合。详而言之，在《证券法》"证券发行"一章中增设小额发行豁免制度的基本条款，并且授权证监会专门制定部门规章予以配套。通过研究国外立法可知，美国、日本的小额发行注册豁免制度同样采取了这样的立法模式。SEC 经美国国会制定的证券基本法律的授权后，在制定该项制度的过程中发挥了重要的作用，自 1936 年起先后制定并出台了《条例 A》及《条例 D》。日本在《金融商品交易法》中规定了小额发行注册豁免的基本条款，并且由内阁府令对基本条款予以细化。另外，我国曾于 2019 年 4 月发布的《证券法》修订草案三审稿增加了小额发行豁免制度的条款，该条款也对立法的模式做出了安排。该草案第十一条规定："公开发行证券，有下列情形之一的，可以豁免核准、注册：……（二）通过证券公司公开发行证券，募集资金数额较小，发行人符合规定条件的。依照前款规定公开发行证券的管理办法①，由国务院证券监督管理机构制定，并报国务院批准。"该条对小额发行豁免的基本法律制度做出了规定，并且授权

---

① 国务院《规章制定程序条例（2017 年修订）》第七条：规章的名称一般称"规定"、"办法"，但不得称"条例"。

证监会制定实施办法。同样地，该草案在"公开发行"这一章对于股票发行注册制规定了基本制度，并且授权证监会制定具体的注册办法。在此种模式下，证监会制定的部门规章将与《证券法》中所规定的基本制度共同组成我国小额发行豁免制度的主要内容。

二、 制度构成及原因分析

（一）基本制度构成

结合小额发行豁免制度的特点及国外的立法实践，本书认为下列制度是小额发行豁免制度的基本构成，也是我国立法中必须加以设计的内容。具体分析如下：

第一，发行限额制度。一方面，小额发行豁免制度与常规公开发行法律制度不同，发行限额制度是前者最为核心的内容之一，体现了此项制度最突出的特征。另一方面，发行限额制度是建立小额发行豁免制度的基石，其他组成部分均围绕其展开设计，避免出现成本与收益比例失衡的情形。我国在设计小额发行豁免制度时，需要将其设置在公开发行法律制度体系中，作为一个例外性的制度安排。

第二，投融资者准入制度。一方面，投融资者是证券市场中最为重要的参与主体，是适用证券发行法律制度的核心参与者，小额发行豁免制度需要对二者加以关注。另一方面，为保证证券市场的良好秩序、保护投资者的利益，小额发行豁免制度需要对两类市场参与者的准入条件进行限定。具体而言，我国小额发行豁免制度需要通过发行人准入条件排除部分对于市场存在较大潜在风险的公司，并且设置投资者准入条件，发挥风险防范功能。在制度设计中，可以参照常规公开发行法律制度中的已有制度模式。

第三，信息披露制度。在现代证券公开发行法律制度中，信息披露制度是极其关键的组成部分。信息披露制度的核心功能在于减轻投资者与发行人之间的信息不对称，使投资者能够凭借强制信息披露制度获取帮助其做出投资价值判断的信息、防范投资风险。小额发行豁免制度同样需要通过信息披露制度达到上述目的，并且需要额外考虑如何适度简化信息披露的内容。通过梳理国外立法可知，小额发行豁免制度中的信息披露制度设计应当避免产生过度监管以及发行成本与收益比例不适当的问题。另外，在强制信息披露之外，还可以引入自愿信息披露，以提升发行人履行义务的效果。

第四，发行审核程序。依据前文分析，免除注册或核准是小额发行豁免制度的重要特征之一。但是，国外小额发行豁免制度仍然存在发行审核程序，只是各国的审核模式及审核阶段安排之间存在区别。发行审核程序是使证券发行有序、安全开展的制度安排，包括规定审核主体、发行人和投资者三方的权力（权利）与义务的规则，以及规范权力（权利）行使、义务履行的规则。在小额发行豁免制度中保留发行审核程序，可以审查提交发行申请的公司是否符合发行人资格条件、信息披露是否合规，以及投资者是否符合制度设定的市场准入条件。另外，发行审核程序可以使证券监管机构获取投融资者的相关信息，有利于监管部门及时开展监管活动，并且便于其做出对于小额发行豁免制度适用情况的分析。综上，本书认为我国小额发行豁免制度应当对发行审核程序进行特别设计。

（二）其他可引入的制度

第一，投资额度限制。小额发行豁免制度是一项公开发行制度，普通投资者是主要的市场参与主体，保护这类投资者的利益是小额发行豁免制度设计最为重要的任务之一。依据前文的分析可知，投资者在小额发行投资中面临较高的投资损失风险，投资限额制度可以给予普通投资者额外的安全保障。而且，国外立法对此已经有所实践。由此，我国的小额发行豁免制度可以考虑将其引入。目前，我国具备了投资者适当性管理的制度基础。2017 年 7 月 1 日，证监会制定的《证券期货投资者适当性管理办法》① 正式施行，该办法将投资者分为专业投资者与普通投资者，并且规定了划分两类投资者的标准。在我国小额发行豁免制度的构建中，可以依据该办法对不同类别的投资者加以区分。

第二，公开劝诱限制。公开劝诱是发行人向不特定潜在投资者就其证券进行公开宣传、推介的行为。一方面，允许公开劝诱有利于提升发行人的发行效率，促进发行成功。另一方面，证券监管机构应当对公开劝诱行为加以必要的限制，避免发行人通过此种方式实施欺诈行为。

通过梳理国外立法可知，公开劝诱限制并无统一的设计模式。本书以美国立法为例进行分析。在规则 504 中，一般情形下 SEC 禁止发行人实施公开劝诱行为。不过，SEC 对于什么是公开劝诱并未予以界定，其在《条例 D》的第 502（c）条中列举了两类被禁止的公开劝诱的行为。依据该条，除非第

---

① 《证券期货投资者适当性管理办法》第二条：向投资者销售公开或者非公开发行的证券、公开或者非公开募集的证券投资基金和股权投资基金（包括创业投资基金，以下简称基金）、公开或者非公开转让的期货及其他衍生产品，或者为投资者提供相关业务服务的，适用本办法。

230.504 节（b）（1）条另有规定，发行人或以其名义活动的人员不得以包括但不限于下述的方式以任何劝诱或者推销的方式要约发售或销售其证券：（1）任何发表在报纸、杂志或类似媒体，或电视广播上的广告、文章、通知或其他通信方式；（2）任何通过不定向劝诱或推销而邀请人员参加的研讨会或会议。[1]此外，当发行人的证券发行及销售满足某些州法的注册要求时，发行人可以实施公开劝诱，并且投资者可以进行转售。再以美国的《条例 A+》为例，该条例允许发行人"试水"，并且 SEC 对于"试水"的程序及材料的内容做出了相应的规定。可见，美国的小额发行豁免制度对发行人的公开宣传行为进行了不同程度的限制。事实上，在 SEC 设计小额发行注册豁免制度的过程中，对于禁止公开劝诱也存在反复的过程。在 1982 年规则 504 最初颁行之时，SEC 是禁止公开劝诱及转售的；在 1992 年，SEC 修改了规则，取消了对公开劝诱及转售的限制；1999 年 SEC 再次修改规则，又一次对公开劝诱及转售予以禁止。SEC 于 1999 年再次修订规则的原因是：1992 年改革之后，在场外交易市场进行的二级交易出现了许多利用规则 504 实施的欺诈行为。[2]因此，SEC 为了应对滥用规则 504 实施的发行欺诈，遂将该规则的监管框架恢复到 1992 年以前的模式，再次禁止公开劝诱及转售。SEC 的这一做法引起了争议。有学者认为，"禁止公开劝诱将会增加小企业融资的成本。从券商的角度分析，参与规则 504 下的发行不符合成本与收益的规则，他们不会从中获得太多经济收益，因此许多券商不愿意参与其中。这使得小企业依靠自身能力很难寻找到更多的潜在投资者，因为一个典型的小企业不会有一个既定的感兴趣的投资者名单，而禁止公开劝诱将加大发行的难度和成本"[3]。此外，SEC 最初于 1936 年颁行的《条例 A》中并不存在"试水"规则。直到 1992 年，SEC 发布规则254 时才允许发行人"试水"，此举意在缓解公开劝诱限制对发行人融资产生的影响。

结合对美国立法的分析，本书认为全面放开与完全禁止公开劝诱均是不可取的。既要发挥其辅助发行人融资的功能，又必须对其风险进行有效防范。未

---

[1] 中国证券监督管理委员会：《美国〈1933 年证券法〉及相关证券交易委员会规则与规章（中英文对照本）》，法律出版社，2015，第 631 页。

[2] "Revision of Rule 504 of Regulation D, the Seed Capital Exemption," SEC Gov, accessed May 16, 2022, https://www.govinfo.gov/content/pkg/FR-1999-03-08/pdf/99-5295.pdf.

[3] Bradford C. Steven, "Securities Regulation and Small Business: Rule 504 and the Case for an Unconditional Exemption," *Journal of Small and Emerging Business Law* 5, no. 1 (2001): 17.

来，我国可以考虑引入公开劝诱制度并对其进行必要的限制。我国《证券法》第九条规定："……非公开发行证券，不得采用广告、公开劝诱和变相公开方式。"依据该条款的规定，发行人在公开发行证券的过程中是可以实施公开劝诱的。在公开劝诱的限制方面，我国现有立法采取的方式有两种：一是在时间范围上加以限定（《证券发行与承销管理办法》第二十九条、《科创板首次公开发行股票承销业务规范》第十二条）；二是对内容及形式加以限制（《证券发行与承销管理办法》第三十条、第三十一条，《科创板首次公开发行股票承销业务规范》第十三条、第十四条）。与此思路相似，SEC 在《条例 A+》的规则设计中同样对发行人"试水"的时间范围、"试水"材料的内容及提交程序做出了规定。我国小额发行豁免立法可在上述现有法律制度的基础上，对发行人的公开劝诱制度进行设计。核心内容为公开劝诱的时间范围、内容及形式，以及对公开劝诱的监管程序做出必要的规定。

第三，豁免中止。豁免中止是指在发行人适用小额发行豁免制度的过程中，由于发生法定情形而导致暂时停止发行人适用该项豁免制度的机制。豁免中止是《条例 A+》中的一项制度，SEC 设定了若干触发豁免中止的情形[①]，当 SEC 有理由相信发行人已经或将要触发某项情形时，可以随时发布豁免中止的命令。在发出豁免中止的命令后，SEC 应将决定通知发行人，并且允许发行人在规定期限内申请举行听证会，对有关情况进行核实。之后，SEC 可以根据不同的结果撤销之前的命令或发布永久终止豁免的命令。结合美国《条例 A+》豁免中止的规定，本书认为，我国可以引入此项制度的原因主要包括两个方面。其一，有利于加强对发行人的监管，督促其履行相关义务或排除不适格的发行人。其二，有利于使制度更加完善，并且不会不合理地增加发行人的合规成本。本书认为，如果我国立法引入该项制度，可以考虑将其作为一项事后监管制度，即以触发豁免中止的情形发生在证券监管机构做出审核通过的决定之

[①]《条例 A+》豁免中止的情形：（1）豁免不可被适用，或条例的任何条款、条件或者要求没有被满足；（2）发行声明、任何销售或要约邀请材料存在重要事实不实陈述或重大遗漏的情形；（3）发售已经或者将要违反《1933 年证券法》第 17 条关于欺诈的规定；（4）在发行声明申报后发生的事件，该等事件若发生于申报之前将影响对豁免的适用；（5）发行人及其前身，或者发行人的关联人、发行人董事、经理、普通合伙人、持有 10%任何类别权益证券的实际持有人等相关人员存在该条例第 230.262 节所列举的违法、犯罪情况并且已经被指控，或者任何旨在禁止前述人员从事或持续从事某些特定行为或活动的法律程序已经开始；（6）发行人或者任何发起人、经理、董事或者承销商未能配合、阻碍或者拒绝同意 SEC 进行一项针对与任何依据该条例所进行或拟进行的发售有关的调查。

后为逻辑前提。在制度功能方面，可以将豁免中止与我国《证券法》第二十四条[1]发行审核决定撤销制度相结合，使之成为一项证券发行审核纠错的事后监管制度。当证券监管机构有理由认为存在触发豁免中止的情形时，可以做出豁免中止的决定，并且通知发行人及相关主体可以在规定的期限内提出听证申请，保障发行人及相关主体的申辩权。证券监管机构应当根据听证会的结果做出撤销豁免中止或终止豁免的决定。

第三节　选择适合的发行程序简化模式

与发行限额制度相同，小额发行豁免制度的发行程序也是体现该项制度核心特征的关键部分。虽然各国的发行程序模式并不统一，但是都体现出对各国常规证券公开发行程序予以简化这一特征。依据前文所述，简化发行程序的模式主要包括简化发行审核与免除发行审核两种模式，我国也应当在二者之间进行选择。在下文的讨论中，本书先对国外立法中的简化发行审核与免除发行审核模式进行比较，再结合我国的实际情况进行分析并提出建议。

一、简化审核与免除审核模式之间的比较

（一）审核程序

在简化审核模式中，发行人仍然需要事先向证券监管机构提交法定的发行申请材料，经过审核后方可正式发行证券，这种模式以美国的《条例 A+》为代表。《条例 A+》的发行生效方式与注册发行生效的方式类似，二者皆需通过 SEC 相关部门的审查。当申请适用《条例 A+》的发行声明通过审查后，SEC 的公司金融部将通过发布"资格通知"的方式宣布生效，这也与注册发

---

[1] 《证券法》第二十四条：国务院证券监督管理机构或者国务院授权的部门对已作出的证券发行注册的决定，发现不符合法定条件或者法定程序，尚未发行证券的，应当予以撤销，停止发行。已经发行尚未上市的，撤销发行注册决定，发行人应当按照发行价并加算银行同期存款利息返还证券持有人；发行人的控股股东、实际控制人以及保荐人，应当与发行人承担连带责任，但是能够证明自己没有过错的除外。股票的发行人在招股说明书等证券发行文件中隐瞒重要事实或者编造重大虚假内容，已经发行并上市的，国务院证券监督管理机构可以责令发行人回购证券，或者责令负有责任的控股股东、实际控制人买回证券。

行中的"生效通知"相似。[①] 在免除审核模式下，发行人不需要事先经过证券监管机构的审核。采用这种模式的立法以美国的规则 504 及欧盟成员国卢森堡的《卢森堡证券招股说明书法》（*Luxembourg Prospectus Law*）[②] 为代表。在规则 504 的发行程序中，发行人必须在第一笔证券销售完成之后的 15 日内向 SEC 提交一份含有表格 D 所要求的销售通知。虽然规则 504 豁免发行人的注册义务，但是仍要求发行人履行事后通知义务。依据《卢森堡证券招股说明书法》第二部分第四条规定，如果每 12 个月的发行额度不超过 800 万欧元，发行人将被免除发布招股说明书的义务。在适用此类豁免的情况下，发行人只需在实际发出要约之前通知金融业监督管理委员会（CSSF），并且不需要经过事前批准。如果发行额度为 500 万欧元以上（800 万欧元以下），发行人需要向投资者提供一份信息说明。可见，以免除审核模式为基础而设计的制度之间也存在差异。通过比较可知，简化审核模式与免除审核模式最重要的区别在于发行前审核程序的设计。简化发行审核模式的设计并未完全脱离常规公开发行的模式，其注重发挥事前监管的作用，更加有利于防范风险与保护投资者的利益。免除审核模式同样以简化发行程序为制度设计的关键，注重发挥事后监管的作用，更加有利于降低发行成本并促进资本形成。

（二）发行信息披露

在制度设计的宏观思路层面，简化审核模式与免除审核模式都试图降低对发行人信息披露的要求，并以此作为降低发行成本的主要方式。不过，在具体制度设计层面，简化审核模式与免除审核模式对信息披露的规定则无统一标准。而且，采用相同发行审核模式的国家对于信息披露的规定也存在较大的差异。本书先以简化审核模式下的《条例 A+》为例进行分析。在适用《条例 A+》的发行中，发行人需要事先向 SEC 提交一份发行声明（Offering Statement），而且须以表格 1-A 的形式填报。这一过程与注册发行中发行人提交注册登记表的过程类似，只是提交的表格格式及内容有所差异。发行声明包括三个部分的内容：第一部分是发行通知，其内容包括发行人及其拟议发行的某些基本资料，这些材料有助于确认豁免的有效性。第二部分包含发行人编制的与发行有

---

① "Amendments for Small and Additional Issues Exemptions Under the Securities Act（Regulation A）", SEC Gov, accessed May 16, 2022, https://www.sec.gov/comments/s7-11-13/s71113-74.pdf.

② 依据《第（EU）2017/1129 号条例》的要求，欧盟成员国卢森堡于 2019 年 7 月 2 日通过了《卢森堡证券招股说明书法》，该法已于 2019 年 7 月 21 日起施行。

关的主要披露文件，称为发行通知书（Offering Circular）。发行通知书的格式是注册发行中发行人需要提交的表格 S-1 的简化和缩放版本，这种设计简化了发行人准备叙述性信息披露的过程。① 发行人须在第二部分中提供财务信息披露，该披露须遵循表格 1-A 第 F/S 部分的要求。F/S 部分要求第一层级和第二层级的发行人提交上两个财政年度末的资产负债和相关财务报表。第一层级发行人无须提供经审计的财务报表，除非发行人已为其他目的编制财务报表。第三部分是发行声明的附件。发行人必须在发行声明中提交以下附件：承销协议；章程和细则；界定证券持有人权利的文书；认购协议；表决权信托协议；重大合同；收购、重组、安排、清算或继承计划；托管协议；关于合法性的意见；"试水"材料；指定诉讼服务代理人；与非公开提交有关的材料等。② 综上，《条例 A+》的发行申请材料中不包括招股说明书，并且发行申请材料相较于注册发行有所简化，体现出小额发行与注册发行在审核内容方面的差异。

再将视角转向免除审核模式下的美国规则 504 及卢森堡 500 万~800 万欧元发行额度之间的发行信息披露规定。规则 504 并未对发行人提出特殊的信息披露要求，发行人需要遵守证券发行涉及的各个州证券法律对于信息披露的要求。在联邦层面的监管上，规则 504 要求发行人在第一笔销售完成后的 15 日内，向 SEC 提交表格 D。表格 D 包括 16 个需要填写的项目，主要为：发行人身份信息、主要营业地和联系方式、相关人员、所属行业、发行人规模、联邦豁免和除外声明、备案类型、发行期限、发行的证券类型、最低投资、是否涉及企业合并交易、销售报酬、发行和销售金额、销售佣金和中介费支出及发行收益的使用。在填报的方式方面，表格 D 只需要发行人勾选表格中预设的项目，或者进行简要的填写并通过网络提交电子版。可以看出，规则 504 采用的是一种事后通知的监管方式。依据《卢森堡证券招股说明书法》第二部分第四条的规定，500~800 万欧元发行额度之间的发行信息披露至少应当包括如下内容：发行人和潜在担保人的身份、所在地和法律形式；描述发行人和潜在担保人的主要业务活动；发行人在信息说明公布之日前不超过 90 日的负债和资本水平说明书；表明可在何处咨询发行人和潜在担保人的最新年度财务报表，

---

① "Amendments for Small and Additional Issues Exemptions Under the Securities Act（Regulation A）"，SEC Gov，accessed May 25，2022，https://www.sec.gov/comments/s7-11-13/s71113-74.pdf.

② 同上。

无论财务报表是否经过审计；证券的名称、识别码、币种、总额以及适用的单位面值；证券性质和类别的描述；对证券所附权利的描述，包括任何偿还和中期付款；向公众发行的方式和理由；对担保范围和性质的描述（如适用）。另外，该条要求发行人以简要的形式公布上述信息。

通过梳理美国《条例 A+》、规则 504 及《卢森堡证券招股说明书法》对于 500 万~800 万欧元发行额度的信息披露规定，可以明确，不同制度之间在信息披露设计方面的差异较大，同样不存在统一的范本。即便在欧盟范围内，各个成员国的国内法对于小额发行豁免制度的信息披露设计也不相同。虽然各个国家在制定信息披露制度时皆以重大性标准为指导，但披露的信息种类、披露标准则会受到各国对于发行限额的高低及重大性标准的认知等因素的影响。相较而言，选择适合的发行审核程序简化模式是构建小额发行豁免制度的重要前提，制定信息披露制度则是后续环节。简化审核模式与免除审核模式并无孰优孰劣之分，采用何种模式会受到一国小额发行豁免制度设计意图达到的主要目标、证券监管体制及证券市场的发展程度等因素的影响。各国应以本国的实际情况为基础开展制度构建。

二、 我国的模式选择及理由

通过分析可知，简化审核模式与免除审核模式是小额发行豁免制度中的两种发行审核模式。对于我国而言，本书建议选择简化审核模式作为构建小额发行豁免制度的基础。理由如下：

第一，我国缺乏建立免除审核模式的制度基础，采用简化审核模式相对稳妥。一直以来，我国证券公开发行法律制度体现出审核标准单一化的特点，并无小额发行豁免制度的立法实践。因此，我国缺乏对适用此项制度的证券发行的监管经验，并且不具备针对此项制度的实施效果进行分析的市场数据。在缺乏制度先例的前提下，我国必须更加谨慎地选择制度模式。简化审核模式与免除审核模式都有关于发行人向证券监管机构提交发行材料的制度安排，这说明即便小额发行豁免制度免除了注册或核准，发行人仍然需要提交相关材料，以便开展监管。而简化审核模式与免除审核模式的区别在于提交发行材料的时间，以及证券监管机构对于发行材料的处理方式。在免除审核模式下，规则504 要求发行人在第一笔证券销售完成之后通过 EDGAR 数据系统向 SEC 提交表格 D。而我国缺乏采用这种方式的制度基础。原因是虽然规则 504 时不要求发行人在联邦层面注册，但是在发行前需要在州层面接受发行审核，这种双层证券监管体制是 SEC 制定规则 504 敢于采用免除联邦层面事前审核的前提基础。州证券监管机构有权力依据各州的证券立法对规则 504 下的证券发行进行监管，达到有效防范风险的目的。本书认为，我国采用免除审核模式的风险较大。由于我国的证券监管体制并非美国的双层监管体制，所以我国也就没有类似于美国各个州的证券监管提供的有力保障。如果我们盲目效仿规则 504 的模式构建我国的小额发行豁免制度，忽略美国各个州证券法的实质审核对没有联邦层面审核的补缺作用，就会使投资者直接面对风险。另外，依据规则 504 的规定，发行人履行发行报告义务的时间在第一笔证券销售完成之后，这实际上是一种事后报告的制度安排。如果证券监管机构不能在第一时间掌握证券发行的重要信息，即便对发行人在事后提交的发行材料进行审查，监管也是被动的。而卢森堡采用的方式为事前通知模式，证券监管机构并不对发行人进行事前审核。在这种模式下，来自市场的监督就异常重要，包括中介机构及证券交易场所对各自职责的履行。相较于免除审核模式，简化审核模式更加稳妥。发行人在发行前提交申请材料，证券监管机构可以对发行人的资格等信息进行必要的审查。这种事前报告的模式，有利于过滤风险因素。对于我国而言，多层次资本市场的形成比欧美国家晚，市场成熟度较低。在缺乏小额发行豁免监管经验的情况下，采取简化审核模式是比较适当的。此外，也正是由于我国的证券监管体制并非双层监管体制，所以在实施简化审核模式的过程中也不会产生重复审查带来的额外成本，这是美国所不具备的优势。

第二，简化审核模式也能够实现降低融资成本、提高融资效率的目的。一方面，在简化审核模式下，可以通过减轻发行人信息披露义务的方式降低发行成本。在常规公开发行中，信息披露是产生发行成本的主要来源。企业在发行申请环节需要按照证券监管机构的规定准备信息披露文件，并且需要与相关的中介机构（如律师事务所、会计师事务所、资产评估机构等）合作。中介机构利用自身的专业能力帮助发行人完成申请文件的制作、出具相关的专业意见后，发行人需要向其支付费用。在通过发行审核后，发行人在上市交易的过程中还需履行持续信息披露义务，同样会产生经济成本。在小额发行豁免制度中，证券监管机构通常为了减少发行人的经济成本而降低其履行信息披露的要求。在前文述及的国外立法中，无论是在简化审核或是免除审核模式下的制度设计中，发行人均不需要履行原本在注册发行申请阶段披露招股说明书的义务，而是履行与发行限额相匹配的信息披露义务。另一方面，立法者可以对发行程序进行简化设计，达到降低发行成本的目的。而且，立法者可以对于发行人遵守发行程序可能产生的固定经济成本进行初步的计算，之后再根据成本与收益分析方法将得出的初步成本数值与发行限额进行全面的衡量，确定规则制定的合理性。本书将通过一组数据来证明简化审核模式下的小额发行豁免制度可以有效降低发行成本，比较的对象为《条例 A+》与美国常规注册公开发行程序的发行成本数据。

表 6-1　传统 IPO 与《条例 A+》的发行费用对比（5000 万美元发行额度）①

项目	传统 IPO 发行费用	《条例 A+》发行费用
募集资金总额	5000 万美元	5000 万美元
承销费用	350 万美元	250 万美元
总收益	4650 万美元	4750 万美元
咨询费	15 万美元	7.5 万美元
SEC 注册费	5805 美元	0 美元
FINRA 备案费	5167 美元	5167 美元
上市费用	5 万美元	5 万美元
印刷费	166667 美元	41667 美元
律师费及开支	50 万美元	15 万美元
会计费用	40 万美元	10 万美元
转让代理费和登记费	8333 美元	8333 美元
路演和其他费用	83333 美元	2 万美元
公司净收益	45130695 美元	47044028 美元

表格中的数据反映出在 5000 万美元的发行额度下，除去某些固定费用之外（如 FINRA 备案费、上市费用及转让代理费和登记费），发行人适用《条例 A+》所支付的其他费用远远低于传统 IPO，并且发行人不必向 SEC 支付注册费。通过比较可知，适用《条例 A+》发行的募集资金净额高于传统 IPO，差额为 1913333 美元。所以，相较于美国的常规注册公开发行，《条例 A+》以其对于发行审核程序及发行阶段信息披露义务的简化为方法，有效地降低了发行成本。

第三，简化审核模式的劣势及应对思路。通过前文分析可知，采用简化审

---

① Paul M. Getty，Dinesh Gupta，Robert R. Kaplan. *Regulation A+ How the Jobs Act Creates Opportunities for Entrepreneurs and Investors*（New York：Springer，2015），p. 32.

核模式的劣势，或者说不利之处在于审核环节将为发行人带来一定的发行成本，尤其是时间成本。在常规公开发行中，发行审核的过程主要包括发行申请文件的受理、正式审核及做出审核决定等环节。其中，正式审核环节是为发行人带来制度适用成本最主要的根源。具体而言，正式审核环节包括审核部门对于书面材料的审核、审核部门对发行人的问询，以及发行人补充材料等。在简化审核模式的程序设计方面，其以常规公开发行审核程序为基础，通过对后者的审核流程进行简化而形成。对于我国而言，如果采用简化审核模式构建小额发行豁免制度，那么就应当采取一定的方式尽量降低审核环节为发行人带来的成本，提升效率。对此，本书认为可以常规公开发行程序原有规定为基础，从多个方面入手对审核程序加以设计。一是减少受理及审核的时间，具体包括做出受理发行申请决定的时间，以及自受理发行申请文件到做出最终审核决定的时间。二是减少审核部门对发行人的问询次数。三是由多个专业领域的人员组成固定的审核小组，分别针对发行申请文件中的法律、财务等方面的信息进行审核。而且，可以由每个小组专门负责对若干行业进行审核，通过提升审核的专业性来带动审核效率的提升。四是为发行人提供统一格式、标准的发行申请文件模板，对发行人制作发行申请文件的行为予以规范，以减少申报不合规的情形。在内容设置方面，本书建议可以参考《条例 A+》中发行人提交的表格1-A 来制定我国的发行申请文件。发行申请文件第一部分的主要内容包括发行人的基本信息、有关本次发行的摘要信息、过去一年内小额发行的情况。这部分内容不仅可以辅助审核部门初步确定发行人是否具备适用小额发行豁免制度的资格，而且投资者可以通过此部分了解发行人与本次发行的基本信息。第二部分的内容为发行人对财务及非财务信息的披露。第三部分为附件，包含签名、附件索引等。五是借助于证券监管机构的网络数据平台进行发行审核，达到降低成本及提高融资效率的作用。在这方面，美国的《条例 A+》及规则504 中的发行皆通过 EDGAR 系统进行，SEC 已经积累了多年的实践经验。目前，我国也已具备了这样的技术条件。例如，在科创板发行并上市的注册程序中，中国证监会与上海证券交易所已经建立全流程电子化审核注册系统，实现了电子化受理、审核，以及发行注册各环节的实时信息共享，并且能够满足依法向社会公开相关信息的要求。在我国小额发行豁免制度的程序设计中，完全可以通过这种方式进行发行审核。此举不仅有助于发行人及时了解审核过程，而且可以降低与申请相关的印刷成本。同时，这种方式也能够节省资格审查过程的时间，降低发行人的时间成本。

综上，本书建议我国借鉴美国《条例 A+》的简化发行审核模式，制定我国的小额发行豁免制度。实践证明，信息披露规则及发行程序皆是左右发行成本的关键因素，同时也是证券监管机构监督管理的重要抓手。在证监会制定监管规则的过程中，应当将成本收益分析贯穿始终，用来指导和检验制度设计，以确保制度具有在实践中的可适用性。

第四节　建立专门的场外交易市场

一、 小额发行场外交易市场的内部运行制度构成

结合前文对小额发行在我国现有证券交易市场流通面临障碍的分析，本书认为我国应当为小额发行豁免制度设立专门的场外交易市场。我国《证券法》第三十七条规定："公开发行的证券，应当在依法设立的证券交易所上市交易或者在国务院批准的其他全国性证券交易场所交易。"由于适用小额发行豁免制度的发行具有公开发行性质，所以依据《证券法》第三十七条的规定，小额发行对应的交易市场也应当是全国性的场外交易场所。该市场应当围绕其主要职能而设计内部运行制度，作为促进市场良好运行的基础保障。具体地，应当围绕如下基础性制度进行重点设计。

（一）市场主体准入制度

从微观的视角观察，小额发行场外交易市场最为主要的参与主体包括挂牌公司、投资者及中介机构。国内外已有制度经验表明，证券交易场所应当为三类主体设定进入市场的条件及程序，确保具有良好资质的企业、中介机构及适格的投资者进入市场，达到维护市场的稳定运行、保障各方利益的目的。

1. 挂牌公司准入

场外交易市场在多层次资本市场中的基石地位决定了其在设计挂牌公司准入制度时，既要最大限度地面向中小微企业，又要尽量遴选优质企业，防范市场风险。[1] 这意味着，小额发行场外交易市场既不可设定标准过高的挂牌条件，又要通过适当的条件确保挂牌企业的质量。

---

[1] 万国华、杨海静：《中国场外交易市场法律制度原论》，清华大学出版社，2017，第 26 页。

公司挂牌条件与发行条件不同，前者是公司申请进入证券交易市场应满足的条件，后者是发行人获得发行证券资格需要满足的条件。依据前文观点，在小额发行豁免制度的发行条件方面，我国应遵循《证券法》证券注册制公开发行条件的设计思路，即不为发行人设定硬性盈利、财务指标，而是对发行人的组织设立、持续经营能力、财务及经营合规等必要方面提出要求。在小额发行场外交易市场挂牌条件方面，本书认为可以由该市场制定硬性的、数量化的指标条件，如市值、净利润、净资产、营业收入及股本规模等。原因在于通过这些硬性的条件可以排除资质较差的公司，使投资者的资金流向真正具有发展潜力的企业。另外，规定上述硬性条件也可以使该市场的定位得以实现。

在后续对于发行人申请小额发行的制度设计中，本书将履行发行审核职责的主体设定为小额发行场外交易市场。而且，场外交易市场审核的内容既包括发行人是否符合发行条件，又包括发行人是否满足挂牌条件。本书采用此种设计的原因在于，我国注册制公开发行赋予了证券交易所享有对发行并上市申请的审核权，这也是我国证券发行制度改革的趋势。对于发行人市场准入的审核程序，本书将在后续部分予以讨论。

2. 投资者准入

小额发行豁免制度适用的企业类型为中小企业，这类企业经营相对不稳定，业绩波动大，投资者投资于这类企业具有较高的风险。因此，在小额发行场外交易市场投资者准入制度设计方面，应当对投资者设定必要的条件，以防范投资风险。

在设定投资者准入条件方面，应当对投资者的类型加以区分，并且以此为基础有针对性地设置标准。目前，我国《证券法》根据财产状况、金融资产状况、投资知识和经验、专业能力等因素将投资者划分为普通投资者和专业投资者。为了进一步细化认定专业投资者的标准，证监会专门制定了《证券期货投资者适当性管理办法》。该办法将专业投资者分为不同的类别，并且为每一类别的专业投资者制定了相应的标准。2019 年 12 月 27 日，新三板发布了最新的《全国中小企业股份转让系统投资者适当性管理办法》，该办法即以《证券法》及《证券期货投资者适当性管理办法》等法律法规为基础制定。《全国中小企业股份转让系统投资者适当性管理办法》对投资者的分类与新三板市场内部分层管理制度相配套，符合不同标准的投资者可以分别在其内部不同板块参与股票发行或交易。本书认为，为贯彻落实《证券期货投资者适当性管理办法》，小额发行场外交易市场可以借鉴新三板的经验，依据该办法等法律法规制定专门的投资者适当性制度。

在制度构建方面，小额发行场外交易市场可以结合市场特征，制定出区分专业投资者与普通投资者的标准。符合标准的专业投资者，可以参与小额发行投资。对于普通投资者能否参与小额发行投资，本书持肯定观点。依据前文，小额发行能够被豁免注册的原因之一在于不需要施以过高程度的投资者保护。因此，在制度适用方面，可以允许普通投资者与专业投资者一同参与投资。这一选择也有利于促进发行成功，便利资本形成。但是，由于中小企业经营失败的风险较高，所以应当给予普通投资者必要的保护，投资限额制度即为一个较好的选择。具体地，对于普通投资者限制单次投资的最高额度，而不限制专业投资者的投资额度。对此，本书将在后续部分详细阐述。

在投资者市场准入的审核程序方面，本书建议小额发行场外交易市场通过开展经纪业务的主办券商履行对于投资者的审核职责。主办券商应当全面了解投资者的情况，评估投资者的风险承受能力和风险识别能力，进而确定投资者的类别。另外，主办券商应当向投资者充分揭示投资风险，告知普通投资者投资限额的规定及其可以投资的额度。投资者应当配合主办券商，向其提供真实、准确、完整的自身信息材料。投资者在自身信息发生重要变化、可能影响其分类时，应当及时告知主办券商。投资者不予配合的，主办券商应当告知其后果，并且拒绝为其办理相关业务或限制其交易权限。

这里，还需要考虑一个重要问题，即主办券商向投资者了解信息并判断投资者类别时，是否应当为其设置一个"安全港"（责任排除条款），以避免主办券商由于缺乏证实投资者信息真实性的渠道等非主观过错而承担法律责任呢？对此，SEC 在制定《条例 A+》时规定发行人应先行告知投资者关于投资限额的制度，并且可以合理信赖投资者所做的有关合规的陈述，除非在向其销售证券时就已经知道投资者所做的陈述是虚假的。《条例 A+》没有规定发行人采取合理的步骤去证实投资者陈述的真伪，因为 SEC 考虑到在了解投资者个人信息时可能会遇到投资者回避个人隐私而拒绝透露的情形，并且证实个人资产或年收入也存在实际困难。SEC 认为第二层级发行中设置的其他对于投资者保护的措施（如发行人资格限制、信息披露等）已经足以产生良好的保护效果，并且这样的安排也有利于降低发行人或中介机构的成本。[①] 再将视角转向国内，依据我国《证券法》第八十八条及《证券期货投资者适当性管理办法》第三十三条的规定，投资者应当按照规定提供真实、准确、完整的相关信息。虽然这两条规定为投资者设置了提供必要信息的强制性义务，但是并不足以解决前述主办券商的免责问题。本书建议我国小额发行豁免制度可以借鉴《条例 A+》的思路，允许主办券商合理信赖投资者提供的信息并接受其委托开展证券交易业务。在投资者发生损失并产生纠纷时，主办券商应当对其履行投资者适当性管理的义务的情况予以证明。另外，我国《证券期货投资者适当性管理办法》第二十五条规定了经营机构应当通过全程录音、录像等方式对其向普通投资者的告知、警示情况予以记录。小额发行场外交易市场的主办券商制度也可以引入这一规定，将录音、录像所记载的内容作为证明主办券商合规履行义务的依据。

3. 中介机构准入

证券市场中介机构是指为证券的发行、交易提供服务的各类机构。在证券市场起中介作用的机构是证券公司和其他证券服务机构，通常把两者合称为证券中介机构。[②] 其中，证券服务机构主要包括会计师事务所、律师事务所、证券投资咨询机构、资产评估机构、资信评级机构、财务顾问机构、信息技术系统服务机构。客观上，中介机构在证券市场中发挥着重要的作用。一方面，中介机构可以为投融资双方及市场运行提供专业服务。另一方面，中介机构在维护市场秩序方面扮演关键的看门人角色。鉴于此，小额发行场外交易市场应当确保进入市场的中介机构具有良好的资质及业务能力。

在中介机构市场准入方面，小额发行场外交易市场既应当为各类中介机构制定申请进入市场的条件，又需要规定市场准入审核程序。首先，小额发行场外交易市场应当确定各类中介机构可以在市场内部开展的具体业务范围，并且以此为基础制定中介机构申请开展各种业务应当满足的条件。综合来看，小额发行场外交易市场应当重点关注如下基本方面：中介机构是否依法设立并取得从业资格、是否具备开展专门性业务的能力（专业人员、场所设施、技术、资金及业务制度等条件）、是否具备良好的风险管理与内部控制制度、是否具备

① "Amendments for Small and Additional Issues Exemptions Under the Securities Act（Regulation A）", SEC Gov, accessed June 16, 2022, https://www.sec.gov/comments/s7-11-13/s71113-74.pdf.

② 中国证券业协会编《证券市场基础知识》，中国金融出版社，2012，第 17 页。

良好的信誉和经营业绩，以及在一定期限内是否存在违法违规行为等。另外，由于各类业务皆具有自身的特殊性，所以小额发行场外交易市场在制定中介机构市场准入条件时既应当制定一般性条件，又应当有针对性地制定特别条件。其次，中介机构市场准入的审核流程主要包括如下环节。一是中介机构应当依据小额发行场外交易市场规定的文件种类提交申请文件。二是申请受理。中介机构提交文件齐备且符合要求的，审核部门受理申请。申请文件不符合要求的，中介机构应当按照要求补充完善并再次提交。三是审核申请文件。经审核，中介机构符合开展相关业务条件的，小额发行场外交易市场授予其开展业务的资格，并且由双方签订协议。签订协议后，小额发行场外交易市场对此予以公告。此外，当中介机构相关情况发生重要变更时，应当及时向小额发行场外交易市场报告，并且办理变更手续。

（二）市场交易制度

交易制度是证券市场制度体系中的核心组成部分，是使证券交易活动得以正常开展、保障市场流动性的重要基础。交易制度的重要功能在于促进价格发现，使交易达成。一般地，如果以价格形成方式的区别作为依据，那么交易制度主要可以分为三类，分别是协议定价交易制度、竞价交易制度及做市商交易制度。协议定价交易制度是指交易双方按照事先约定好的交易条款达成交易的一种交易制度。[①] 竞价交易制度也被称为指令驱动交易制度，是指按照价格优先与时间优先的原则，通过集中竞价的方式使证券买卖在价格、数量上达成一致，进而完成证券交易的制度。在竞价交易制度中，买卖双方的委托是促成交易价格形成的直接因素。做市商交易制度也被称为报价驱动交易制度，其特点是由做市商进行双向报价，由买卖双方分别与做市商交易。具体而言，在做市商交易制度中，做市商在报价后，用自有资金分别从卖方处买入证券，或者向买方出售其持有的证券，并且在其报价数量范围内按其报价履行与投资者之间的成交义务。开展做市业务的主体一般为获得做市业务资质的证券公司或其他机构。在做市商交易制度下，证券交易价格由做市商决定。

从实际操作层面观察，竞价交易利用证券交易场所的交易系统对交易双方的买卖申报进行自动撮合，最终使交易达成。这种交易制度主要适用于流动性较好的交易市场。在流动性较弱的交易市场，由于证券买卖双方不一定同时出现或者交易数量、价格不一定匹配，所以会导致竞价交易的功能发挥不畅。但

---

① 万国华、杨海静：《中国场外交易市场法律制度原论》，清华大学出版社，2017，第70页。

是，竞价交易对于投资者而言也有益处，即投资者在这种交易制度中的交易成本较低，主要成本为支付给券商为其提供服务的手续费。在做市商交易制度下，买卖双方不必等待交易对手的出现，在与做市商进行交易后即可满足自身的需求，做市商在交易市场的不断报价及交易行为可以使市场的流动性得到保障。不过，做市商交易制度也存在弊端。通常，做市商获得利润的途径是在与买卖双方的交易中，通过交易差价获得收益。做市商会将其开展做市业务的成本加入报价中，从而使得投资者负担的交易成本升高。而且，在垄断型做市商交易制度中，每种证券仅有一位做市商进行报价交易，容易使做市商在缺乏有效监管时牟取暴利，给投资者的利益带来损害。在竞争型做市商交易制度中，每种证券有多个做市商共同报价，做市商之间的竞争会使得报价更加合理，投资者的交易成本会有所降低。由此可见，每一种交易制度均具有自身的优势及劣势。

对于小额发行场外交易市场而言，应当结合自身的特点，选择建立适合的交易制度。相对于场内交易市场，场外交易市场的流动性较弱。在建立交易制度的过程中，场外交易市场需要考虑提升市场的流动性，保障市场交易的活跃程度。客观上，单一的交易制度很难保证场外交易市场的流动性，需要将多种交易制度相结合，发挥合力。本书认为，混合型的交易制度较为适合小额发行场外交易市场。不同交易制度既可以发挥各自的作用，又可以弥补其他制度的不足。而且，多样化的交易制度既可以对做市商起到制约作用，也可以为投资者带来更多的选择。在具体制度设计层面，小额发行场外交易市场可以建立混合型做市商交易制度，将竞价交易与做市商交易相结合，发挥二者的优势。实践表明，混合型做市商交易制度有利于价格发现，使交易的及时性增强，并且提升市场的流动性。与此同时，混合型做市商交易制度也有利于控制价格波动，以及降低投资者的交易成本。在做市商报价方面，应当采用竞争型做市商模式，同一证券需要由多个做市商共同参与报价，避免垄断型做市商模式产生的隐患。在监管方面，小额发行场外交易市场还需要通过建立专门性制度加强对做市商市场准入、日常业务开展方面予以规制。确保具有合法资质的做市商进入市场，为市场交易提供合规、优质的服务。

另外，小额发行场外交易市场还应当制定具体的交易规则，将各项交易制度予以固定并细化，使其具有可操作性。在交易规则中，还应当引入交易异常情况处理机制、交易纠纷解决机制、交易费用制度等，使交易规则的内容更加全面，并使市场交易监管制度更加完善。

（三）挂牌公司监管制度

公司申请进入小额发行场外交易市场后，还需要接受市场的日常监管。加强对于挂牌公司的管理有利于维护市场的运行秩序、保护投资者利益，也有利于为交易所市场提供良好的后备力量。具体而言，小额发行场外交易市场应当重点对挂牌公司的信息披露、公司治理等方面进行监管。

首先，信息披露。一般地，如果以信息披露的阶段为依据，那么可以将其分为发行信息披露与持续信息披露。发行信息披露是指发行人在申请发行阶段向审核部门及社会公开信息；而持续信息披露是指发行人在获得证券发行资格并进入证券交易市场后进行的信息披露，其是企业在进入交易阶段而开展的。进一步地，持续信息披露的形式又可以分为年度报告、半年度报告、季度报告及临时报告，并且持续信息披露的监管主体主要为相应的证券交易市场。客观上，为上市（挂牌）公司设定持续信息披露义务，有利于证券监管机构、证券交易市场及投资者及时掌握上市（挂牌）公司的重要信息，以便做出监管及投资决策。

在小额发行豁免制度的设计中，立法者为降低发行成本，特别简化了发行信息披露。而在持续信息披露方面，则存在不同的设计，前文述及的美国《条例 A+》即为一个典型的例证。该条例规定第一层级（每 12 个月不超过 2000万美元）的发行人只需履行发行信息披露义务，第二层级（每 12 个月不超过7500 万美元）的发行人需要同时履行发行信息披露及持续信息披露义务。在持续信息披露义务方面，第二层级的发行人需要提交年度报告、半年度报告及临时报告。SEC 认为，由于第二层级的最高发行限额较大，发行蕴含的风险也相对加大，所以发行人应当履行更重的信息披露义务。可见，SEC 将信息披露的繁简程度与风险大小相挂钩，体现了比例原则的精神。对于我国而言，为小额发行人设定发行信息披露义务是必然之选，而是否为小额发行人设计持续信息披露义务还需加以衡量。具体地，我国应当将成本收益分析的结论作为依据来指导最终的制度设计，避免持续信息披露带来过高的成本。当然，我国还需要对法定发行限额下的发行所蕴含的风险加以综合考虑、权衡利弊。如果我国为挂牌公司设定了持续信息披露义务，那么小额发行场外交易市场应当依据规定对挂牌公司及其他信息披露义务人履行义务的合规性进行监督。主办券商应当对挂牌公司的信息披露进行审查，履行督导职责。当挂牌公司信息披露行为违规时，小额发行场外交易市场可以依据自律监管规则对其采取必要的监管措施或给予相应的处分。当挂牌公司的信息披露反映出公司经营状况出现重大问题时，小额发行场外交易市场应当向市场做出风险警示，并且将该情况在市场内部予以公告。

其次，公司治理。小额发行场外交易市场对于公司治理的监管是一种外部监管，能够对挂牌公司的运营活动起到必要的监督作用。实际上，挂牌公司在进入小额场外交易市场之前就已经建立了公司治理制度，部分内容在其公司章程中有所记载。小额发行场外交易市场的监管不仅有利于促进挂牌公司不断完善其公司治理制度并严格遵照执行，而且有利于保护各方的利益，尤其是中小股东的利益。

在制度设计方面，小额场外交易市场可以重点在如下方面对挂牌公司提出要求：一是依法制定公司章程并对外披露；二是建立合理的公司治理结构，明确各组织机构的职责并制定具有可操作性的内部决策规则；三是挂牌公司的公司治理结构应当能够保障股东的正当权利，如知情权、参与权、质询权及表决权；四是保障挂牌公司的独立性，公司的控股股东、实际控制人及其控制的其他企业应当与挂牌公司在人员、资产、财务方面相互分开，各自独立承担责任和风险，以此维护挂牌公司及其他股东的合法权益；五是挂牌公司应当严格依据法律、行政法规、证监会的规定及公司章程实施关联交易、并购重组、对外担保、收购及重大资产重组活动，维护公司及其股东的合法权益；六是挂牌公司应当定期针对其公司治理制度的合理性进行讨论，并且不断加以完善。

另外，小额发行场外交易市场还可以为挂牌公司治理制定业务规则及相应的指引，以便更好地引导挂牌公司完善公司治理。

再次，挂牌公司监管的其他方面。国内外制度经验表明，证券交易市场对于上市（挂牌）公司的监管具有全面性的特点，即从多个方面建立对上市（挂牌）公司的监管制度，通过规范其运营行为达到防范风险、维护各方利益的目的。小额发行场外交易市场对挂牌公司的监管同样需要遵循这一思路，除了信息披露、公司治理监管外，还应当对与投资者利益及市场秩序具有重要关联的多个方面进行持续性监管。具体地，一是对挂牌公司控股股东和实际控制人的行为进行规范，避免侵害公司及其他股东的利益；二是对挂牌公司的募集资金管理制度提出宏观要求，促进制度的完善；三是对挂牌公司的内部控制与风险管理制度的建立、实施予以监管；四是促进挂牌公司建立投资者关系管理制度，加强投资者与公司的沟通；五是对挂牌公司的股份减持、回购制度加以规范。

在对挂牌公司持续监管的过程中，小额发行场外交易市场还需注重发挥主办券商的督导作用，以及督促其他中介机构（律师事务所、会计师事务所等）依据法律法规履行职责。另外，小额发行场外交易市场可以建立失信约束机制，对被市场实施自律监管措施、纪律处分，或者被其他职能部门实施行政处罚、行政监管的挂牌公司，其相关信息将被记入诚信档案，并且将档案信息在有关部门之间共享，以提升失信约束机制对市场的影响力。

（四）主办券商及其他证券服务机构监管制度

第一，主办券商监管制度。主办券商是指在小额发行场外交易市场从事推荐业务、经纪业务、做市业务等其他业务的证券公司。从正面角度观察，主办券商的业务范围广泛且关联的市场主体较多，其对于小额发行场外交易市场的运转具有重要的影响。从反面角度观察，主办券商在开展各类业务的过程中也存在大量的实施违法违规行为的操作空间。鉴于此，小额发行场外交易市场应当制定完善的主办券商监管制度并严格执行。在制度构建方面，除了前文述及的市场准入制度外，小额发行场外交易市场还应当建立主办券商业务管理制度，以规范其业务开展行为。一方面，小额发行场外交易市场需要明确主办券商开展各项业务均应遵守的一般性规定。具体而言，主办券商应当在内部风险控制与管理、挂牌公司尽职调查、业务信息保密义务履行、人员管理及培训、配合交易市场工作，以及业务系统建设与安全运行管理制度等方面遵守小额发行场外交易市场做出的规定。另一方面，小额发行场外交易市场应当根据推荐业务、经纪业务及做市业务各自的特点及业务开展需要，为主办券商分别做出专门性规定。推荐业务方面，应当重点针对主办券商推荐挂牌、履行持续督导职责，以及禁止性行为等内容做出规定；经纪业务方面，应当重点针对主办券商代理投资者买卖挂牌公司证券、建立健全投资者适当性管理制度、交易监督、账户管理、业务数据保存，以及禁止性行为等内容做出规定；做市业务方面，应当重点针对做市资金管理制度、做市业务规模监控和调整机制、内部报告制度、动态风险监控机制、业务数据保存，以及禁止性行为等内容进行规定。此外，小额发行场外交易市场还可以建立主办券商信息报告制度及执业质量评价制度。在信息报告制度方面，可以为主办券商设定常规信息报告与突发性信息报告义务。此举有利于小额发行场外交易市场及时掌握主办券商的历史运营信息，并且有利于交易市场及时应对主办券商一方的突发状况。在主办券商执业质量评价制度方面，小额发行场外交易市场可以设置评价标准及规则，以便更好地促进主办券商合规执业并不断提升服务市场的能力。

第二，其他证券服务机构监管制度。依据前文，证券市场中的证券服务机构包括会计师事务所、律师事务所、证券投资咨询机构、资产评估机构、资信评级机构、财务顾问机构、信息技术系统服务机构。小额发行场外交易市场在针对这些机构设计监管制度时，应当以《证券法》中关于证券服务机构的相关规定为基础性依据，进而可以做出细化的监管规则。通过立法梳理可知，《证券法》较为宏观地对证券服务机构的种类、资质取得方式、执业基本原则及一般性要求做出了规定。由此，《证券法》也为证券交易市场制定更为细化的证券服务机构监管制度留下了空间。小额发行场外交易市场可以结合各个证券服务机构的业务特点分别制定监管规则，主要内容应围绕机构的业务范围与具体的业务开展规则等展开设计。以律师事务所监管为例，既需要对律师事务所及其工作人员提出基本的执业要求，又需要对其核查和验证、制作和出具法律意见书等具体业务制定详细的规则。

（五）自律监管措施与纪律处分制度

小额发行场外交易市场享有对市场实施自律监管的权力，可以在特定情形下对申请挂牌公司、挂牌公司、证券公司、会计师事务所、律师事务所、其他证券服务机构及其相关人员、投资者等主体采取自律监管措施，或者给予其纪律处分。小额发行场外交易市场在职权范围内对违规的监管对象采取自律监管措施或给予纪律处分，有利于维护市场秩序并可以保护相关市场参与主体的合法权益。在建立小额发行场外交易市场的过程中，应当制定专门的自律监管措施与纪律处分制度。在制度内容方面，可以重点围绕监管措施与纪律处分实施的基本原则、实施主体及其权力、监管对象类别及其权利义务、自律监管措施的种类及实施程序、纪律处分的种类及实施程序、监管对象申请复核的程序及特别制度等方面进行设计。

（六）市场退出制度

小额发行场外交易市场退出是指挂牌公司因特定原因失去在该市场挂牌交易的资格，小额发行场外交易市场退出制度则是规范挂牌公司市场退出活动相关规则的总和。客观上，市场退出制度是维护证券交易市场秩序、促进资本市场良性发展的重要制度安排，各个市场板块均应当予以关注并加以构建。小额发行场外交易市场在构建此项制度中，应当重点在两个方面进行设计：一是明确市场退出的情形及标准；二是构建市场退出的程序。

　　首先，明确市场退出的情形及标准。小额发行场外交易市场挂牌公司的退出在整体上分为两类：自愿退出与强制退出。自愿退出是指挂牌公司基于主动的意愿，向交易市场提出退出申请。挂牌公司自愿退出的具体情形主要包括转入更高层次的交易所市场板块，或者挂牌公司因协议解散、合并、分立而失去独立的法人资格并被注销等原因主动申请终止挂牌。与自愿退出相对，强制退出是指交易市场一方基于特定原因剥夺公司的挂牌资格。触发强制退出的情形较为多样，均为足以导致公司不再符合挂牌条件的情形，如重大违法违规等。相应地，两类市场退出模式所具有的意义体现为：一是通过强制退出制度淘汰部分挂牌公司，起到惩戒违法违规企业的作用，同时使资本尽可能地流向优质企业，维护投资者的利益；二是允许挂牌公司自愿退出，有利于企业自主决定自身发展的意愿；三是激励挂牌公司完善经营、管理能力。

　　在小额发行场外交易市场两大类市场退出中，强制退出是最为复杂的，触发强制退出的情形最为多样化。由此，小额发行场外交易市场既应当细化触发强制退出的事由，又需要为各项事由制定达到强制退出市场后果的具体标准。唯有如此，方能保证强制退出制度具有良好的可操作性。以新三板强制退出制度为例，《全国中小企业股份转让系统业务规则（试行）》与《全国中小企业股份转让系统挂牌公司股票终止挂牌实施细则》（以下简称《终止挂牌实施细则》）规定了触发强制终止挂牌的具体情形，包括未能披露定期报告、信息披露不可信、重大违法、欺诈挂牌、多次违法违规、持续经营能力存疑、公司治理不健全、无主办券商督导，被依法强制解散、被法院宣告破产等。在此基础上，新三板为上述某些情形设置了具体的标准。例如，在信息披露不可信方面，《终止挂牌实施细则》规定的标准为最近两个年度的财务会计报告均被注册会计师出具否定或者无法表示意见的审计报告；在公司治理不健全方面，《终止挂牌实施细则》规定的标准为不能依法召开股东大会、股东大会无法形成有效决议，或者挂牌公司已经失去信息披露联系渠道、拒不披露应当披露的重大信息或严重扰乱信息披露秩序等，被主办券商出具公司治理机制不健全或者信息披露存在重大缺陷的专项意见，且六个月后主办券商经核查出具专项意见，认为该情形仍未消除。除新三板对于挂牌公司市场退出制度予以规定之外，我国的证券交易所市场、区域性股权市场均有关于市场退出的规定，并且明确了各种市场退出的情形及标准。通过比较可知，我国上市公司强制退出的情形与场外交易市场的规定既有重合部分，又有各自特有的内容。两类市场在强制退出情形规定方面的差异反映了两类市场中企业特征之间的差别，以及由此引发的市场监管关注面之间的区别。对于小额发行场外交易市场而言，其他各个市场板块已有的关于上市（挂牌）公司强制退出的制度可以为其提供可资借鉴的经验。在触发强制退出的情形方面，小额发行场外交易市场应当结合非上市中小企业的特点，关注挂牌公司的持续经营能力及经营合规性，针对履行义务合规、公司治理、重大违法行为及持续经营能力等方面做出规定。另外，被法院宣告破产与被依法强制解散两种基本情形也应当予以纳入。在强制退出各项情形的判断标准方面，应当能够反映出各种情形的严重程度，即足以导致挂牌企业不适宜继续挂牌。在标准的制定方面，还应当以小额发行场外交易市场持续挂牌的标准为基础性依据，设置定量与定性标准相结合的体系。

其次，构建市场退出的程序。小额发行场外交易市场退出程序与触发市场退出情形相匹配，两种市场退出情形均有各自的程序。

在自愿退出的程序方面，其主要环节包括：一是挂牌公司事先做出市场退出的内部决议并向市场提出申请；二是小额发行场外交易市场对于市场退出申请的受理与审核；三是小额发行场外交易市场做出同意市场退出的决定；四是市场退出的决定生效。在自愿退出的过程中，小额发行场外交易市场还应当注重对挂牌公司信息披露的监管。这一阶段信息披露分为两个时间节点：一是挂牌公司做出市场退出决议后；二是小额发行场外交易市场所做的同意市场退出决定生效后。前者的作用在于给予市场及时的风险提示，保障利益相关者（投资者、做市商等）的权利，其主要内容包括申请退出的公司就市场退出做出的内部决议、市场退出的原因及初步的相关安排等；后者的作用在于将市场退出决定生效后的最终相关信息予以公开，便于利益相关者进一步采取措施维护自身权利，主要内容包括决定生效的日期、内容、对投资者等相关主体的保护措施及公司退出市场后对其证券的管理方式等。除信息披露监管外，小额发行场外交易市场还应对挂牌公司为投资者等有关主体所做安排方案进行审核。此举的目的在于保护相关主体的权益，审核应当以方案的合法性与合理性为重点。当挂牌公司提交市场退出申请后又申请撤回市场退出申请的，应当在撤回市场退出事项经内部审议通过后的规定期限内，向小额发行场外交易市场提交撤回市场退出申请的相关文件。在自愿退出中，还存在挂牌公司申请进入交易所市场板块上市的情形，即挂牌公司申请转板上市。关于此种情形，本书将在后续部分予以探讨。

在强制退出的程序方面，启动市场退出程序的主体是小额发行场外交易市场。当交易市场确定挂牌公司具有触发强制退出的情形时，应当在规定期限内做出该公司是否退出市场的决定。在这一过程中，被启动市场退出程序的挂牌公司应当在出现触发强制退出情形后的规定时间节点，对其可能被强制市场退出的信息进行披露，提前给予市场风险提示。同时，小额发行场外交易市场在确定挂牌公司具有触发强制退出的情形并决定启动强制市场退出程序后，应当及时通知该公司。在做出最终决定后，该公司应当向市场披露决定的相关内容，主要包括决定生效的日期、内容、市场退出后对利益相关者的安排及对其证券的管理方式等。当证监会撤销对挂牌公司做出的重大违法决定，公安机关决定不予立案或者撤销案件，人民检察院不予起诉，人民法院做出无罪判决或者免予刑事处罚时，小额发行场外交易市场应当恢复挂牌公司的证券交易。另外，本书建议为被强制退出的公司设定申诉权。在挂牌公司收到交易市场启动强制退出决定通知后，允许公司向交易市场提起申诉。申诉成功的，公司可以继续挂牌；反之，则由小额发行场外交易市场对其执行强制退出程序。除申诉权外，小额发行场外交易市场还可以考虑为挂牌公司设置一个整改期，使其通过整改重新达到继续挂牌的标准。设置整改期需要具备必要的前提，即触发强制退出的情形具有通过整改重新达到持续挂牌标准的可能性，如某些定量标准。而当挂牌公司触发的强制退出情形无法通过整改达标时，则不可给予其整改期。

二、　小额发行场外与场内交易市场的衔接机制——转板制度

场外交易市场与场内交易市场之间并非互不往来，二者之间存在紧密的关联。通常，场外交易市场发挥着承上启下的作用，既接纳退市的公司，也为场内交易市场不断地输送新鲜血液。中小企业在场外交易市场挂牌一段时期后，随着其自身发展状况的变化，会出现因不同原因退出市场的情形。其中，某些挂牌公司在不断经营壮大后具备上市的条件，并且产生进入更高层次资本市场发展的意愿，即进入场内交易市场。在这种情形下，挂牌公司需要通过转板制度从场外交易市场退出并申请在交易所市场上市。建立转板制度有利于解决场外与场内市场的衔接问题，加强两类市场之间的联系，解决企业转板上市交易不畅的问题。

客观地分析，适用小额发行豁免制度融资的中小企业也存在转板上市的可能性，需要转板制度作为支撑其发展的一项制度保障。因此，在为小额发行豁免制度建立专门性的场外交易市场时，应当考虑建立这项制度。在设计转板制度的过程中，需要重点解决如下几个方面的问题。

（一）转入的交易所板块

建立转板制度时，需要考虑使转板企业能够平稳地过渡，避免为证券交易市场带来过多的不稳定因素。目前，我国的场内交易市场内部分为多个层次，进入主板市场的条件最高。通常，小额发行场外交易市场内部的中小企业未曾进入交易所市场，而且其经营是否稳定需要经过一段时间才能够得到检验。为确保市场运行平稳，最佳的制度设计策略是采取逐级升板模式，转板企业最先进入的市场应当是与其原先所处市场层次最为接近的交易所市场。鉴于此，本书不建议选择主板市场作为衔接板块，而将上海证券交易所的科创板、深圳证券交易所的创业板及北京证券交易所作为转板制度中的交易所板块。当某企业选择转板时，可以由该企业在两个板块之间自主选择并提出申请。另外，本书认为新三板不是转入市场板块的选择。原因在于，适用小额发行豁免制度的公司与新三板市场内部的公司层次相重合，皆为中小企业且都不满足上市的条件，转入新三板并无实际意义。而且，据前文观点可知，新三板市场也并不适于小额发行豁免制度下证券的流通。与此同时，新三板内部设置了特殊的证券发行制度且不适宜作为小额发行豁免制度的构建基础。

（二）转板上市的条件

在小额发行场外交易市场中挂牌的企业若要转板上市，需要满足一定的条件。首先，挂牌公司需要满足在科创板、创业板或北京证券交易所的上市条件。其次，挂牌公司需要满足在场外交易市场挂牌最短年限的要求。本书认为提出这一要求的目的在于确保企业具有稳定的持续经营能力，避免给市场带来过大的风险。同样地，本书建议为小额发行场外交易市场中的转板企业设置一个最低的挂牌年限，符合条件的方可提出转板申请。

（三）转板上市的审核程序

对于企业提出转板上市申请的审核，本书建议由上海证券交易所、深圳证券交易所及北京证券交易所分别履行这项职责。转板上市审核与发行审核不同，其不涉及证券发行，无须经过注册或核准审核，仅需交易所对应各自的上市条件审核并做出决定即可。在程序设计方面，一是由申请上市的企业通过内部决策程序做出决策后提出申请；二是由交易所审核并做出是否同意上市的决定；三是企业在小额发行场外交易市场终止挂牌并在科创板、创业板或者北京证券交易所上市交易。

（四）转板上市保荐

遵循我国关于证券公开发行并上市的相关规定，企业提出转板上市申请的，应当聘请证券公司担任保荐人。

在转板制度运行的过程中，应当加强对于诸多环节的监管，防范可能出现的各类风险。具体地，应当重点监管的方面包括：交易所的转板审核工作、小额发行场外交易市场对于挂牌公司的日常管理环节、中介机构的履职行为等。对于转板上市过程中出现的违法违规行为，证监会有权依法依规查处，上海证券交易所、深圳证券交易所、北京证券交易所及小额发行场外交易市场等应当及时采取相应的自律管理措施。另外，需要说明的是，转板上市制度仅针对股票达到上市条件的情形。在小额发行豁免制度中，能够适用的证券类型是多样化的，不止于股票。若挂牌企业为有限责任公司，其在申请转板上市之前需要完成转制，并且满足已公开发行股票及达到持续挂牌最低年限的条件。

第五节　引入证券小额发行豁免法律制度对《证券法》的影响

作为一项特殊的安排，小额发行豁免制度的引入将对我国《证券法》产生多个方面的影响。具体地，这些影响既表现为对证券发行法律制度进一步完善的积极推动作用，又表现为促使《证券法》对已有相关制度做出相匹配的调整。

一、丰富证券发行法律制度体系

从应然的角度分析，证券发行法律制度体系是一个多样化的、具有包容性的体系，原因在于证券市场中的投融资主体及其需求皆是多元的。因此，证券发行法律制度体系应当由具备不同功能的多项制度共同组成，而且是具有不断向前发展可能性的。它既应包括常规性的制度，又应涵盖例外性的安排，这一点已经在国外证券立法实践中得到充分实践。对于我国而言，小额发行豁免制度是一项新生事物，将其纳入我国证券发行法律制度体系中将产生积极的正向作用。

（一）弥补我国证券发行制度体系的缺失

一直以来，我国在证券公开发行法律制度中没有建立小额发行豁免制度，而美国、欧盟及日本等发达经济体早已在各自的证券法律制度中确立了该项制度。其中，美国小额发行豁免制度的代表性立法《条例A》早在1936年就已经颁行。这一制度与一国证券市场法治建设的发展程度有着密切的关联。我国真正意义上的、较为规范的证券市场建立起步较晚。1990年，沪深两大证交所的相继建立标志着我国有了正规的、集中交易的证券市场。与之相伴，一些专业的证券公司、行业自律组织也逐步成立。在1990年之前，我国在规范证券发行及交易方面的立法工作也处在初始阶段。1984年8月10日，上海市政府批准了中国改革开放以来第一个有关股票发行的地方政府规章《关于发行股票的暂行管理办法》。1987年3月28日，国务院发布了《关于加强股票、债券管理的通知》。1993年4月22日，国务院公布了《股票发行与交易管理暂行条例》，该条例正式确立了我国股票发行审批制。1993年12月29日，《中华人民共和国公司法》（以下简称《公司法》）颁布，并于1994年7月1日实施。1998年12月29日，第九届全国人大常委会第六次会议审议通过了《中华人民共和国证券法》，该法于1999年7月1日实施，这是我国第一部真正意义上的系统规范证券市场的法律。在这一时期，我国的证券立法刚刚具有了雏形，证券市场的发展也以夯实行业基础、严格监管市场主体行为、防范金融风险为主调，国家干预的色彩较重。对于我国而言，在这样一个历史阶段，建立小额发行豁免制度不具有现实的制度基础。通过文献综述可知，我国学者早前针对证券发行豁免制度的研究更多地集中在私募发行豁免法律制度上，这也与我国当时的证券市场关注点相关。在相当长的一段时间里，我国私募发行领域没有形成完善的制度体系，但在市场实践中却存在大量的具有私募性质的融资行为。因此，有学者指出："我国现行的证券私募处于事实性与规范性、事实性与有效性之间。"[1] 从一开始我国私募发行集中在私募基金上，到目前逐步扩大到股票、债券等各种私募发行产品……建立健全私募产品发行监管制度，切实强化事中事后监管。建立促进经营机构规范开展私募业务的风险控制和自律管理制度安排，以及各类私募产品的统一监测系统[2]，说明一项制度的

---

① 张旭娟：《中国证券私募发行法律制度研究》，法律出版社，2006，第97页。

② 《国务院关于进一步促进资本市场健康发展的若干意见》，http://www.gov.cn/zhengce/content/2014-05/09/content_8798.htm，访问日期：2022年8月1日。

建立与完善要有一个循序渐进的过程。我国《证券法》自 1999 年实施以来，已经先后经历了 5 次修改。历次修改都紧紧围绕证券市场中亟待解决的问题而展开，促进该法与证券市场的发展相适应。如上文所述，在我国最新的《证券法》出台之前，小额发行豁免制度最早在 2015 年 4 月 20 日提交全国人民代表大会常务委员会审议的第一审修订草案中被引入"证券发行"这一章当中。这说明我国已经意识到这项制度对于解决我国中小企业融资困难的意义，也反映出国外立法的长期实践证明了构建这项制度是切实可行的。在我国建立、完善多层次资本市场的进程不断向前推进的背景下，丰富证券发行法律制度的重要作用日益突显出来。同时，我国证券市场监管者的监管理念也随着我国经济的飞速发展、资本市场的逐步形成与壮大不断更新，这也为我国接受新制度提供了契机。因此，在这一阶段提出建立我国小额发行豁免制度是符合一般认知规律的。建立小额发行豁免制度是对国外立法的有益借鉴，可以使我国证券公开发行法律制度更加完整。另外，我国证券发行审核制度从审批制向核准制转变，再到如今的股票公开发行注册制也体现了从计划经济向市场经济转型的时代特征。在股票公开发行注册制先行试点的基础上，我国的发行审核制度也将逐渐转变，这也为我国构建小额发行豁免制度提出了更多需要思考的问题。

（二）为股权众筹监管立法提供制度基础

股权众筹在我国发迹于金融市场，被我国金融监管部门界定为互联网金融的一种业态。该融资模式于 2014 年在我国开始快速发展，但始终处于一种市场自发、缺乏法律监管的状态。股权众筹是面向不特定对象公开发行证券的一种形式，其本质也是一种证券小额发行。依据我国《证券法》的规定，公开发行证券需要事先通过注册程序的审核。若要求股权众筹融资也以通过注册审核为前提，则其所具有的低成本融资优势将荡然无存。因此，股权众筹若想在我国的证券法律环境中合法地生存下来，就必须为其建立特别的发行豁免制度。否则，发行人很可能会因为违反证券监管法律制度而受到行政处罚，甚至触犯《中华人民共和国刑法》。基于上述原因，我国股权众筹平台的经营者为了不违反《证券法》对于公开发行的限制，采取规避《证券法》中证券公开发行制度的方式，将股权众筹操作成非公开的融资模式，这也使得股权众筹在那段时期偏离了其应有的公开发行性质。2014 年 12 月 18 日，中国证券业协会公布了《私募股权众筹融资管理办法（试行）（征求意见稿）》（以下简称《办法》）。中国证券业协会在该《办法》的起草说明中解释确立股权众筹非公开发行的性质也是缘于《证券法》的限制。[1]。随着后期互联网金融领域中的另一业态 P2P 频频出现违法犯罪现象，我国金融监管部门长期的观望态度有所转变。不仅积极整治互联网金融领域的乱象，而且出台多个文件对互联网金融各种业态的内涵加以界定，确立了相对应的监管部门。[2] 但到 2023 年 7 月底为止，股权众筹监管规则仍未出台。从法源上说，众筹制度是小额发行豁免制度下的特殊制度，两者存在适用竞合[3]，股权众筹与小额发行豁免制度也同属于证券公开发行法律制度体系，前者是小额发行豁免制度下的一种特殊形式。股权众筹发端于互联网，投融资双方利用互联网的便利开展投融资活动，发行人因此节省了大量的成本。通过研究国外立法可知，各国均是在立法中先确立小额发行豁免制度，进而为股权众筹制定新的特别豁免规则，后者以前者为基础而构建。当然，股权众筹是近年来才发展起来的一种金融业态，股权众筹监管立法以小额发行豁免制度为基础也符合事物发展的规律。

通过追踪我国《证券法》的修法历程可知，最新颁行的《证券法》取消了曾被修订草案引入的小额发行豁免制度及股权众筹条款。该举措意味着我国证券立法尚未做好迎接两项新制度的准备，依然在等待成熟时机的到来。

二、 促使《证券法》 调适已有相关制度

小额发行豁免制度归属于证券公开发行法律制度体系，其制度设计以常规公开发行制度为依据。在《证券法》中增设小额发行豁免制度，将会引起该法中与常规公开发行相关的制度产生变化，主要包括对发行审核、信息披露、证券交易场所及投资者保护制度进行相应的调整。虽然小额发行豁免制度的基本制度条款及具体实施规则并非全部由《证券法》予以规定，但其也归属于《证券法》的体系。该配套规则的建立实则是该法为小额发行豁免制度所做调

[1] 关于《私募股权众筹融资管理办法（试行）（征求意见稿）》的起草说明，http://www.sohu.com/a/289509900_1000099532 日，访问日期：2022 年 8 月 15 日

[2] 2015 年 7 月 18 日，中国人民银行等十部委联合发布了《关于促进互联网金融健康发展的指导意见》。该文件首次界定了股权众筹的含义，并确立了由证监会负责监管。2015 年 8 月 3 日，证监会向各监管局发布了《关于对通过互联网开展股权融资活动的机构进行专项检查的通知》。该通知指出，市场上的股权众筹不属于《意见》规定的股权众筹融资范围。后来，中国证券业协会于 2015 年 8 月 10 日发布关于调整《场外证券业务备案管理办法》个别条款的通知，指出根据中国证监会《通知》精神，将《场外证券业务备案管理办法》第二条第（十）项"私募股权众筹"修改为"互联网非公开股权融资"。

[3] 何晓楠：《聚焦 2015 年美国小额发行最新规则》，《银行家》2015 年第 8 期。

适的具体表现。

（一）发行审核制度

在常规公开发行法律制度中，注册或核准是发行人获得公开发行证券资格之前的必经审核程序。与之相反，小额发行豁免制度的一大特色即为豁免注册或豁免核准。在我国《证券法》中引入小额发行豁免制度，需要在免于注册的基础上，思考如何确定发行人是否具备适用小额发行豁免制度的资格。依据本书主张，我国小额发行豁免制度以简化审核模式为基础建立。鉴于此，设计小额发行简化审核制度的核心问题主要包括：审核主体的选择、审核的内容及审核的程序。针对这些问题，既应注重降低发行成本、提升审核效率，又应注重通过经过简化的审核程序有效过滤掉不符合资格的申请发行企业，以此环节实现事前监管的目标，保护投资者的利益。

（二）信息披露

在小额发行豁免制度的构建中，发行人信息披露义务的设定是极其关键的部分。立法者设计规则既需要在信息披露的成本与融资收益间寻求平衡，又要能够起到有效保护投资者的作用。因此，有学者认为在小额发行豁免制度中包含了促进性要素和保护性要素，前者在系统中发挥放松管制、促进资本形成的功能，后者在系统中主要承担投资者保护的角色。[①] 国外立法经验显示，小额发行信息披露的设计与发行的额度大小、风险程度相匹配，其以常规公开发行信息披露为基础进行适度简化。

在非发行豁免制度信息披露监管方面，我国证监会于近年的规则制定实践中曾有过精简信息披露设计的尝试。例如，《公开发行证券的公司信息披露内容与格式准则第 2 号——年度报告的内容与格式》（以下简称《年报准则》）、《公开发行证券的公司信息披露内容与格式准则第 3 号——半年度报告的内容与格式》（以下简称《半年度报告准则》）、《公开发行证券的公司信息披露编报规则第 13 号——季度报告内容与格式特别规定》（以下简称《季度报告准则》）及《公开募集证券投资基金信息披露管理办法》（以下简称《管理办法》）皆是在简化信息披露理念下出台的。以《年报准则》为例，证监会简化信息披露的方式主要包括：一是大幅缩减年报摘要篇幅，降低信息披露成本，摘要披露篇幅原则上不超过报纸的四分之一版面；二是简化年报全文披露

[①] 刘宏光：《小额发行注册豁免制度研究——美国后 JOBS 法案时代的经验与启示》，《政治与法律》2016 第 11 期。

内容，强化投资者关心事项的披露，简化了财务指标，仅保留了 8 项内容；三是以体现公司投资价值为导向，增加了非财务信息的披露；四是增加自愿披露内容，鼓励差异化披露。① 《半年度报告准则》与《季度报告准则》方面，证监会通过简化财务指标、缩减年度财务报告篇幅、简化一般性内容实现精简披露的目标。另外，《管理办法》将以下 4 个方面作为切入点进行简化披露设计：一是优化指定信息披露媒体制度，简化报刊披露内容；二是强调简明性与易得性，引入基金产品资料概要，提高投资者服务水平；三是强化风险揭示等关键信息的披露，提升投资者保护水平；四是加强事中事后监管，引导机构落实合规主体责任。② 通过比较可知，证监会简化上市公司持续信息披露的方式可总结为：以投资者需求为导向，缩减披露篇幅、简化财务指标及鼓励自愿披露。此外，《管理办法》还强调披露与发行相关的风险等关键信息，并且通过加强事中事后监管防范风险，提升对于投资者保护的效果。

　　证监会采取上述方式简化信息披露的目的之一是降低信息披露的成本，其遵循的思路对于小额发行豁免制度也具有借鉴意义。而且，国外小额发行豁免制度也有采用相同思路的实例。本书认为，在简化强制信息披露之时，更应当注重信息披露的效用。首先，在小额发行豁免制度下，投资者面临发行人经营失败的风险较高，立法应当强调对于发行人相关风险的披露。其次，由于财务信息披露会为发行人带来较高的经济成本，所以小额发行豁免制度也应当适度精简发行人财务信息披露的内容。最后，鼓励自愿披露，为投资者提供有价值的增量信息。

　　（三）证券交易场所

　　依据前文观点，本书主张为小额发行豁免制度建立专门的全国性场外交易市场，并且进行了论证。如果我国未来的制度设计与本书观点相符，那么首先需要国务院对该市场的建立予以批准，其次需要为该市场的运行制定相关的制度。本质上，该市场的建立是对我国证券交易市场已有相关制度的一次重要调整。具体而言，该市场的建立将为小额发行豁免制度下的证券提供流通场所，其内部制度区别于我国以往的场内、场外交易市场的制度安排。

---

① 《证监会简化年报信息披露》，http：// finance. people. com. cn/stock/n/2012/0922/c222942 - 19080387. html，访问日期：2022 年 8 月 15 日。

② 《证监会发布公募基金信披办法，简化报刊披露内容》，http：//finance.sina.com.cn/roll/2019-07-27/doc-ihytcerm6565390. shtml，访问日期：2022 年 8 月 15 日。

（四）投资者保护

作为证券市场的重要参与主体，投资者是推动市场良性发展的关键因素。与此同时，广大的中小投资者受到与发行人信息不对称等客观因素的限制，在投资及交易活动中处于弱势地位。因此，各国证券立法均将保护投资者利益作为制度设计的关键。通过研读我国《证券法》可知，该法于事前、事中、事后三个阶段均设置了保护投资者利益的制度。据前文分析，《证券法》中的部分投资者保护制度可适用于小额发行豁免制度，某些制度需要加以调适后方可适用。

第一，事前保护。这一阶段的投资者保护条款主要设置在"证券发行"一章，《证券法》通过规定证券公开发行条件、注册审核程序、信息披露及证券公司承销来加强对于投资者的保护。鉴于小额发行豁免制度的特殊性，其无法直接适用这一章关于公开发行条件、注册审核程序及信息披露的规定，需要另行设计。证监会也可以遵循《证券法》对于常规公开发行中发行人资格条件的设计模式，制定小额发行豁免制度发行人准入监管条款。此外，《证券法》第六章引入的投资者适当性制度也突出了事前保护，并且可以被小额发行豁免制度直接适用，原因在于小额发行豁免制度不排斥特定类型的投资者，而且前者可以给予普通投资者针对性的保护。

第二，事中保护。《证券法》确立了上市公司股东权利代为行使征集、现金股利分配及债权持有人会议、债权受托管理人等中小股东权利保护机制，以加强对投资者的保护力度。通过梳理条文可知，新的制度着眼于投资者完成投资行为后的阶段，给予其充分的事中保护。不过，上市公司股东权利代为行使征集制度与现金股利分配制度以上市公司为制度设计对象，无法直接适用于小额发行豁免制度，原因在于小额发行豁免制度主要针对未达到上市标准的中小企业而设立。另外，本书主张我国小额发行豁免制度以非上市中小企业为对象制定（下文将详加阐述）。未来，证监会可考虑借鉴这两项制度的设计思路，为小额发行豁免制度另行规定专门性的股东权利保护制度。除特别制度外，证券监管机构、证券中介机构与小额发行场外交易市场的监管职能发挥也将继续起到维护投资者利益的作用。

第三，事后保护。旧《证券法》主要通过法律责任制度对投资者进行事后救济，方式较为单一且投资者维权的成本较高。新《证券法》通过构建先行赔付、代表人诉讼及证券纠纷调解等制度为发行人增加了救济途径、降低了维权的成本，进而增强了广大中小投资者进入证券市场的信心。三项制度并非仅针对上市公司而设计，具有很强的普适性，小额发行豁免制度也可适用。在小额发行豁免制度的设计中，可以设置新的特殊制度，服务于投资者保护，如前文提及的投资限额制度。若证监会在未来的制度设计中将其引入，则是对我国《证券法》投资者保护制度的一项创新之举。

通观全局，将小额发行豁免制度引入我国《证券法》不只是增加一项完全独立的制度，该项制度会辐射到《证券法》的多个部分，引发制度变革、催生创新。这些变革或创新是对传统制度的新探索、新发展。客观地分析，建立小额发行豁免制度会使我国《证券法》对于证券市场的覆盖面有所扩大，提升其服务于资本市场的能力。同时，小额发行豁免制度的建立也为证券发行领域的监管法律理论提供了新的理论基础和研究方向。

第七章

我国证券小额发行豁免法律制度的具体设计

　　小额发行豁免制度的相关理论及国外多样化的制度设计已使我们对于此项制度的基本内涵、性质和制度的基本构成有了清晰的认知。而且，在分析我国现有证券法律制度的供给和不足，以及对构建我国小额发行豁免制度的路径进行探讨后，基本的立法思路也已形成。在进行制度构建的过程中，需要针对其核心的内部构成进行合理化设计，以确保制度的可适用性。

第一节　发行人市场准入规制

　　发行人市场准入规制，即设置拟适用小额发行豁免制度发行证券的企业需要满足的条件、过滤不适格的企业，在证券发行市场准入这一源头环节实施风险控制。本书认为，设定发行人的资格条件首先要明确小额发行豁免制度的市场定位，即适用于何种层次的企业。只有明确其市场定位，才能够有针对性地进行制度设计，使小额发行豁免制度发挥自身特有的功能。另外，还应当对发行人的资质提出具体要求，作为其发行证券的条件，这可以从积极与消极条件两个方面进行规定。

一、发行人的层次

　　在小额发行豁免制度的设计中，明确发行人的层次是指确定何种规模的企业可以适用此项制度，也就是小额发行豁免制度的功能定位。解决这一问题，首先应当再次明确创制小额发行豁免制度的初衷。小额发行豁免制度的建立是为了解决中小企业融资难题，而不是满足所有规模企业融资的需求。

　　以小额发行豁免制度较为完善的美国立法为例，本书在梳理其立法及有关文献的过程中发现，美国将此项制度适用的对象表述为小企业。在界定标准方面，美国是以一家公司的平均年收入或平均雇佣人数为依据的。不过，在制度设计方面，美国是以发行限额来限制适用小额发行豁免制度的企业层次的，《条例 A+》与规则 504 都没有硬性规定企业的规模指标。表面上，这样的制度安排与立法所欲产生的效果似乎是矛盾的。对此，SEC 曾于 2013 年 12 月 18日对外发布了关于《条例 A》的修改意见稿并征求公众意见，其中就包括了是否需要限制发行人的规模。具体地，SEC 提出了若干问题："我们是否应当将可适用《条例 A》的发行人限定为小型发行人？或者，5000 万美元的年度发行限额是否已经有效地将该豁免的可用性限制在小型发行人上，使得委员会不用考虑制定以发行人规模为基础的限制？是否可以参考'小型报告公司'的标准，在限制适用《条例 A》的企业规模时，以发行人的公众持股量或年收入作为依据？是否有更好的指标项目来制定以发行人规模为基础的限制（例如，资产测试）？"[1] 后期，SEC 在发布《条例 A+》最终规则的说明文件中对这个问题进行了解释。首先，SEC 在文件中列举了若干评论者关于是否以企业规模为条件来限制适用小额发行豁免制度的评论。其中，部分评论者持反对意见。例如，有两位评论者认为："第二层级的每 12 个月 5000 万美元的发行限额已经起到了以发行人规模为基础限制发行人适用该豁免的效果，较小的发行人可能从豁免中受益最多。"[2] 另有评论者认为："多数公众持股量较多的公司可能会受到《1934 年证券交易法》关于报告要求的约束，因此没有资格适用该条例。"[3] 对此，SEC 也不认为有必要限制特定规模发行人获得豁免，因为其同意评论人士的意见，即年度发行限额将起到限制对需要更多资本的大型发行人适用该豁免法律制度效用的效果。[4]《条例 A+》生效后 16 个月内的统计数据显示，适用该条例发行证券的典型发行人规模相对较小。在所有提交的发行申请文件中，典型的发行人的资产中间值约为 10 万美元，而合格申请中的发行人资产中间值约有 20 万美元。在所有发行申请与合格的发行中，大约三

① SEC, "Proposed Rule Amendments for Small and Additional Issues Exemptions Under Section 3（b）of the Securities Act", Govinfo, accessed June 23, 2022, https：//www.govinfo.gov/content/pkg/FR-2014-01-23/pdf.

② Amendments for Small and Additional Issues Exemptions Under the Securities Act（Regulation A）", SEC Gov, accessed June 23, 2022, https：//www.sec.gov/comments/s7-11-13/s71113-74.pdf.

③ 同上。

④ 同上。

分之二的发行人持有的资产达到 100 万美元。[①] 在《便利州内和区域性证券发行的豁免规则》最终规则的说明文件中，SEC 通过对 2009—2015 年适用规则 504 及规则 505 发行的数据分析得出结论：超过四分之三的发行是由没有收入，或收入、资产净值低于 100 万美元的发行人发起的。从报告的规模来看，我们认为，规则 504 和规则 505 的发行人中，绝大多数可能由初创企业和小企业组成。[②] 依据上述 SEC 的解释，本书认为其之所以没有限制发行人的规模，原因在于：小额发行中的限额制度起到了使不同规模发行人分流的作用。SEC 制定限额时充分考虑了小企业融资需求的特点并进行了大量的成本与收益分析。当制度设计符合小企业的融资意愿时，小企业自然会主动适用，并且成为《条例 A+》豁免发行制度下最主要的市场参与主体，这使得具有超过限额数量融资需求的企业无法通过适用该条例实现目标。当规模较大的企业具有更多数额的融资需求时，其可以通过别的途径进行融资，例如公开注册发行。

对于我国而言，构建小额发行豁免制度也必须明确制度适用的发行人层次，并且以此为基础设计发行限额。在这方面，本书认为我国小额发行豁免制度的功能定位应当与扶持中小企业融资，以及建立多层次资本市场两个方面的政策导向保持一致。一方面，帮助中小企业解决融资难题是我国长期坚持的一项政策，扩大直接融资比重是解决问题的一条途径，小额发行豁免制度完全符合这一政策性要求。另一方面，建立多层次资本市场的内涵就包括了满足不同层次市场参与主体的多元化需求，中小企业自然位列其中，而小额发行豁免制度是实现这一目标的有益制度供给。中小企业是一个较为宽泛的概念，不仅包括中型企业与小型企业，而且二者各自内部也是具有跨度的。根据《中小企业划型标准规定 2021》，我国主要以从业人员数量、营业收入、资产总额等指标结合行业特点对企业规模进行划分。以工业为例，中型企业的从业人数标准范围是 $300 \leqslant X < 1000$（单位：个），营业收入标准范围是 $2000 \leqslant Y < 40000$（单位：万元）。可以看出，每项标准的最低与最高值之间的跨度是较大的。在中小企业这个大的范围内，已经有部分中小企业实现了公开发行并上市的目标。而且，我国也出台了相关的政策为中小企业发行上市助力。中共中央办公厅、国

① Anzhela Knyazeva, "Regulation A+: What Do We Know So Far?", Sec Gov, January 1, 2016, accessed June 28, 2022, https://www.sec.gov/dera/staff-papers/white-papers/18nov16_knyazeva_regulation-a-plus-what-do-we-know-so-far.html.

② SEC, "Exemptions to Facilitate Intrastate and Regional Securities Offerings", SEC Gov, accessed July 16, 2022, https://www.sec.gov/rules/final/2016/33-10238.pdf.

务院办公厅印发的《关于促进中小企业健康发展的指导意见》就提出支持中小企业利用资本市场直接融资，加快中小企业首发上市进度，为主业突出、规范运作的中小企业上市提供便利。如此，部分中小企业的经济实力是很强的，能够达到发行上市的标准，可以负担公开发行并上市的经济成本。截至 2022 年末，全国中小微企业数量达 5200 万户①，这样庞大的群体是不是都需要小额发行豁免制度满足自身的融资需求？应该以什么标准确定小额发行豁免制度适用的企业层次？本书认为，适用小额发行豁免制度的发行人层次不应覆盖所有规模的中小企业。既然部分中小企业已经在交易所市场上市，说明其融资需求是较大的，小额发行豁免制度中的额度通常无法满足其需求。而且，这类中小企业自身的经营能力、资产规模都较为优良，有能力负担公开发行上市的合规成本。因此，这类企业在多层次资本市场中处于较高层次，小额发行豁免制度不能以其为对象进行设计，而应以融资规模较小、达不到上市标准的中小企业为对象。

另据我国《证券法》关于公开发行股票及公司债券的有关规定，已经不要求发行人具备硬性的财务指标条件及持续盈利能力等，转而对于发行人的持续经营能力、内部治理、财务管理规范性等方面予以关注。这样的修改是对原有证券发行监管中的行政审批思维的突破，符合注册制的精神。如此修改公开发行条件并不代表放松监管，而是在监管中更加注重通过信息披露对发行人进行监管。另外，发行人公开发行证券后，通常都会申请股票或公司债券上市交易，其必须满足交易所上市规则规定的上市条件。而交易所规定的发行人上市交易的条件是较为严格的，尤其是财务与会计指标条件。同时，不同板块规定的上市条件是有差异的。这样一来，这些不同标准的条件会对不同规模的企业予以区分，并将企业引导进入我国交易所市场的不同层次板块之中，促进了多层次资本市场的形成。同样地，适用小额发行豁免制度发行的证券也需要在交易市场中流通，通过小额发行豁免制度发行证券的中小企业也需要资本市场为其提供专属的交易板块。遵循我国《证券法》对于证券公开发行条件规定的理念，小额发行豁免制度也不应当对发行人制定硬性的财务、盈利条件。根据前文所述，小额发行应当在场外交易市场进行流通，因此发行人应当满足场外交易市场的挂牌条件。如此，小额发行场外交易市场规定的发行人市场准入条

---

① 《我国中小微企业已超 5200 万户》，https://www.gov.cn/lianbo/bumen/202306/content_6887257.htm.，访问日期：2023 年 1 月 16 日。

件会起到监管的作用，相关的硬性财务、盈利等指标应当由场外交易市场规定，这也与我国目前的监管趋势相符。中小企业在考虑是否通过小额发行豁免制度融资时，必须同时衡量是否能够满足在相应场外交易市场的挂牌条件。如果答案是否定的，其可以另行寻求其他途径融资。

二、　积极条件与消极条件

（一）积极条件

积极条件是由立法规定的拟发行证券的企业必须具备的条件，是立法者从正面的角度对发行人提出的发行证券应当满足的最基本的条件。由于小额发行与常规公开发行之间是特殊与一般的关系，所以这种关系也会反映在前者关于发行人主体资格的条件设置中。在小额发行中，发行人应满足的积极条件在类别上与常规公开发行无异，而在具体条件方面会反映出二者之间的差别。结合我国现行证券立法关于证券公开发行的规定，本书认为小额发行豁免制度中的发行人应满足的积极条件可以做如下设计：

第一，依法设立及存续期间条件。拟适用小额发行豁免制度的企业应当是依法设立、合法存续且符合国家产业政策的企业，这是发行人需要满足的最为基本的条件。在依法设立方面，要求企业严格依据《公司法》等法律、法规及规章关于股份有限公司或有限责任公司组织形式设立的规定，在企业的设立条件、设立方式及程序、出资方式及比例方面做到合法、合规，并且已经取得经营资质。在发行人存续期间方面，我国《证券法》在"公开发行"这一章当中并未明确规定。但在第十二条首次公开发行新股、第十五条公开发行公司债券的条件中分别规定了"最近三年财务会计报告被出具无保留意见审计报告"及"最近三年平均可分配利润足以支付公司债券一年的利息"，这里暗含着发行人至少需要满足成立满 3 年的要求。另外，综观我国首次公开发行股票并上市的条件，股份有限公司需要满足持续经营 3 年以上的要求。持续经营年限是企业存续期间的一个阶段，能够在一定程度上反映出企业的经营、生存能力。对企业的持续经营期限加以限制的目的是确保上市公司具有一定的成熟度，有利于保障投资者的利益并促进资本市场的平稳运转。适用小额发行豁免制度的中小企业与上市公司具有一个相同点，即其所发行的证券需要在二级市场流通。由于达不到上市的标准，其发行的证券只在场外交易市场进行交易，对于这类企业在二级市场的挂牌条件也相应地低于对公司申请上市的要求。梳理新三板及各个区域性股权交易中心的挂牌企业准入制度可知，前者要求企业依法设立且存续满 2 年，而各个区域性股权交易中心的规定之间则存在差异。例如，重庆股份转让中心分为三个板块，成长板（优先层）要求企业存续满 1 个会计年度年，成长板（标准层）则无要求；孵化板及科创板对此也无要求①。上海股权托管交易中心则首次取消了对挂牌企业设立年限的限制。总体上，场外交易市场对于挂牌企业的存续期间要求少于证券交易所对于上市企业规定的年限，这样的制度安排不仅与市场层次相匹配，而且缩短了挂牌企业进入资本市场发展的时间。本书认为，在适用小额发行豁免制度的发行人存续期间设定方面，应当区别于对上市公司的规定。原因在于：降低存续时间的要求与我国多层次资本市场内部的主体差异性特征相吻合，有利于普通中小企业尽早获得外部资本支持。另外，从信息披露的角度考虑，为了确保发行人公开的财务等数据具有可比性，规定其至少持续经营 2 年较为适宜。

第二，业务及经营能力条件。作为依法设立的企业，其在设立之初及经营的过程中都应具有明确的业务范围。当企业拟进入证券市场时，要求其具有明确、完整的业务范围不仅是对企业经营资质合法性的一种确认，而且是一种有效防范风险的途径。前文数据显示，中小企业在我国的占比达到90%以上，各个地区、行业的企业发展水平、经营能力良莠不齐。若我国正式实施小额发行豁免制度，则必须保证发行人具有明确的经营业务，具有直接面向市场独立持续经营的能力。如此，可以确保企业以实际的经营活动为基础提升我国证券市场的可参与度。

据前文内容可知，美国小额发行注册豁免制度未规定企业的盈利性财务指标。《条例 A+》生效后 16 个月内的调研数据显示，适用该项制度的多数企业也确实不具备持续盈利的能力。在这段时间所有的发行申请中，只有大约20%的发行人有净收入。通过分析，SEC 认为这个特点与目前申报发行的群体特征一致，即主要由抵押物有限的早期小公司组成，其难以通过银行贷款获得资金。这些申报公司可能是处于发展阶段的公司，这类申报人能否继续作为一个持续经营的企业，很可能取决于能否获得融资。② 对于这个层次的企业而言，应当将关注点从持续盈利能力转向企业的持续经营能力。持续经营能力是指公

① 《重庆股份转让中心企业挂牌条件》，http://www.chn-cstc.com/info/detail/614.html，访问日期：2022年9月16日。

② Anzhela Knyazeva, "Regulation A+: What Do We Know So Far?", Sec Gov, January 1, 2016, accessed Aug 28, 2022, https://www.sec.gov/dera/staff-papers/white-papers/18nov16_knyazeva_regulation-a-plus-what-do-we-know-so-far.html.

司基于报告期内的生存经营状况，在可预见的将来，有能力按照既定目标持续经营下去。[1] 发行人不存在主要资产、核心技术、商标等的重大权属纠纷，重大偿债风险，重大担保、诉讼、仲裁等或有事项，经营环境已经或者将要发生重大变化等对持续经营有重大不利影响的事项。以新三板的挂牌条件为例，挂牌企业须具有持续经营能力。监管者注重为创新型、创业型及成长型中小微企业提供发展空间，因此适度地降低了准入门槛。在监管方面，注重对企业信息披露的质量的把控、充分并客观地揭示风险，将对企业投资价值判断的权利交给投资者。依据前文观点，在小额发行豁免制度的设计中，我国应将发行人发行证券的条件与企业在场外市场的挂牌条件相区分。即在发行条件方面不对发行人规定硬性财务指标，重点关注发行人的公司治理、持续经营能力及合法经营等，而更具体的或更高的硬性条件（净利润、营业收入、股本规模等）由场外交易市场来制定。把证券发行的权利尽可能交给市场[2]，并且通过交易市场的上市（挂牌）条件来区分不同规模、不同性质的企业。

第三，规范运营条件。规范运营主要是指发行人在依法设立的基础上能够在其公司治理、财务与会计工作两个方面符合法律、法规的规定。在公司治理方面，发行人应当具有健全的公司治理机制，主要表现为治理结构完整、内部控制制度完善且被有效执行，并且能够保证公司的运行效率及运行工作合法合规。财务与会计工作方面，发行人应当具有严格的资金管理制度，并且发行人的会计基础工作规范、财务报表的编制和披露符合企业会计准则和相关信息披露规则的规定，在所有重大方面公允地反映了发行人的财务状况、经营成果和现金流量。不存在伪造、篡改编制财务报表所依据的会计记录或者相关凭证。

第四，募集资金运用条件。发行人所募集的资金应当具有明确的使用方向，原则上应当用于主营业务。拟募集的资金数额与投资项目应当与发行人现有的生产规模、财务状况、技术水平和管理能力相适应。募集资金投资项目符合国家产业政策、投资管理、环境保护、土地管理以及其他法律、法规及规章的规定。

（二）消极条件

消极条件与积极条件相对，是由立法规定的、用以排除部分企业获得适用小额发行豁免制度资格的条件。在内容构成方面，消极条件是立者从负面角

---

[1] 万国华、杨海静：《中国场外交易市场法律制度原论》，清华大学出版社，2017，第32页。

[2] 吴国基：《证券发行审核制度研究》，博士学位论文，对外经济贸易大学，2005，第149页。

度列举的一些情形，主要涉及某些违法、犯罪行为。经审查，凡是发行人存在法定消极条件情形之一的，其将被排除在适格发行人的范围之外。在我国现行证券立法的相关规定中，消极条件也是常规性的制度安排，其与积极条件共同构成取得发行人资格的限制性条件。通过对美国立法进行梳理可知，《条例A+》与规则504中的"坏人规则"规定了排除发行人资格的消极条件。在小额发行中，在发行程序简化、对发行人的市场准入门槛有所降低的前提下，从源头上排除具有不良记录的企业是防范风险的重要举措。具体地，我国可以现有制度为基础进行设计。

第一，主体范围。本书将消极条件的主体范围确定为发行人及其董事、监事、高级管理人员，以及公司控股股东、实际控制人。这个范围所包含的主体都与拟发行证券企业的实际运营具有重要的关联，并且对企业未来的存续及发展能够产生实质性的影响。依据我国《公司法》的规定，董事、监事及高级管理人员应当遵守法律、行政法规和公司章程，对公司负有忠实义务及勤勉义务，在任期间不得实施危害公司及股东利益的违法行为。控股股东及实际控制人分别能够利用自身在公司运营中的地位及与公司的特殊关联对公司的决策等行为产生重大影响或起到支配作用。若上述主体能够依法履行职责，则公司及股东的利益则会得到保障。相反，若上述主体在申请发行前存在违法违规行为，甚至涉嫌犯罪，一旦企业进入证券市场，则会对投资者产生巨大的潜在风险并影响市场的稳定。因此，针对这些主体设定禁止性条件是有必要的。

第二，排除发行人资格的条件。在具体条件设置方面，应当对发行人及上述其他主体提出本次小额发行申请之前，对其履职、参与证券发行活动的过程中存在的违法违规行为加以限制。当法定范围内的主体涉嫌触及消极条件所规定的情形时，发行审查部门应当予以核实，一经确认即可排除其发行人资格。结合我国现有证券立法的基础，本书将具体条件的构成类别分为刑事犯罪与重大违法行为两大类。刑事犯罪方面：最近三年内，发行人及其控股股东、实际控制人不得存在贪污、贿赂、侵占财产、挪用财产或者破坏社会主义市场经济秩序的刑事犯罪；不得存在因涉嫌犯罪被司法机关立案侦查，尚未有明确结论意见的情形。重大违法行为方面：最近三年内发行人及其控股股东、实际控制人不得存在欺诈发行、重大信息披露违法或者其他违反国家法律、行政法规，并且因情节严重受到行政处罚的行为；董事、监事和高级管理人员不存在最近三年内受到中国证监会的行政处罚，或者因涉嫌犯罪被司法机关立案侦查或者涉嫌违法违规被中国证监会立案调查，尚未有明确结论意见等情形。

本书注意到，证监会制定的《首次公开发行股票注册管理办法》对发行人的消极条件做出了规定。其中，发行人及其他相关主体的违法违规行为的时限为最近三年内或处于持续状态；对涉嫌犯罪被司法机关立案侦查或者涉嫌违法违规被中国证监会立案调查的，该办法将案件结果确定为尚未有明确结论意见等情形。对于时限及案件处理结果的状态进行规定有利于进一步明确排除的主体范围，应当引入小额发行豁免制度。

第二节　法定发行限额设置

一、　确定法定发行限额需衡量的因素

通过研究国外立法可知，各个国家所确定的发行限额之间存在很大差异。各国的经济发展状况、对于中小企业的划分标准等方面均不相同，所确定的发行限额是综合各自多方面因素进行衡量后的结果。结合前文对国外立法研究得出的经验，本书认为我国在设置发行限额时应当综合衡量如下几个方面的因素。

（一）制度适用的发行人层次

小额发行豁免制度具有明确的功能定位，也就是说其应当服务于特定的发行人群体。实现这一目标的前提之一就是设置合理的发行限额，理想的发行限额应该能够普遍性地满足该群体的融资需求。依据前文观点，我国小额发行豁免制度适用的发行人层次为达不到交易所上市标准的中小企业，所以应当以这类主体的需求对发行限额进行设计。在明确制度的市场定位之后，可以国家统计局印发的《统计上大中小微型企业划分办法》确定的标准为依据对中小企业的规模予以界定。在此基础上，通过数据收集、分析，确定这类中小企业的融资特征。对此，本书认为可以针对企业的历史融资数据，以及未来一段时期的融资需求进行调研与分析。在数据类型方面，应当包括直接与间接融资数据，原因在于并非所有中小企业均有直接融资的经历。为了确保限额设置合理并能够使小额发行豁免制度有广泛的适用面，关注不同性质的融资数据是有必要的。在直接数据获取方面，可以采集新三板、证券公司柜台市场及区域股权

交易中心的企业融资数据作为样本。三个市场包含了大量未上市的中小企业，并且这些企业也可能是未来适用小额发行豁免制度的主体。此外，由于《统计上大中小微型企业划分办法》对于不同行业制定的中小企业标准存在差异，不同行业的中小企业融资特征会有所不同，所以在确定发行限额的过程中需要综合衡量，尽量确保该额度能够覆盖多数企业的需求。同时，也要避免额度设定过高，防止发行人过度融资。

（二）发行成本

确定小额发行的最高发行限额，必须保证该额度下的发行成本被控制在合理的范围内，这是该项制度设计最为核心的目标之一。这里的发行成本主要是指企业适用小额发行豁免制度所承担的合规成本，表现为各类费用的支出。当发行成本过高，导致该额度范围内的收益较低或无法获得收益时，该项制度将不会具有良好的可适用性。实际上，选择何种简化发行程序的模式在很大程度上决定了适用此项制度的合规成本，并且也会影响到信息披露的设计。在发行程序模式确定之后，应当尽可能使发行程序更为简便，以避免为与合规成本相协调而被迫不适当地提升发行额度。在制度设计中，应当将成本与收益分析贯穿始终。

（三）投资者保护

设置发行限额不可忽略对投资者利益的保护。依据前文，普通中小企业具有较高的经营风险，投资者容易遭受投资损失。而且，该制度不禁止普通投资者参与投资，这类投资者识别风险的能力及损失承受能力较弱。因此，小额发行豁免制度的发行限额不可过高，避免涉及的投资者范围过大，牵涉过多的公共利益。在确定发行限额的问题上，既要满足发行人的需求，也应当使发行限额起到风险控制的作用。

（四）发行人股东发售的份额

发行人股东发售的份额是指发行人适用小额发行豁免制度首次公开发行新股时，公司股东将其持有的股份以公开方式一并向投资者发售的份额（即老股转让）。小额发行豁免制度应当为股东发售的额度在总发行限额范围内确定一个最高比例，同样以 12 个月为期限。而且，股东发售的额度计算在发行人的单次发行额度内。

（五）小额发行与股权众筹发行限额相协调

目前，世界上许多国家，如美国、日本、英国①等均在各自的证券立法中制定了不同种类的小额发行豁免制度。这些国家制定的小额发行豁免制度主要分为两种：一种是本书所探讨的传统意义上的小额发行豁免制度，另一种是针对近些年兴起的互联网金融业态——股权众筹的监管制度。在一国范围内构建多种小额发行豁免制度，可以与常规公开发行及非公开发行制度之间起到功能互补的作用，形成完整的、广覆盖的证券发行法律制度体系，匹配不同层次融资者的需求。为了实现这一目标，立法者需要对不同制度进行准确的功能定位，以便在各项制度的设计上加以区分、协调，避免出现冲突。我国也曾经在新《证券法》颁布之前的修订草案中增设了股权众筹条款，如 2019 年 4 月公布的《证券法》三审稿修订草案在第二章第十一条做了相关规定。未来，我国仍有可能针对此种融资模式制定监管规则，确立其合法地位。

股权众筹与小额发行豁免制度皆具有证券小额公开发行的性质，但双方在功能定位与发行方式等方面具有明显的差异。在发行人层次方面，小额发行豁免制度主要针对中小企业，股权众筹则针对初创、小微企业。在发行方式方面，股权众筹发行人与投资者均需通过互联网中介平台进行投融资，而小额发行豁免制度中的发行人则通过传统的证券发行中介进行。不过，由于股权众筹监管制度根源于小额发行豁免制度，因此二者在制度设计上存在相似性。例如，两种制度都限制了发行人的最高融资额度。鉴于股权众筹服务于小微、初创企业融资，所以股权众筹的发行限额应当低于小额发行豁免制度的限额。本书以美国小额发行注册豁免制度为例，将股权众筹、规则 504 及《条例 A+》进行对比。

---

① 美国股权众筹的基本制度由《JOBS 法案》第三章规定，该法案授权 SEC 制定实施规则。2015 年 10 月 30 日，SEC 正式发布了《众筹条例》，该条例于 2016 年 5 月 16 日全部生效。英国 FCA 于 2013 年 10 月 24 日发布了《众筹和其他相似活动监管规则征求意见稿》。2014 年 3 月 6 日，FCA 发布了股权众筹监管规则的最终稿《关于网络众筹和通过其他方式推介不易变现证券的监管规则》，该规则于同年 4 月 1 日正式实施。2013 年 12 月 25 日，由日本金融厅牵头召开的金融审议会公布了《有关新兴·成长企业风险资金供给方法等工作报告》，该报告提出了发展投资型众筹的必要性和立法修订建议，2014 年 5 月 23 日，日本国会通过了《金融商品交易法》修订案，并最终引入投资型众筹制度。

表 7-1　规则 504、股权众筹及《条例 A+》制度的对比①

项　目	规则 504	股权众筹	《条例 A+》	
			第一层级	第二层级
发行限额	每 12 个月 1000 万美元	每 12 个月不超过 500 万美元	每 12 个月 2000 万美元，包括发行人的附属机构的二级销售限额 600 万美元	每 12 个月 7500 万美元，包括发行人的附属机构的二级销售限额 2250 万美元
发行人条件	非投资公司、报告公司、空壳公司、"坏人"公司等	非投资公司、报告公司、空壳公司、"坏人"公司	非投资公司、空壳公司、"坏人"公司等（有其他新增情形）	非投资公司、空壳公司、"坏人"公司等（有其他新增情形）
发行方式	公开发行、有条件地公开劝诱	必须通过股权众筹中介平台，允许公开劝诱	公开发行、提交发行声明前后均可以"试水"	公开发行、提交发售声明前后均可以"试水"
信息披露	联邦层面无特殊要求，需遵守州规定	发行披露及持续信息披露	发行披露	发行披露及持续信息披露
投资者人数及资格	无	无	无	无
投资限额	无	有	无	非获许投资者有投资额度限制
转售限制	一般情况下至少持有 1 年	至少持有 1 年	无	无

① 此表中的各项豁免发行制度的限额均为最新规定。

表7-1(续)

项　目	规则504	股权众筹	《条例A+》	
			第一层级	第二层级
是否豁免州法监管	不豁免	豁免	不豁免	豁免
向SEC提交发行声明、销售通知的程序	第一次发行后的15天内向SEC提交表格D	发行前提交表格C	发行前提交表格1-A，需经SEC审核，可非公开审核，需经SEC审核通过后才可发行证券	发行前提交表格1-A，需经SEC审核，可非公开审核，需经SEC审核通过后才可发行证券

从表格中列举的内容可知，股权众筹、规则504及《条例A+》两个发行层级的发行限额逐级递增。这种制度安排可以使处于不同发展阶段、具有不同融资额度需求的企业选择相应的发行制度加以适用。这种方式也可以使不同层次的发行人自然地流向不同市场，以此促进多层次资本市场的形成。在相关的研究中，SEC统计的数据也证实了其规则制定的合理性。SEC于2019年6月18日发布的一份关于股权众筹的研究报告显示，自《众筹条例》实施以来，虽然适用众筹规则实施发行的发行人之间存在差异，但典型的发行人是小规模的，并且处于其生命周期的早期阶段，发行人总资产的中值约为3万美元。[①]另外，通过对《条例A+》生效后16个月的数据进行分析可知，两个层级的发行平均额度为1800万美元。[②] 另外，SEC于2019年6月18日发布的一份关于股权众筹的研究报告显示：典型的发行规模较小，募集资金不足12个月的发行上限。[③] 虽然法定发行限额制约了发行人的融资额度，但是两项制度中的发行人的实际平均发行数额距离各自的最高发行限额依然存在较大的空间，法

[①] SEC，"Report to the Commission Regulation A Lookback Study and Offering Limit Review Analysis"，SEC Gov，accessed August 25，2022，https://www.sec.gov/files/regulationa-2020.pdf.

[②] Anzhela Knyazeva，"Regulation A+：What Do We Know So Far?"，Sec Gov，January 1，2016，accessed Aug 25，2022，https://www.sec.gov/dera/staff-papers/white-papers/18nov16_knyazeva_regulation-a-plus-what-do-we-know-so-far.html.

[③] 同上。

定的发行限额基本能够满足发行人的需求。因此，这样的制度设计具有合理性。未来，我国针对两项制度进行规制设计时，应当根据二者的联系及区别协调设计发行限额及其他方面的内容，有效发挥两项制度的功能。

（六）通货膨胀因素

在确定发行限额时，也需要考虑通货膨胀的因素。在美国与欧盟的小额发行豁免制度中，发行限额随着时间的推移不断被提升。SEC 在将规则 504 的发行限额从原来的 100 万美元提升至 500 万美元时，解释道："自 1988 年以来，一直没有提高规则 504 中 12 个月的总发售金额上限。经通胀调整后，1998 年的 100 万元限额约相当于今天的 200 万元。"[1] 另外，也有几位评论者指出："规则 504 目前未得到充分利用，部分原因是 100 万美元的发行限额较低，以及自 1988 年以前将发行限额从 50 万美元提高到 100 万美元以来，由于通货膨胀导致美元币值被侵蚀。"[2] 也有评论者建议："规则 504 应自动编入通货膨胀指数，以保护规则的效用不受美元实际价值的侵蚀。"[3] 同样地，这一因素也是我国小额发行豁免制度适用过程中不可避免的，需要对其加以衡量。确定发行限额时需要注意：一是应当使限额能够满足一段时期内的企业融资需求；二是由于通货膨胀因素使货币贬值，经过一段时期后需要调整限额。

二、 累计计算规则

发行限额不仅是在发行额度方面对发行人进行限制，而且在时间方面也有所要求。通常，法定最高发行限额是与一定的期限相结合的。国外立法经验显示，小额发行豁免制度一般以 12 个月为一个发行周期，而且发行额度也适用于累计计算（Aggregation）的方法。在 12 个月内，累计计算的情形包括：单次发行证券的数额不得超过法定限额；多次证券发行的总额不得超过法定最高限额；发行人适用小额发行豁免制度发行的各类证券总额合计不得超过法定最高限额。也就是说，发行人在 12 个月内既可以一次性申请发行到最高限额，也可以在 12 个月内多次申请发行且总额不超过最高限额。因此，12 个月的发行周期也是计算发行人发行额度的一个时间依据。另外，12 个月的发行周期

---

① SEC，"Exemptions to Facilitate Intrastate and Regional Securities Offerings"，SEC Gov，accessed Sept 16，2022，https://www.sec.gov/rules/final/2016/33-10238.pdf.

② 同上。

③ 同上。

与法定发行限额相匹配，适应中小企业短时间、快速融资的需求。这也要求发行审核部门对于小额发行申请的审核时间必须相对缩短，降低发行人的时间成本。本书建议我国小额发行豁免制度遵循国外立法的一般经验，将 12 个月确定为累计计算发行限额的期限。12 个月的发行周期应当从发行人正式发行之日起计算，一次发行或者一个发行周期结束后，发行人可以再次提出发行申请。不过，发行人再次申请发行时，上一次发行证券的金额必须全部募足，并且发行人不得擅自改变募集资金的用途。发行人能不能再次适用小额发行豁免制度发行证券，取决于当次发行申请是否满足法定条件，这意味着发行人获得的发行豁免资格只能在一次发行中有效。

第三节　投资者类型及投资限额

一、　投资者类型

小额发行豁免制度是一项特殊的证券公开发行制度。理论上，发行人可以针对不特定的公众对象发行证券。在这一点上，小额发行豁免制度中的投资者类型与常规公开发行无异。另一方面，依据前文所述，适用我国小额发行豁免制度的企业为达不到交易所上市标准的中小企业，这类中小企业经营的稳定性较差，存在较强的经营风险。投资者投资于这类企业发行的证券会面临较高的投资损失风险。在遵循促进资本形成与投资者保护相平衡的理念下，必须采取措施对投资风险予以防范。依据我国《证券法》及《证券期货投资者适当性管理办法》对于投资者的分类，小额发行豁免制度中的投资者包括普通投资者与专业投资者。相对而言，普通投资者的知识储备、投资经验和风险意识不足，有必要通过立法予以特殊保护。如果禁止普通投资者参与投资，那么将会从根源上切断风险，完全避免这类投资者受到损失。但是，小额发行豁免制度并不必要采用此种方式。首先，小额发行豁免制度已经通过发行限额将风险控制在一个较小的范围内。其次，从投资者适当性的视角思考，其主旨是基于投资者的不同风险承受能力以及金融产品、金融服务的不同风险等级等因素，分析投资者与金融产品或服务的匹配性，进而将适当的产品或者服务销售或提供给适合的投资者。小额发行豁免制度蕴含的风险等级并不一定高于普通投资者的风险承受能力。再次，国外立法也并未将普通投资者排除在小额发行豁免制度以外。所以，本书认为我国小额发行豁免制度中的投资者可以包括普通投资者与专业投资者。但是，必须以充分的信息披露、风险告知，以及法律救济为普通投资者提供安全保障。在这样的前提下，投资者需依照买者自负的原则承担投资损失风险。

二、 确定投资限额的依据

依据前文观点，本书建议我国小额发行豁免制度设置投资限额的原因是中小企业具有较强的经营风险，投资者面临的投资损失风险较大。为加强对于投资者的保护，设置投资限额是一个可行的方法。这里，设定投资限额予以专门保护的对象是普通投资者，包括自然人与非自然人普通投资者，而非专业投资者。

设置投资限额最终的落脚点是使投资者明确可投资的额度，其先决问题是选择适当的依据作为确定投资限额的基础。由于投资限额的功能是避免投资者遭受过多的损失，所以确定投资限额的基础应当与投资者的风险承受能力相关。对此，能够反映投资者风险承受能力的因素在实践中主要表现为其财富状况。理由是：投资者是否具备充足的财富来避免投资损失会对其正常生活带来实质性的影响。进一步地，由于普通投资者数量众多、性质多样且投资者的财富并不均等，所以投资者可用于投资的资金数量也不相同，普通投资者间的风险承受能力也有所差异。鉴于此，最终设置的投资限额不必绝对化为一个具体的数字，而是可以为投资者设置一个限制投资额度的比例。而且，为投资额度设置比例还可以照顾不同财富状况投资者差异化的投资意愿。具体地，能够反映财富状况的因素通常为投资者的收入、资产状况，国外立法中也不乏以投资者年收入或净资产作为设置投资限额基础的先例。据前文所述，美国《条例 A+》对于第二发行层级中的非获许投资者规定了投资限额比例：自然人投资者每12 个月的投资额度不超过其年收入或净资产中较大者的 10%；非自然人投资者每 12 个月的投资额度不超过其（截至最近一个财政年度末）年收入或净资产中较大者的 10%。英国《关于网络众筹和通过其他方式推介不易变现证券的监管规则》对一般的零售客户投资者的投资额度进行了限制，即不超过其可投资净资产的 10%。

在国外立法设定投资限额比例的模式下，小额发行豁免制度和股权众筹对于投资限额的设置通常以年收入、净资产为计算依据。在此基础上，又可细分为两种方式：一是不超过年收入或净资产的一定比例，并且在二者之间取较大或较小者；二是单独以净资产为依据并以一定的比例予以限制。如此，选择具体的计算依据及设定适当的比例将是设置投资限额的关键。对于计算依据，本书建议我国借鉴英国的经验，以可投资净资产为依据。原因在于：以投资者可以用于金融投资的资产作为基础较为合理，通常投资者参与投资也会以此作为衡量的依据，而净资产数额或年收入水平可以作为区分专业投资者与普通投资者的依据。另外，采用可投资净资产为依据符合我国家庭资产比例分布的实际情况，有利于保护自然人普通投资者。依据广发银行联合西南财经大学所做的研究报告，我国居民家庭资产中，住房资产占 77.7%，金融资产只占 11.8%。[1] 数据表明，我国居民真正可用于金融投资的资金比例并不高，以可用于金融投资的净资产为依据设置投资限额会较为客观且实际。

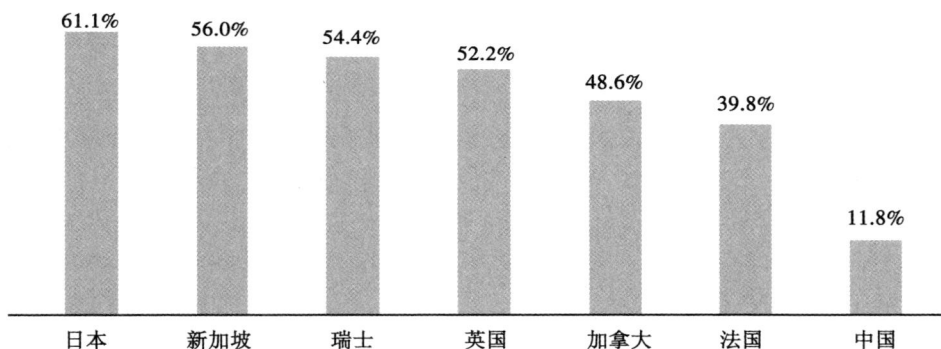

图 7-1 各国家庭金融资产配置占比（2017）[2]

数据来源：中国数据来自 2017 年 CHFS，其他国家数据来自 2017 年瑞信《全球财富报告》。

在比例设置方面，应当结合我国经济发展水平等因素综合衡量。经济发展水平决定投资者的收入水平，进而影响其可投资净资产的水平。因此，比例的设置应当与经济发展水平相匹配。同时，我国也可以考虑设置分层次的比例数值，以满足不同可投资净资产水平投资者的差异化需求。另外，设置投资限额也可能会使发行人寻找更多的潜在投资者参与投资，实现预期融资目标。所以，计算投资额度的比例大小也应兼顾促进发行人资本形成，不应对其造成过多的阻碍。

---

① 广发银行、西南财经大学：《2018 中国城市家庭财富健康报告》，https://www.sohu.com/a/291490586_373314，访问日期：2022 年 10 月 20 日。

② 同上。

🔲 第四节　适用的证券种类

小额发行豁免制度产生的一个重要原因是为了便利数额较小、发行规模及范围有限的证券发行，而不是单纯为了某种组织形式的企业或某种证券而设计。据前文研究可知，适用该项制度发行的证券种类是多样化的。该项制度中可适用的证券范围以一国的证券立法对证券的界定为基础，也受各国对于不同类别证券的差异化监管制度制约，并无统一的标准。一般地，适用该项制度的证券种类体现出如下两方面特点：

一方面，公司证券是小额发行豁免立法中可适用的最基本的证券种类，包括股票、公司债券。以美国立法为例，可以适用《条例 A+》发行的证券种类包括：股权证券、债权证券、可转换债券及可交换债券，同时包括这些证券的任何担保及权证等其他证券。可以适用规则 504 的发行证券包括：股权证券、债权证券、期权、权证、集合投资计划及矿产资产证券等其他证券。由此，美国小额发行注册豁免制度适用的证券类型除股票、公司债券外，也包括金融衍生品。而且，这些可适用的证券范围也都以《1933 年证券法》对证券的定义为基础。另外，《条例 A+》排除了资产支持证券的适用，在该条例最终规则颁行的说明文件中，SEC 对此给予了解释："一是资产支持证券已受《条例 AB》（即《资产支持证券条例》）和其他专门针对此类证券的发行流程、披露和报告要求而制定的规则的约束；二是该种证券不是被设计用来促进新的资本形成；三是绝大多数此种证券单次发行额度高于《条例 A+》的最高限额。"[1] 在《条例 A+》实施后，SEC 针对其生效后 16 个月内的相关数据进行了分析，数据显示：适用该条例的股票发行占所有类别证券发行总量的最大比例（申请发行占比 87%、合格发行占比 90%）；债券发行申请占比 9%、合格发行占比 6%；其他证券发行申请占比为 4%、合格发行占比 4%。[2]

另一方面，由特殊主体发行的证券，如政府债券、政府支持机构债券、政

---

[1] Amendments for Small and Additional Issues Exemptions Under the Securities Act（Regulation A）", SEC Gov, accessed September 23, 2022, https://www.sec.gov/comments/s7-11-13/s71113-74.pdf.

[2] Anzhela Knyazeva, "Regulation A+: What Do We Know So Far?", Sec Gov, January 1, 2016, accessed Oct 23, 2022, https://www.sec.gov/dera/staff-papers/white-papers/18nov16_knyazeva_regulation-a-plus-what-do-we-know-so-far.html.

策性金融债券、中央银行票据、企业债券等均不在适用范围内。这类由特殊主体发行的证券与小额发行豁免制度的立法功能定位不符，而且所发行的证券具有特殊用途，因此不适用该项发行制度。通过梳理《条例 A+》要求发行人提交的表格 1-A 与规则 504 要求发行人提交的表格 D，可以看到两种表格均要求发行人在填写表格时选择所属的行业类别，包括农业、银行、金融服务、商业服务、能源、医疗保健、制造业、房地产、餐饮、零售、科技及旅游等。而如政府、中央银行、政策性银行等特殊主体均不在列。日本《金融商品交易法》也排除了部分由特定主体发行的证券及某些具有特殊性质的证券。

结合上述分析，我国在构建小额发行豁免制度时，适用的证券种类既要以《证券法》对于证券的界定为基础，也要结合该项制度的功能定位，并且需要借鉴国外立法经验。本书认为，我国应当将公司证券（股票、公司债券）作为最基本的适用证券种类，由特殊主体发行的证券，如政府债券、政府支持机构债券、政策性金融债券、中央银行票据、企业债券等均不在适用范围内。另外，我国的企业债券是由中央政府部门所属机构、国有独资企业或国有控股企业发行的债券。发行企业债券募集资金的用途主要为固定资产投资和技术革新改造方面，并且与政府部门审批的项目直接相联。鉴于企业债券发行主体及募集资金用途的特殊性，本书认为企业债券同样不适用于小额发行豁免制度。

我国现行《证券法》并没有为证券做出一个明确的界定，而是将股票、公司债券作为基本的证券类型加以确认，外加其他途径予以补充。具体地，在《证券法》之外对于证券的类型补充的路径有两种：一是由国务院依法认定；二是由其他法律、行政法规另行规定。因此，我国证券立法对于证券的界定是以不同层级立法、较为分散地将各种类型的证券予以确认，本质上属于列举的方式。在目前的情况下，法律上的证券定义的拓展，应该根据市场的实践与经验进行有限的扩大，借此，不仅可以为这些融资渠道提供有效的合法性依据，也可以将其纳入证券监管的范围，[①] 还可以为新的证券发行法律提供制度基础。

---

① 吕成龙：《我国〈证券法〉需要什么样的证券定义》，《政治与法律》2017 年第 2 期。

⟁⟁ 第五节　简化审核模式下的发行审核程序构造

依据前文分析，本书建议我国采用简化审核模式作为制度设计的基础，所以发行程序中依然存在审核环节。鉴于小额发行豁免制度的建立主要是为了便利中小企业低成本融资，因此其发行审核程序相较于常规公开发行是简化的，而且应当是高效、低成本的。

一、　审核主体选择

在常规公开发行程序中，发行审核是重要的组成部分。审核部门依据相关标准对提出发行申请的公司进行审核，符合条件的公司可获得公开发行证券的资格。发行审核由享有法定职权的主体实施，由于各国的金融监管体制存在区别，所以履行发行审核职责的主体性质也不尽相同。就我国而言，原本在实施核准制的阶段，发行审核由证监会或者国务院授权的部门负责。在公司获得公开发行证券的资格后申请上市的情况下，由证券交易所负责上市审核。目前，我国已经逐步由核准制向注册制转变，履行发行审核职责的主体也发生了变化。股票公开发行方面，履行发行审核职责的主体转变为证券交易所。例如，申请在科创板首次公开发行股票并上市的，由上海证券交易所按照《上海证券交易所股票发行上市审核规则》对发行申请进行审核，并且做出同意或者不同意发行人股票公开发行并上市的审核意见。同意发行人股票公开发行并上市的，由上海证券交易所将审核意见、发行人注册申请文件及相关审核资料报送证监会履行发行注册程序。公司债券公开发行方面，同样由证券交易所负责对发行并上市交易的申请进行受理、审核，并且最终报证监会履行注册程序。这一设计改变了以往发行审核与上市审核职责分别由证监会、证券交易所履行的格局，将发行审核与上市审核的权力皆授予证券交易所，而由证监会在最终的注册环节发挥监督作用。

依据前文观点，我国的小额发行豁免制度应当以发行注册制为基础建立。在采用简化审核模式的前提下，对于审核主体的选择也应当与我国目前注册制的改革思路保持一致，即由交易所负责对小额发行并挂牌交易的申请一并履行审核职责。具体地，本书的观点是由前文论及的小额发行场外交易市场对小额发行并挂牌交易的申请进行审核。在小额发行场外交易市场做出同意发行人小额发行并挂牌交易的审核意见后，由其将审核意见、发行人的申请文件及相关审核资料报送证监会备案。这里，由小额发行场外交易市场将相关文件报证监会备案，而不是报证监会履行注册程序，这就是豁免。这一设计不仅体现了与上文述及的常规注册公开发行程序之间的区别，而且体现了对常规注册制公开发行审核程序的简化。客观上，由单一的场外交易市场一并对小额发行并挂牌交易的申请进行审核有利于提升效率，不会出现因重复监管而为发行人带来不合理发行成本的情况。

二、　发行审核的基本程序

发行审核程序是证券发行法律制度中的重要内容，审核部门应当依照法定程序和条件对发行人提交的发行申请文件进行审核，做出同意或者不同意发行人公开发行证券的审核意见。本书根据《证券法》、《公司法》及《中国证券监督管理委员会行政许可实施程序规定》等法律法规，针对小额发行审核环节的基本程序做出如下设计：

第一，发行人首次申请发行并挂牌的，应当依据证监会的有关规定制作发行申请文件，并且向小额发行场外交易市场提交。小额发行场外交易市场受理部门收到发行申请文件后，应当对申请文件进行形式审核。需要发行人补充材料的，应当在规定期限内提出补充要求，发行人应当在规定期限内补充材料。受理部门收到发行申请文件后，应当在规定期限内做出是否受理的决定。

第二，受理部门做出受理决定后，转由审核部门依据相关规定对发行申请文件进行审核。审核部门应当就申请文件中存在的问题与发行人进行沟通，其主要通过问询的方式开展审核工作。审核部门在审核申请文件过程中，认为需要发行人做出书面说明、解释的，应当将问题汇总成书面反馈意见。发行人应当在审核部门规定的期限内提交书面回复意见；确有困难的，可以提交延期回复的书面报告并说明理由。在审核中，审核部门应当尽量减少反馈的次数、尽量一次性沟通全部问题，并且缩短从材料提交到反馈意见的时间跨度，以此提升审核的效率。

第三，发行申请文件受理后，发行人未经审核部门同意，不得随意改动。发生重大事项的，发行人应当及时向小额发行场外交易市场报告并按要求更新申请文件。审核部门应重点关注下列事项：发行人是否符合小额发行豁免制度的发行条件及在小额发行场外交易市场挂牌的条件；发行人的信息披露是否符合规定。

第四，审核部门依据法定条件和程序，可以直接对申请文件的有关内容进行实地核查。

第五，审核部门应当在规定的期限内按照法定程序及条件，做出同意或者不同意发行人小额发行并挂牌交易的审核意见。同意发行人小额发行并挂牌交易的，应当在规定期限内将审核意见、发行人申请文件及相关审核资料报送证监会备案。不同意发行人小额发行并挂牌交易的，应当做出终止发行审核的决定。发行人根据要求补充、修改申请文件，以及审核部门按照规定对发行人实施现场核查，或者要求证券服务机构对有关事项进行专项核查的时间不计算在内。

第六，审核部门因不同意发行人小额发行并挂牌交易的，做出终止发行审核决定的，发行人可以在自该决定做出之日起的规定期限内，再次提出申请。

此外，已挂牌公司再次申请小额发行的，应当依据上述程序提出申请。

三、 发行审核中的特殊情形

（一） 中止审核

在审核的过程中，审核部门发现存在使审核程序暂时无法继续进行的特定情形时，应当做出中止审核的决定。待特定情形结束后，审核部门再视情况做出相应的恢复审核决定。根据《中国证券监督管理委员会行政许可实施程序规定》第二十二条及证监会《发行监管问答——首次公开发行股票申请审核过程中有关中止审查等事项的要求》的规定，并且结合前文关于小额发行的论证，本书对我国小额发行豁免制度的中止审核做出如下设计。

1. 触发中止审核的情形

第一，发行人或者发行人的控股股东、实际控制人涉嫌违法违规被证券监管机构立案调查，或者被司法机关立案侦查，尚未结案的；

第二，为发行人提供服务的中介机构因首发、再融资、并购重组业务涉嫌违法违规，或者其他业务涉嫌违法违规且对市场有重大影响，被证券监管机构立案调查，或者被司法机关侦查，尚未结案的；

第三，为发行人提供服务的中介机构签字人员因首发、再融资、并购重组业务涉嫌违法违规，或者其他业务涉嫌违法违规且对市场有重大影响，被证券监管机构立案调查，或者被司法机关侦查，尚未结案的；

第四，为发行人提供服务的中介机构被证券监管机构依法采取限制业务活动，责令停业整顿，指定其他机构托管、接管等监管措施，尚未解除的；

第五，为发行人提供服务的中介机构签字人员被证券监管机构依法采取市场禁入、限制证券从业资格等监管措施，尚未解除的；

第六，发行人申请文件中记载的财务资料已过有效期，需要补充提交的；

第七，对有关法律、行政法规、规章的规定，需要请求有关机关做出解释，进一步明确具体含义的；

第八，发行人主动要求中止审核，理由正当且经审核部门批准。

2. 恢复审核的程序

中止审核的事项消失后，根据不同情形，审核部门应恢复审核并通知发行人及中介机构；或者由发行人及中介机构在规定的期限内提交恢复审核的书面申请。具体情形如下：因前述第六、第七项情形中止审核的，由审核部门恢复审核并通知发行人。因前述第一、第二项情形中止审核的，当已结案且不影响发行条件时，由发行人及中介机构提交恢复审核申请。因前述第四项情形中止审核的，证券监管机构的强制措施已解除的，由发行人及中介机构提交恢复审核申请。因前述第三项情形中止审核的，尚未结案，经履行复核程序后，由发行人及中介机构提交恢复审核申请。因第五种情形中止审核的，发行人在中止审核后更换中介机构或签字人员，完成更换程序后由发行人及中介机构提交恢复审核申请。更换前的相关中介机构或签字人员涉嫌违法违规，被证券监管机构立案调查、被司法机关侦查或执业受限等情形的，需履行复核程序。

（二）发行申请的撤回

撤回发行申请是证券发行审核制度中较为常规的制度安排，可将其视为对申请发行证券的企业的一项权利赋予，在我国及国外的证券发行审核制度中均有关于发行申请撤回的规定。对此，本书以美国立法为例进行分析。美国《条例 A+》对此项制度的规定由发行人对于发行申请的撤回与证券监管机构对于发行申请的废止两部分内容组成。首先，发行人申请撤回的时间范围是在提交发行声明至证券尚未被销售之前。其次，发行人应当以书面形式向 SEC 说明理由，经同意后可以撤回。再次，《条例 A+》也规定了撤回发行申请的特殊情形。当发行声明申报时间超过 9 个月且未经过修订、也未通过 SEC 的审查，SEC 可以自主做出决定，启动相应方式来做出处置：一是通知发行人及其法律顾问该声明或修订文件已经过期，发行人可以选择依据《条例 A+》的要求进行修订；二是允许发行人在接到通知后的 30 个日历日后撤回该声明；三是如果发行人或其法律顾问未能以申报实质性修订或撤回发行声明的方式回应 SEC

的通知，也未提供为何不能在 30 天内进行前述修订或撤回发行声明的令 SEC 满意的解释，则 SEC 可以宣布该发行声明被废止。SEC 在设计发行申请废止程序时注重对发行人权利的维护，在发行人怠于回应监管程序产生不利后果时，给予其补救的机会。

与《条例 A+》的规定类似，《中国证券监督管理委员会行政许可实施程序规定》对于申请证券期货方面行政许可的申请人也做出了允许其撤回申请的规定。第十三条规定："申请人在作出受理申请决定之前要求撤回申请的，受理部门应当检查并留存申请人或者其受托人的身份证明文件（或复印件）、授权委托书、撤回申请的报告，收回申请材料接收凭证，经登记后将申请材料退回申请人。将申请材料退回申请人，应当留存一份申请材料（或复印件）。"第二十一条规定："申请人主动要求撤回申请的，应当向受理部门提交书面报告，受理部门应当出具终止审查通知，经检查并留存申请人或者其受托人的身份证明文件（或复印件）、授权委托书，留存一份申请材料（或复印件），登记后将申请材料退回申请人。"通过梳理条文可知，《中国证券监督管理委员会行政许可实施程序规定》与《条例 A+》对于撤回申请的规定既有相同之处，也存在差异。二者的共同点是申请人或发行人均需要提交书面申请文件，并且经审核部门批准后方可撤回发行申请。二者的主要区别是审核部门对于撤回申请的处理程序不同。我国要求审核部门在批准申请人撤回申请后，应当留存申请人的相关材料作为存档以便于监管；而《条例 A+》未有此方面的规定。此外，我国的规定也赋予了发行人对发行材料进行补充、提交书面说明解释的权利。

综合比较，《中国证券监督管理委员会行政许可实施程序规定》对于撤回申请的相关内容规定得较为全面，并且具有较强的可操作性，可以发挥类似《条例 A+》撤回发行申请条款的作用。因此，本书建议我国小额发行豁免制度可以《中国证券监督管理委员会行政许可实施程序规定》第十三条、第二十一条的规定为依据，对撤回发行申请设计相应条款。具体地，可依据发行人提出撤回申请的时间差异做出相应的规定。发行人在受理部门做出受理决定之前要求撤回申请的，应当向受理部门提交书面报告。受理部门应当检查并留存发行人或者其受托人的身份证明文件（或复印件）、授权委托书、撤回申请的报告，收回申请材料接收凭证，经登记后将申请材料退回发行人。发行人在发行申请受理后主动要求撤回申请的，应当告知审核部门并向受理部门提交书面报告，受理部门应当出具终止审核通知，经检查并留存发行人或者其受托人的身份证明文件（或复印件）、授权委托书，留存一份申请材料（或复印件），登记后将申请材料退回发行人。

（三）终止审核

当发生某些特定情形使发行审核不再具有必要性，或者由于发行人违反小额发行豁免制度的发行审核规则导致审核终止的，审核部门应当做出终止审核的决定。本书参考《中国证券监督管理委员会行政许可实施程序规定》第二十条及《首次公开发行股票注册管理办法》第三十一条的规定，将引发终止审核的情形设定如下：

第一，发行人撤回发行申请的。实践中，促使发行人撤回申请的原因是多样化的。例如，发行人在综合考虑审核情况后，认为无法通过审核的；或者发行人对于自身状况进行分析后，认为暂时不适宜继续申请发行的等。赋予发行人撤回发行申请的权利，有利于发行人及时调整发行计划。为杜绝发行人随意撤回发行申请，应当依据前文观点要求发行人事先告知审核部门，并且向受理部门提交撤回发行申请的书面报告，受理部门应当出具终止审核的通知。

第二，发行人法人资格终止的。在这种情况下，公司已经不再具备发行证券的条件，并且发行审核也不具备必要性。因此，将其列入终止审核的情形中具有合理性。

第三，发行人未在规定的期限内提交书面回复意见，并且未提交延期回复的报告，或者虽提交延期回复的报告，但未说明理由或理由不充分的。在发行审核的过程中，发行人有义务依据审核部门的要求对相关情况做出说明。本条规定的情形反映出发行人怠于履行义务或者不适当履行义务，审核部门可以据此做出终止审核的决定。

第四，申请文件存在虚假记载、误导性陈述或者重大遗漏的。本条规定了三种发行人违规信息披露的情形，每种情形对于证券市场均隐含着巨大的潜在风险。若发行人符合其中某一情形，其将不会被授予发行人资格，审核部门一经查实即可终止审核。另外，证券监管机构可以依法追究发行人及相关主体的法律责任。

第五，发行人阻碍或者拒绝证券监管机构依法对发行人实施检查、核查的。依据我国《证券法》第一百七十条的规定，证券监管机构享有对发行人进行现场检查、对相关事件进行调查的权力。发行人阻碍或者拒绝证券监管机构对其行使此项权力的，实则构成妨碍证券监管机构履行职责的行为，审核部门可以据此做出终止审核的决定。

第六，申请文件内容存在重大缺陷，严重影响投资者理解和发行审核的。在本条的规定中，申请文件存在重大缺陷主要是指：文字表述得极不准确、不规范，导致投资者不易理解；或者内容极不完整、存在重大缺失等。而且，发行人既无法在短期内予以补充、修改，也不能够通过解释说明的方式来弥补申请文件的重大缺陷。当发行审核部门确认申请文件存在此种情形时，可以做出终止审核的决定。

第七，发行人申请文件中记载的财务资料已过有效期，并且在规定期限内未更新的。在本条规定的情形中，发行人实施了消极行为，未能依据审核部门的要求及时更新财务资料。由于发行人怠于履行义务的行为将导致审核部门无法查明其最新的财务信息，所以审核部门可以做出终止审核的决定。

第八，中止发行审核程序超过规定期限仍未恢复的。本条规定的情形包括：发行人主动提出中止审核申请并经过批准后，未在规定期限内提出恢复审核申请的；审核部门做出中止审核决定后，在法定期限内无法恢复审核的。前一种情形下的终止审核是对于发行人怠于行使权利的惩罚措施，后一种情形则是指触发中止审核的情形无法在短期内消除，导致恢复审核的法定期限已过。在两种情形下，审核部门均可做出终止审核的决定。

第九，审核部门不同意发行人发行证券的。在这种情况下，审核部门已经依照法定程序对发行申请进行了审核，并且做出不予通过的决定。与此同时，审核部门可以做出终止审核的决定。

第十，中国证监会规定的其他情形。

此外，本书建议我国小额发行豁免制度为发行人设置一个再次提出发行申请的期限，确保发行人在满足条件后可以获得适用该项制度开展融资的机会。

第六节　强制与自愿信息披露义务设定

小额发行豁免制度中发行人的信息披露义务较轻，其以常规公开发行信息披露义务的设计为基础简化而来，具体表现为披露项目种类的减少及具体项目披露的标准降低。小额发行豁免制度中发行人信息披露义务设定的关键在于确定强制信息披露义务的范围及标准，并且明确履行义务的原则与方式。同时，应当鼓励发行人在最低披露范围之外自愿披露。由于本书的研究对象是一级市场的发行制度，所以下文仅针对发行阶段的信息披露义务的设计进行讨论。

一、强制信息披露

强制信息披露是证券法中的一般规则。强制信息披露制度为发行人划定了一个最低限度的披露范围，后者应当严格依据法定的内容、格式及程序履行义务。小额发行的强制信息披露设计是对不同发行规模的企业施以不同轻重程度的信息披露义务，充分体现了信息披露的成本与效益原则①。结合前文的研究，本书认为我国的制度构建可以将如下几个方面作为重点加以考量：

第一，遵循信息重大性标准，以投资者需求为导向。鉴于小额发行的风险程度较低，所以不必要为发行人设定过重的强制信息披露义务。在简化信息披露的设计中，应当突出重点，注重信息披露的实效性，坚持非必要不披露。

第二，通过成本收益分析，合理设定强制信息披露义务。在制度设计中，应当使用成本收益分析方法，将适用信息披露规则所产生的成本与发行限额进行衡量，确保该成本在合理范围内。

第三，简化财务信息披露。依据前文研究可知，财务信息披露是产生披露成本的主要来源。发行人需要聘请中介机构辅助制作财务信息披露材料，并且支付高昂的费用。在实践中，简化财务信息披露是降低披露成本的一个重要途径。对此，国外立法和我国证监会的相关举措都能够支撑这一观点。具体地，我国可以在小额发行豁免制度中精简财务信息披露的指标，前提是能够满足投资者最基本的需要。另外，由于本书建议适用我国小额发行豁免制度的中小企业最低的存续期间为 2 年，并且为保证投资者可以获得能够对比的数据，所以可以要求发行人提交 2 年的财务报表。若发行人存续期限较长，其可以自愿披露更多年份的财务信息。与此同时，还需要对发行人是否应当提交经审计的财务报表进行权衡，原因在于其关乎发行成本与风险防范。

第四，强化风险信息披露。证券投资本身是一种带有风险的行为。对于投资者而言，其必须了解证券市场的各类风险，以便做出安全、合理的投资决策，降低投资受损的概率。在对小额发行的投资中，投资者面临的投资损失风

---

① 葛其明、徐冬根：《多层次资本市场建设下的差异化信息披露制度——兼论科创板信息披露的规制》，《青海社会科学》2019 年第 3 期。

险较高,主要原因在于普通中小企业的经营风险较高。因此,在降低企业公开发行证券门槛的同时,我国应当强化企业对风险因素的信息披露,维护投资者的利益。

第五,突出差异化设计。一方面,由于可适用小额发行豁免制度的证券有多种类型,所以我国应当结合不同证券的特点对信息披露的内容进行差异化设计。另一方面,信息披露设计应反映出行业差异。适用小额发行豁免制度的企业来自多个行业领域,不同行业具有各自的特点,如业务范畴、技术应用、发展前景与风险因素等。为使信息披露更加具有针对性,我国应当注重为不同行业拟定小额发行信息披露的指引。

二、 自愿信息披露

与强制信息披露相对,自愿信息披露是发行人基于自身意愿主动向市场公开信息的行为。目前,各国证券公开发行信息披露法律制度均形成了以强制信息披露为主,自愿信息披露为辅的格局。我国《证券法》、证监会颁布的有关信息披露的规范性文件及证券交易所制定的信息披露指引都引入了鼓励自愿信息披露的条款,此举在提升我国证券市场透明度、保护投资者利益及完善我国的信息披露制度等方面起到了积极的促进作用。

在小额发行中,同样需要鼓励发行人自愿披露,这一点在《条例 A+》的信息披露制度中可以得到例证。SEC 在表格 1-A 的说明中表示:"委员会鼓励利用管理层对未来经济业绩的预测,这些预测有合理的基础,并且以适当的格式提出。"在小额发行豁免制度中,立法者为降低发行人的发行成本,减轻了发行人的强制信息披露义务。在这种前提下,发行人所披露的信息是最为基本的,而高质量的自愿信息披露将为投资者提供更加充分的投资依据。现实中,在自愿信息披露的语境下,发行人不仅享有自主决定披露与否的权利,而且可以结合自身的理解进行披露,自由裁量的空间较大。针对自愿信息披露的实际效果,有学者以我国上市公司为对象进行研究之后,总结出存在的一些问题:中国上市公司自愿性信息披露水平总体偏低,上市公司自愿进行信息披露的动力不足①；信息质量不高等②。自愿信息披露动力不足、质量不高两大方面又可以具体化为：不披露、信息有用性低、披露不全面及不同企业针对相同项目披露的规范性差异大等。在小额发行中，企业自愿信息披露自主决定权的行使与上市公司并无二致，也会存在披露效果不佳的可能性。从监管的角度出发，为使自愿信息披露发挥应有的作用，可以着重从两个方面入手：一是有效引导、规范自愿信息披露；二是有效激励发行人自愿披露。

（一）引导、规范自愿信息披露

引导、规范自愿信息披露是指给予发行人明确的披露方向及基本范围，并且对于自愿信息披露的内容及格式加以规范。首先，明确自愿信息披露的标准。从制度的价值角度进行审视，自愿信息披露绝不仅仅是强制信息披露的一般性补充。我国《证券法》第八十四条第一款规定："信息披露义务人可以自愿披露与投资者作出价值判断和投资决策有关的信息。"可见，自愿信息披露与强制信息披露的标准是一致的，也需满足重大性标准，并且以投资者需求为导向。证券监管机构需要在该标准的指引下，考虑如何使自愿信息披露与强制信息披露形成互补、发挥合力，使自愿信息披露发挥增进强制信息披露价值的作用。其次，明确区分小额发行强制披露与自愿披露的范围，并且为其制定专门性指引。为引导、规范发行人的自愿信息披露行为，本书建议我国证券监管机构出台专门针对小额发行自愿信息披露的指引，明确基本的披露范围、披露标准及格式。与此同时，允许发行人在指引确定的自愿披露范围之外，依据其自主判断披露额外的信息。此外，制定指引也需要遵循差异化监管的理念，针对不同行业，引入行业关键信息及特殊风险事项披露项目。

（二）激励发行人自愿披露

激励发行人自愿披露的目标是促使更多的企业产生自愿披露的意愿，从而向市场公开更多有价值的增量信息。客观上，发行人自愿信息披露主要是出于自利的原因。例如，自愿披露有利于建立良好的社会形象，有利于建立与投资者之间的良好关系。而且，高质量公司的管理层有动机将公司高品质的信号及时传递给投资者，并采用如聘请高质量审计师等策略增加信息披露可信度，以

① 高明华、苏然、曾诚：《自愿性信息披露评价及市场有效性检验》，《经济与管理研究》2018 年第 4 期。
② 王鹏程、李建标：《自愿性信息披露、媒体治理与市场效率——基于盈利预测披露的实验研究》，《企业经济》2018 年第 1 期。

影响投资者的投资决策，最终使公司股票价格上涨[1]等。导致发行人自愿信息披露不足的原因主要包括信息披露的经济成本、避免诉讼风险及竞争性损害风险等。也有学者从我国信息披露监管现状的角度指出，自愿信息披露不足的原因还包括："给予信息披露义务主动披露的试错空间太小，信息披露义务人进行主动性披露意愿不强的根本原因还在于没有可参考的披露规范标准。[2]"可见，披露与否取决于发行人对于自身利益的考虑，即便自愿信息披露存在诸多益处，但实际自愿披露的比例并不高。结合上述分析，本书认为若要从外部激励发行人自愿信息披露，最基本的途径在于完善现有的自愿信息披露制度，降低发行人自愿信息披露的法律风险。对此，除应当给予发行人较为明确的指引之外，还应当设置必要的"安全港"，保护发行人的正当利益。另外，证券监管机构还可以结合实际，综合采取多种措施，如声誉机制等进行激励性监管，以提升自愿信息披露制度的实效。

三、 信息披露的原则及方式

厘定发行人信息披露义务的范围解决了披露什么的问题，而发行人如何履行此项义务依然需要监管者予以规制。在证券市场中，发行人处于信息优势地位，此等优势背后潜藏着发行人以利己为目的损害投资者利益的道德风险。因此，各国证券监管针对发行人履行信息披露义务行为确定标准、进行规制也就具有了必要性和正当性。由监管规则明确其履行义务的方式有利于降低违规的风险，并且有利于降低合规成本。

（一）信息披露的原则

在小额发行豁免制度中，简化信息披露主要表现为对披露信息的广度进行限缩，并不是降低信息披露的质量。而且，小额发行中的信息披露与常规公开发行中信息披露遵循相同的原则。综合世界多国证券监管制度的共性规定，发行人履行信息披露义务的原则主要包括真实、准确与完整。这三个基本原则是证券法信息披露制度体系内部众多规则协调统一的重要保障。依照这一标准尺度进行公开，公开者的行为有效；反之，违反或未达到该标准尺度的，公开义

---

[1] 林斌、饶静：《上市公司为什么自愿披露内部控制鉴证报告？——基于信号传递理论的实证研究》，《会计研究》2009 年第 2 期。

[2] 郑彧：《我国证券市场信息披露制度的法律分析——以法律规范文义解释为基础的研究》，《证券法苑》2017 年第 13 期。

务人就要受到法律制裁。[1]

第一，真实性原则。真实性原则要求发行人披露的信息应当与客观事实相符，其向证券监管机构、证券交易市场提交或向公众公开的承载相关信息的文件中不得存在虚假记载。依据《最高人民法院关于审理证券市场虚假陈述侵权民事赔偿案件的若干规定》（下文简称为《若干规定》）第四条规定：虚假记载，是指信息披露义务人披露的信息中对相关财务数据进行重大不实记载，或者对其他重要信息作出与真实情况不符的描述。真实性原则是发行人履行信息披露义务所需要遵循的首要原则。投资者做出投资决策所依赖的最主要的依据即是发行人向其提供的信息，这些信息能够真实地反映企业经营的状况及前景。另外，从保障投资者投资安全的角度分析，证券监管机构为防止发行人欺诈投资者，必然会对其公开的信息进行严格的监管。通常，信息披露制度的构成除基本原则外，还包括信息披露的主体、内容、形式、程序以及法律责任等。信息披露制度既为发行人履行义务提供了依据，同时也辅以相应的责任制度对其进行约束。我国《证券法》"法律责任"一章对于违法行为的处罚力度相较于修订前有了大幅的提高，具体体现在罚款的金额及惩罚倍数的提高。加大处罚力度可以对证券违法行为起到更强劲的遏制作用。

发行人披露的信息可分为描述性信息、评价性信息及预测性信息。三类信息产生的方式不同、性质存在差异，判断三类信息是否符合真实性原则的标准也应存在一定区别。描述性信息是发行人对既定事实进行客观陈述并向公众公开的信息，这类信息可以使外界对发行人的基本情况形成初步的了解。以我国企业公开发行并上市所应披露的招股说明书为例，该文件规定的发行人基本情况、控股股东及实际控制人情况、业务技术、同业竞争与关联交易、董事、监事、高级管理人员及核心技术人员信息、公司治理的基本情况、本次发行前的财务会计信息、本次发行前的重要合同、对外担保、重大诉讼及仲裁事项等均属于既定事实，即是发行人应当客观陈述的部分。对于描述性信息的真实性进行判断，应当以客观发生的事实为依据，利用相关证据来核实二者是否一致。评价性信息是发行人对其生产经营的各类既定事实进行评判所形成的信息，例如，招股说明书中的公司内部控制制度的自我评估意见。这类信息是发行人对自身情况的评价，对于投资者的投资决策也会产生引导性作用。其形成并非完

---

[1] 赵威、孟翔：《证券信息披露标准比较研究——以"重大性"为主要视角》，中国政法大学出版社，2013，第42页。

全依赖于人为的主观判断，而需要以客观的既定事实为基础并运用专业的评估方法。例如，公司内部控制制度评估意见除了包括发行人的自我评估之外，还包括注册会计师对公司内部控制出具的鉴证意见。因此，判断评价性信息是否符合真实性原则需要从两个方面进行：一是评价性信息所依据的基础性事实的真实性；二是做出评价性信息的主体及方法是否合规、合理。预测性信息是发行人对企业实施未来发展计划及前景进行推测所形成的信息。例如，盈利预测、公司发行当年及未来两年业务发展规划实施中将面临的困难，以及募集资金运用对于公司财务状况和经营成果的影响等。这类信息与评价性信息均以既定事实为基础。对于预测性信息的真实性判断不能完全依据其结果，而应考量其据以做出预测的基础信息的真实性及其预测方法的合规性、合理性。对此，有学者认为，对于发展计划的真实性，更要参照计划实施的过程，综合行为人的实际努力和外部因素来进行判断。[1] 对盈利预测真实性的判断，应当考虑作为其假设条件的事实是否具有真实性以及它与盈利结果之间是否存在逻辑上的关联性。[2] 可见，信息的真实性原本是信息披露的最根本也是最重要的要求，以至于该标准几乎成为信息披露制度的前提性假设。真实性标准用一种法律认可的表达方式，真正反映客观真相。[3]

第二，准确性原则。准确性原则要求发行人信息披露的文字表达精确、无误，不得使用容易引发歧义的语言。对此，我国《证券法》最经典的表述为"不存在误导性陈述"。何为误导性陈述？《若干规定》第四条将其界定为：误导性陈述，是指信息披露义务人披露的信息隐瞒了与之相关的部分重要事实，或者未及时披露相关更正、确认信息，致使已经披露的信息因不完整、不准确而具有误导性。依据该条，误导性陈述是指足以使投资者产生错误判断的信息，并伴有严重的后果发生。而在认定信息披露义务人的责任时，应当对投资者遭受的损害结果是否与信息披露义务人的虚假陈述存在直接的因果关系加以证明。此外，我国《证券法》第八十五条规定："信息披露义务人未按照规定披露信息，或者公告的证券发行文件、定期报告、临时报告及其他信息披露资料存在虚假记载、误导性陈述或者重大遗漏，致使投资者在证券交易中遭受损

---

① 赵威、孟翔：《证券信息披露标准比较研究——以"重大性"为主要视角》，中国政法大学出版社，2013，第46页。

② 盛学军：《证券公开规制研究》，法律出版社，2004，第176页。

③ 郝旭光、黄人杰：《信息披露监管问题研究》，《财经科学》2014年第11期。

失的，信息披露义务人应当承担赔偿责任；发行人的控股股东、实际控制人、董事、监事、高级管理人员和其他直接责任人员以及保荐人、承销的证券公司及其直接责任人员，应当与发行人承担连带赔偿责任，但是能够证明自己没有过错的除外。"从该条文可以看出，《证券法》将责任主体的民事责任归责原则分为两个层次。一是信息披露义务人的严格责任，即便是在基础数据采集、打字输入、排版印刷时发生的无心之失，亦会产生赔偿责任。[①] 二是发行人的控股股东、实际控制人、董事、监事、高级管理人员和其他直接责任人员以及保荐人、承销的证券公司及其直接责任人员的过错推定责任。这些主体存在直接参与信息披露材料制作的可能性，因此法律推定其存在过错，需承担连带责任。与此同时，立法赋予其证明自己不存在过错从而免责的权利。我国新版《证券法》强化了对于信息披露义务人及其他直接责任人的责任。客观上，发行人与投资者之间在知识水平、语言表达习惯及理解能力等方面存在差异。鉴于此，发行人在信息披露时应以普通投资者的理解能力水平为标准制作披露材料，要做到语言表达规范、符合逻辑且通俗易懂。对于专业性术语应当予以必要的解释，便于投资者理解。

第三，完整性原则。完整性原则要求发行人对其法定义务范围内应当公开的信息进行完全、充分的披露。有学者认为，完整性原则是指所有可能影响投资者决策的信息均应得到披露，在披露某一具体信息时，必须对该信息的所有方面做到周密、全面、充分的揭示。[②] 这意味着完整性原则对于发行人及其他信息披露义务人的要求包括披露信息种类的完整与对具体某一信息内容披露的完整。如果信息披露中存在影响一般理性投资者的投资决定和证券价格的重大信息遗漏，则信息披露的义务人违反了信息披露完整性的法定义务。[③]

实践中，违反完整性原则的情形主要分为两种：重大遗漏与故意隐瞒。关于重大遗漏的含义，《若干规定》第四条将其界定为：重大遗漏，是指信息披露义务人违反关于信息披露的规定，对重大事件或者重要事项等应当披露的信息未予披露。"而隐瞒则为信息披露义务人故意将一些反映企业经营、管理等环节的不良情况且容易使外界对其产生负面评价的信息予以回避。我国《证券法》第八十五条规定，信息披露义务人在信息披露的文件中存在重大遗漏的，

---

① 邢会强主编《证券法学》，中国人民大学出版社，2019，第108页。
② 齐斌：《证券市场信息披露法律监督》，法律出版社，2002，第113页。
③ 万建华主编《证券法学》，北京大学出版社，2013，第192页。

并且致使投资者在证券交易中遭受损失的，信息披露义务人应当承担赔偿责任。这里，《证券法》规定的信息披露义务人的民事赔偿责任所依据的归责原则依然是严格责任原则。有效资本市场假设的条件之一即为具备大量、充分的信息。对于投资者而言，获取全面的信息是其了解发行人真实状况、做出理性投资决策的重要前提，完整地披露相关信息也是避免投资者遭受损害的保障。无论是重大遗漏，还是故意隐瞒都具有消极性，本质上均属于不披露或者不陈述，均可能对证券交易价格或者投资者决策产生重大影响，具有可谴责性。此外，虽然完整性原则强调披露信息的充分性，但是信息披露义务人所披露的信息范围是受到限制的。一方面，应当依据法律、法规或证券监管机构制定的规章等规定的信息种类、项目进行全面披露。另一方面，不得披露国家机密、军事情报，也不得侵害他人的商业秘密。

除了上述三项基本原则外，发行人等其他信息披露义务人也应当及时依法履行信息披露义务，确保所披露的信息可以反映出发行人最新的情况、不破坏信息的时效性。

（二）信息披露的方式

第一，信息披露文件的提交。本书建议我国在小额发行程序设计中采取简化审核的模式，所以发行人在申请小额发行的过程中，应当向场外交易市场提交信息披露文件。据前文内容可知，在发行人适用《条例 A+》发行证券时，需要事先向 SEC 提交一份发行声明，并且应当填写一份由 SEC 制定的统一制式表格 1-A 作为发行声明的载体。其中，表格 1-A 的第二章即为信息披露部分。此种方式既可以使发行人明确地履行义务，又可以提升发行审核的效率。本书建议由证监会制定统一的模板，对信息披露文件的内容、格式、编制要求及披露形式等进行规定。发行人应当严格按照证监会的规定制作信息披露文件，依法履行信息披露义务。

第二，披露途径。在信息披露的途径方面，发行人除须遵守真实性、准确性及完整性的披露原则外，还应当及时地通过证券监管机构指定的渠道和规定的方式进行披露。在小额发行的信息披露中，本书建议依据我国《证券法》第二十条、第二十三条的规定并参考实践中的已有做法，规定发行人通过线上及线下两个途径进行信息披露。首先，线上披露。本书建议可建立类似于我国科创板股票发行上市审核系统或美国 EDGAR 系统的电子数据系统，要求发行人通过专门的网络数据系统提交发行申请书。此后，发行人应当按照证监会的规定预先披露有关申请文件。在预先披露的发行申请文件中，不得含有价格信息，发行人不得据此发行证券。当发行申请通过审核后，发行人应将发行申请书及场外交易市场审核通过本次发行的文件在场外交易市场网站和证监会网站公开，同时在证监会指定报刊刊登提示性公告，告知投资者网上刊登的地址及获取文件的途径。发行人可以将发行申请书刊登于其他报刊和网站，但披露内容应当完全一致，并且不得早于在场外交易市场网站、证监会指定报刊和网站的披露时间。其次，线下披露。当发行申请通过审核后，发行人应当在发行前将发行申请书及场外交易市场审核通过本次发行的文件置备于指定场所供公众查阅。

📐 第七节　发行程序中的其他制度

一、 公开劝诱限制

（一） 我国常规公开发行中的公开劝诱限制

在证券发行领域，公开劝诱是指发行人向不特定的公众推介其证券的行为。对于发行人而言，公开劝诱有利于推广证券，提升融资的效率、促进资本形成。不过，公开劝诱行为对于证券市场也隐藏着风险，某些存在欺诈意图的发行人会利用公开劝诱向投资者传播虚假信息，使投资者成为欺诈目标并遭受损失。因此，为了平衡发行人与投资者之间的利益，证券公开发行法律制度通常是在确认发行人享有实施公开劝诱的权利的同时，对其推介行为进行必要的限制。由于小额发行豁免制度也具有公开发行的性质，所以在制度设计中也应当遵循这一思路。

对于何为公开劝诱，我国《证券法》并未予以明确界定。只是在《证券法》第九条第三款对于非公开发行的禁止性规定中提及了不得采用公开劝诱。不过，我国在《证券法》之外的一些有关规范非公开发行的监管办法或文件中对公开劝诱的一些形式有所列举。例如，国务院办公厅于 2006 年发布的《关于严厉打击非法发行股票和非法经营证券业务有关问题的通知》对于公开劝诱的形式做出了列举："非公开发行股票及其股权转让，不得采用广告、公告、广播、电话、传真、信函、推介会、说明会、网络、短信、公开劝诱等公开方式或变相公开方式向社会公众发行。"可见，在我国非公开发行的场合中，公开劝诱是被明确禁止的。与此相对，在我国证券公开发行领域，发行人可以实施公开劝诱，但受到一定的限制。目前，我国对公开发行证券中发行人向投资者推介证券行为的监管主要是从限制推介时间、内容、形式及禁止性规定4个方面着手的。首先，时间方面。《证券发行与承销管理办法》第二十九条与《科创板首次公开发行股票承销业务规范》第十二条均将发行人与承销商向投资者推介股票的时间限制在通过发行审核、依法刊登招股意向书之后，在此之前，发行人、主承销商及与本次发行有关的当事人不得采取任何公开方式或变相公开方式进行与股票发行相关的推介活动，也不得通过其他利益关联方或委托他人等方式进行相关活动。总体上，发行人向社会公开推介股票的时间在通过发行审核之后。其次，内容方面。《证券发行与承销管理办法》第三十一条规定发行人和主承销商不得披露除招股意向书等公开信息以外的发行人其他信息。《科创板首次公开发行股票承销业务规范》第十四条规定，对线下投资者的路演推介，发行人和主承销商可以介绍公司、行业及发行方案等与本次发行相关的内容，但路演推介内容不得超出招股意向书及其他已公开信息范围，不得对股票二级市场交易价格做出预测。主承销商不得以任何方式发布报价或定价信息；不得口头、书面向投资者或路演参与方透露未公开披露的信息，包括但不限于财务数据、经营状况、重要合同等重大经营信息及可能影响投资者决策的其他重要信息。在推介内容限制方面，发行人及承销商向投资者进行推介时，可宣传的信息范围为已经公开的信息，主要为招股意向书中的内容。招股意向书除不含有发行价格、筹资金额信息外，其内容和格式与招股说明书是相同的。再次，推介形式方面。依据《证券发行与承销管理办法》第三十条的规定，发行人可以采用网上或网下两种途径向投资者进行推介。而《科创板首次公开发行股票承销业务规范》第十五条规定发行人和主承销商至少应当采用互联网方式推介。此外，也包括现场、电话推介。最后，其他禁止性规定。《证券发行与承销管理办法》第三十一条、《科创板首次公开发行股票承销业务规范》第十六条及《公司债券发行与交易管理办法》第四十条均明确规定发行人及主承销商不得在推介过程中夸大宣传，或者以虚假广告等不正当手段诱导、误导投资者。可见，证监会对于常规公开发行中发行人向公众推介证券的行为实施了较为严格的监管，这也与常规公开发行对于证券市场稳定运行潜在的影响程度有关。

（二）我国小额发行豁免制度中的公开劝诱限制

本书认为，在小额发行豁免制度中设计公开劝诱规则，也需要重点围绕上述 4 个方面进行思考。

第一，时间限制。依据上文，我国常规公开发行的公开推介时间是在发行人获得发行资格、正式发行前。这种制度安排是常规公开发行制度的一般性设计。发行审核最基本的功能是确保发行人符合公开发行证券的资质要求，是对企业进入证券发行市场资格的赋予。虽然我国的证券发行审核并不对发行人的投资价值做出判断，但是证券监管机构必须履行维护证券市场安全运行的职责。要求发行人在通过发行审核后方可进行公开推介，有利于保护投资者的利益。由于简化审核模式与常规公开发行的审核过程类似，所以对于发行人实施公开劝诱限制可以遵循常规公开发行的思路，这对保护投资者利益而言并无不妥。对此，美国《条例 A+》的规则较为特别。依据前文，发行人在通过发行审核之前，即可通过"试水"环节向社会公开劝诱，试探市场兴趣。如果发行人在"试水"后不确定能否引起投资者足够的兴趣，那么其可以放弃小额发行融资。这样的制度设计能够帮助发行人判断发行能否成功，最大限度地避免发行失败带来的不必要成本。当然，"试水"不是正式发行，发行人不能在这个环节中向投资者销售证券，也不可以接受投资者购买证券的承诺。而且，发行人需要将"试水"材料作为发行声明的附件，一并向 SEC 提交。"试水"是一种制度上的创新，突破了常规公开发行对于公开劝诱时间点的限制。在发行人受益之时，保护投资者利益的任务就由后续审核、信息披露及相应的法律责任制度来承担。对此，本书认为无论采取何种监管模式，小额发行豁免制度最终的落脚点依然是在促进资本形成与保护投资者之间形成平衡。"试水"规则对于投资者并非没有风险，许多评论者也都在 SEC 修改《条例 A》的过程中对于发行人向 SEC 提交"试水"材料的时间安排表达了担忧。不过，SEC 最终坚持了自己的观点。对于我国而言，在制度建立的初期延续原有对于公开推介证券行为监管的思路较为稳妥。小额发行是一项新事物，本身就是一项制度创新。在缺乏经验的前提下，应当偏重于安全与稳定。当然，可以在制度正式实施过一个阶段后，通过实际的效果来检验规则设计的合理性并做出调整。

第二，内容限制。由于允许发行人公开劝诱是为了使公众了解公司、拟发行证券的信息并吸引潜在的投资者，所以应当允许发行人向公众就公司的基本情况、发行方案等与本次发行相关内容进行宣传，充分阐述公司的投资价值。

第三，推介方式限制。发行人可以通过网上或网下两种途径向不特定对象进行公开宣传、推介。具体形式可以为广告、公告、广播、短信、推介会、说明会等。发行人使用的相关推介材料应当由律师事务所进行事前审核，确保宣传材料的合法合规性，不能超出相关规定限定的公开信息的内容及范围。发行人应当保留推介过程中的相关资料至少三年并存档备查。

第四，禁止性规定。一方面，禁止发行人一方夸大宣传，或者以虚假广告等不正当手段诱导、误导投资者。另一方面，禁止发行人劝诱投资者支付现金或其他对价，也不得接受投资者支付的现金或其他对价，禁止双方形成交易。另外，发行人不得发布报价或定价信息，不得对二级市场交易价格做出预测。

二、 中介机构参与发行

在小额发行豁免制度中，中介机构参与发行并非强制性规定。例如，《条例 A+》与规则 504 均未要求发行人通过中介机构发行证券。在没有立法强制要求的前提下，小企业根据自身的需求和能力决定是否通过中介机构发行证券。SEC 的一份内部研究报告指出，《条例 A+》中参与证券发行与交易的中介机构主要为证券承销商、注册经纪交易商及注册投资顾问等。自《条例 A+》于 2015 年 6 月 19 日生效至 2016 年 10 月 31 日之间的 16 个月中，大多数发行没有报告任何类型中介机构的参与。发行申请聘用承销商参与的数量大约占18%，其中有 10% 的发行申请通过批准。数据表明，《条例 A+》第二层级的发行中，发行人使用中介的数量更多，这与发行额度较大、涉及的发行范围更广有关。[1] 该报告进一步指出，中介机构可能更容易被更大数额的发行和声誉良好、盈利的发行人所吸引，不太可能因为参与这种发行而降低中介的声誉。小公司对潜在投资者的知名度相对较低，因此中介机构有限的参与可能会对实施首次发行的小公司融资形成障碍。然而，《条例 A+》市场对这些小企业的吸引力可能取决于能否提供中介服务，这些服务可以增加价值，并且可靠地表明发行人的质量，特别是在发行人首次公开发行证券的情况下。[2] 从报告的表述可知，小企业在利用《条例 A+》发行证券的过程中使用中介的比例很小，除中介机构考虑获利、声誉等因素不愿参与外，还有可能与发行人对发行成本的考量有关。此外，SEC 对于发行人利用规则 504 及规则 505 发行证券的有关

---

[1] Anzhela Knyazeva, "Regulation A+: What Do We Know So Far?", Sec Gov, January 1, 2016, accessed Nov 23, 2022, https://www.sec.gov/dera/staff-papers/white-papers/18nov16_knyazeva_regulation-a-plus-what-do-we-know-so-far.html.

[2] 同上。

数据调查显示，在规则 504 的发售中，中介的使用频率低于注册发行。2009—2015 年，大约有 20% 的规则 504 发行和 29% 的规则 505 发行使用了中介。[①]

2019 年 4 月，我国发布的《证券法》修订草案三审稿增加了小额发行豁免制度条款。该草案第十一条规定：公开发行证券，有下列情形之一的，可以豁免核准、注册：……（二）通过证券公司公开发行证券，募集资金数额较小，发行人符合规定条件的。条文内容表明：证券公司参与发行很有可能是我国日后小额发行豁免制度将要规定的一个必要条件，这与美国的立法思路是不同的。从证券监管者的角度思考，要求小额发行通过证券公司进行，可以在豁免发行人接受发行审核义务的前提下，使该中介机构发挥看门人的作用，通过自身专业判断来净化市场交易环境，确保公司所披露信息的真实性、可靠性，进而保护市场上广大投资者的利益。[②] 从发行人的角度思考，一般的中小企业直接发行证券存在一定的阻碍，如上文 SEC 的内部工作报告所指出的发行人缺乏发现更多的潜在投资者的途径，并且缺乏知名度，投资者的投资意愿会受此影响等。一旦发行失败，发行人就必须承担所有的不利后果。有学者认为，小企业面临的问题是："确定潜在投资者，以及将自己与投资者的需求联系起来的成本较高。简言之，这是一个普遍存在的交易成本问题，造成这种现象的一个重要原因在于小企业缺少金融中介的服务。"[③] 声誉良好的专业承销商可以为发行人提供出售证券所需的销售力量和设施，并且充当信息和声誉中介。通过证券公司发行证券可以发挥后者的专业能力以促进发行成功，降低发行失败的概率。可见，要求发行人通过证券公司发行是具有合理性的。

从前文对于我国常规公开发行的数据分析中可以得知，承销费用在发行费用中所占比例极高。如果在小额发行豁免制度中强制要求发行人聘请证券公司承销，很可能导致发行成本过高。对此，本书建议我国应当通过成本收益分析对证券公司参与发行产生的成本进行计算，并与发行限额等其他因素综合衡量以指导制度设计，确保最终的制度具有良好的可适用性。

---

① SEC，"Exemptions to Facilitate Intrastate and Regional Securities Offerings"，SEC Gov，accessed Nov 23，2022，https://www.sec.gov/rules/final/2016/33-10238.pdf.

② 万国华、杨海静：《中国场外交易市场法律制度原论》，清华大学出版社，2017，第 54 页。

③ Rutheford B. Campbell，"Regulation A：Small businesses search for 'a Moderate Capital'"，*Delaware Journal of Corporate Law* 31，no. 1（2006）：88-90.

三、 豁免中止

依据前文观点，我国小额发行豁免制度可以借鉴美国的《条例A+》，引入该条例中的豁免中止制度。而且，本书建议将豁免中止设计成为一项证券发行审核纠错的事后监管制度，并且将其与我国《证券法》第二十四条发行审核决定撤销制度相结合进行构造。调整后的设计思路如下。

（一）触发豁免中止的情形

结合豁免中止制度的功能定位，并且参考我国《证券法》第二十四条的规定，本书将触发豁免中止的情形拟定为不符合法定条件或者法定程序。首先，不符合法定条件是指发行人不满足发行人的主体资格条件。其次，不符合法定程序是指证券发行审核机构做出审核通过的决定违反了发行审核程序。引发两种情形的原因是多元的，包括发行人隐瞒真实信息导致发行审核机构未能及时发现，或者发行审核机构审核失职等。通过豁免中止制度，可以对有误的审核通过决定予以纠正。

（二）豁免中止程序的启动主体

依据本书观点，我国小额发行豁免制度中的发行审核主体为小额发行场外交易市场，其享有启动豁免中止程序的权力，针对自身所做出的发行审核通过的决定进行纠正。另外，作为最高级别的证券监管机构，证监会享有依法对证券的发行、上市、交易、登记、存管、结算等行为进行监督管理的权力。因此，证监会除接受小额发行相关信息的备案之外，也享有对小额发行场外交易市场做出的发行审核决定进行审查的权力，即证监会也是可以启动豁免中止程序的主体。由于小额发行场外交易市场做出发行审核通过的决定后，需要将审核结果报送证监会备案，所以证监会启动豁免中止程序行为的性质为事后监督，而不是发行审核程序中的一个环节。此外，我国小额发行豁免制度应当规定证监会及小额发行场外交易市场开展事后审查发行审核通过决定的期限，确保二者能够及时履行监督职责，更好地维护证券市场的秩序。

（三）豁免中止的程序

第一，当小额发行场外交易市场对已做出的证券发行审核通过的决定，有理由认为不符合法定条件或者法定程序的，可以做出豁免中止的决定并暂停发行。小额发行场外交易市场做出决定后，应当通知发行人可以在规定的期限内提出听证申请，保障发行人及相关主体的申辩权。

第二，小额发行场外交易市场经过听证会及相关的调查程序后，确认已做出的证券发行审核通过的决定不符合法定条件或者法定程序的，应当撤销原发行审核通过的决定并做出终止豁免的决定。发行人尚未发行的，停止发行。已经发行尚未挂牌交易的，发行人应当按照发行价并加算银行同期存款利息返还证券持有人，发行人的控股股东、实际控制人应当与发行人承担连带责任，但是能够证明自己没有过错的除外。发行人在证券发行文件中隐瞒重要事实或者编造重大虚假内容，已经发行并挂牌交易的，小额发行场外交易市场可以责令发行人或其他负有责任的主体回购证券，或者责令负有责任的控股股东、实际控制人买回证券。

第三，小额发行场外交易市场经过听证会及相关的调查程序后，确认已做出的证券发行审核通过的决定符合法定条件或者法定程序的，应当做出撤销豁免中止并恢复发行的决定。

第四，小额发行场外交易市场作为启动豁免中止程序的主体时，应当将启动豁免中止程序的决定及举行听证会的相关材料报送证监会。证监会作为启动豁免中止程序的主体时，应当将豁免中止的决定告知小额发行场外交易市场及发行人，由小额发行场外交易市场举行听证会并做出相应的决定。小额发行场外交易市场应当在听证程序结束并做出相应的决定后，将相关材料报送证监会。证监会有权力对小额发行场外交易市场的决定进行审查，并且做出维持或撤销的决定。证监会撤销场外交易市场决定的，可指令其再次组织听证会，或者由证监会自行组织听证会。

第五，发行人在规定的期限内未提出听证申请的，小额发行场外交易市场或证监会可以开展调查并做出撤销豁免中止、恢复发行，或者终止豁免的决定。

第八章

结　论

作为证券公开发行法律制度体系中的一项特别安排，小额发行豁免制度可以帮助众多普通中小企业开展低成本直接融资，为这类群体拓宽融资渠道。国外立法实践表明，此项制度具有长久的生命力，并非暂时性的权宜之计。鉴于此，在我国政府不断出台扶持中小企业发展的专项政策，并且提出加大中小企业直接融资比重的背景下，构建我国的小额发行豁免制度是极具现实意义的。

通过研究可知，小额发行豁免制度以常规公开发行法律制度为基础，对发行条件、发行程序及信息披露等方面进行特殊的制度构造，以便达到降低发行成本、适度监管的目的。与此同时，维护投资者利益及证券市场秩序也是小额发行监管的重要目标。在免除注册环节的前提下，证券监管机构的事前监管相对弱化，需要加强事中及事后监管以防范风险。对此，特别需要证券中介机构与证券交易市场在其中发挥作用。另外，除了发行人市场准入、信息披露、法律责任等常规性制度外，小额发行投资者适当性制度与投资限额制度将在风险防范方面起到补强作用。

未来，引入小额发行豁免制度将会对我国的证券法律制度及资本市场产生重大影响。对于证券法律制度而言，小额发行豁免制度可以打破以往缺乏以发行规模为划分依据的发行制度格局，使证券发行法律制度体系更加完善。在公司公开发行证券并申请上市交易的传统模式外，公开发行但不上市也将成为常态化模式。另外，我国也可以此项制度的构建为契机，形成类似美国类型多样化、功能互补的小额发行注册豁免制度群，更好地服务实体经济的需求。对于资本市场而言，小额发行豁免制度将吸纳更多的中小企业进入，进而扩大资本市场的整体规模。相应地，我国需要给予适用小额发行豁免制度的中小企业明确的类型化定位，并且以此为基础建立小额发行场外交易市场。由此，我国资本市场的层次也将愈加丰富、清晰。

在系统论证了小额发行豁免制度的内涵与特征、功能及价值、理论基础，并且研究、探讨国外的制度实践及我国立法基础的前提下，本书提出如下立法建议：

第一，立法模式。在《证券法》"证券发行"一章中加入小额发行注册豁免制度基本条款，并且授权证监会制定具体实施办法。

第二，发行审核模式。在我国建立此项制度的初期，不建议我国采用完全免除审核模式，而采用简化审核模式。在程序设计上，由小额发行场外交易市场负责对小额发行并挂牌交易的申请进行审核。审核通过后，由小额发行场外交易市场将审核结果及相关文件报证监会备案。

第三，确定发行限额。在确定发行限额时，需要考虑的因素主要包括制度适用的发行人层次、发行成本与收益、对于投资者保护的影响、通货膨胀因素、与股权众筹发行限额相协调。另外，还应考虑在股票发行中，合理确定发行人股东发行的份额。在累计计算规则方面，本书建议我国的小额发行豁免制度以 12 个月为一个发行周期，发行人在该周期内发行同种或多种证券的总额度不得超过最高法定限额。

第四，发行人主体资格。本书建议为发行人分别设置发行及挂牌交易条件。在发行条件方面，本书建议从积极与消极条件两个方面进行限制。对于积极条件，应遵循注册制的精神并考虑普通中小企业的实际情况，在发行条件中不为其设定硬性的财务、盈利指标，而侧重对其设立的资质及发行前的存续期间、业务合规及持续经营能力、规范运营及募集资金运用等方面进行规定。这一思路也符合我国《证券法》证券公开发行条件设计的理念。对于消极条件，若发行人的董事、监事等高级管理人员及其控股股东、实际控制人在申请发行前的一段期限内存在特定违法行为受到证监会行政处罚的，或者涉嫌犯罪而被立案侦查且尚未有明确结论意见的，则排除其发行人资格。在挂牌交易条件方面，由小额发行场外交易市场制定硬性的、数量化的指标条件，如市值、净利润、净资产、营业收入及股本规模等。通过这些硬性的条件可以排除资质较差的公司，使投资者的资金流向真正具有发展潜力的企业。

第五，投资者类型及投资限额。首先，本书建议我国小额发行豁免制度的投资者由专业投资者与普通投资者构成。其次，以可投资净资产为依据为普通投资者设定 12 个月内的最高投资限额，并且可以考虑设计不同比例的限额制度。

第六，可适用的证券类型。依据本书观点，公司证券是适用小额发行豁免制度最基本的证券类别，包括股票及公司债券。另外，本书建议我国可先以股票发行先行试点小额发行豁免制度，待经过一段时间的市场实践后逐步扩大适用范围。

第七，发行审核程序。本书建议在审核中，我国采取全程电子化受理、审核，以及发行各环节实时信息共享，并且满足依法向社会公开相关信息的要求。审核部门应当减少反馈的次数、尽量一次性沟通全部问题，并且缩短从材料提交到反馈意见的时间跨度来提升审核的效率。在规则设计方面，包括发行申请文件的提交及受理、审核及通过。另外，也包括特殊规则：中止审核、撤回发行申请、终止审核。

第八，发行信息披露。首先，设定信息披露义务应以投资者需求为导向，遵循信息重大性标准。其次，适度简化发行信息披露。在强制信息披露方面，应当对发行限额、披露成本及保护投资者等因素进行综合衡量。避免信息披露成本过高，使制度设计不具有成本收益合理性。自愿披露方面，鼓励发行人自愿披露与投资者做出价值判断和投资决策有关的信息，并且制定相应的披露指引及激励措施。再次，建议证监会为发行人制定统一内容及格式的发行信息披露文件模板，并且针对不同类型的证券设计差异化的信息披露指引。

第九，证券交易市场的选择。由于本书建议我国将小额发行豁免制度适用的发行人层次定位在非上市中小企业，所以其发行的证券应当在场外交易市场流通。在对我国现有场外交易市场的相关制度进行梳理并分析后，本书指出了小额发行在我国现有场外交易市场流通中面临着诸多障碍。对此，本书建议为小额发行豁免制度设立专门的场外交易市场，并且重点对发行人与投资者市场准入制度、市场交易制度、挂牌公司及中介机构监管制度、场外交易市场自律监管措施与纪律处分制度，以及挂牌公司市场退出制度等方面进行相应的设计。

第十，发行程序中的其他制度。一是对公开劝诱行为的规制。本书建议从时间、内容、方式及禁止性规定 4 个方面加以重点设计。二是中介参与发行。本书建议我国应当通过成本收益分析对证券公司参与发行产生的成本进行计算，并与发行限额等其他因素综合衡量以指导制度设计，确保最终的制度具有良好的可适用性。三是豁免终止。本书建议将豁免中止作为一项证券发行审核纠错的事后监管制度引入，并对触发豁免终止的条件、豁免中止程序的启动主体、豁免中止的程序进行设计。

参考文献

（一）外文文献

▲ 著作：

[1] LOUIS L.Fundamentals of securities regulation[M].New York：Aspen Law & Business，2011.

[2] ALAN R P.Securities regulation：examples & explanations[M].6th ed.New York：Wolters Kluwer Law & Business，2014.

[3] WILLIAM J H.Exempted transactions under the securities act of 1933[M]. New York：C.Boardman Co.，1979.

[4] PAUL M G，DINESH G，ROBERT R K.Regulation A+ how the jobs act creates opportunities for entrepreneurs and investors[M].New York：Springer，2015.

[5] MARC I S.Understanding securities law[M].6th ed.Danvers：Matthew Bender & Company Inc.，2014.

[6] JAMES D C，ROBERT W H，DONALD C.Securities regulation：cases and materials[M].7th ed.New York：Wolters Kluwer，2013.

[7] MATTHEW D A，ERIC A P.New foundations of cost-benefit analysis[M]. Cambridge：Harvard University Press，2006.

[8] JOHN C C，JOEL S，HILLARY A S.Federal securities laws：selected statutes，rules and forms[M].Sunderland：Foundation Press，2007.

[9] NIAMH M.EC securities regulation[M].Oxford：Oxford University Press，2008.

[10] JWHICKS.Limited offering exemptions：regulation d[M].New York：Clark Boardman Callaghan，2019.

▲ 论文：

[1]   STEVEN B C.Transaction exemptions in the securities act of 1933：an economic analysis[J].Emory L.J,1996(45)：593-671.

[2]   FITZGIBBON S T.What is a security：a redefinition based on eligibility to participate in the financial markets[J].Minnesota law review,1980,64(5)：893-948.

[3]   STEVEN B C.Securities regulation and small business：rule 504 and the case for an unconditional exception[J].Journal of small and emerging business law,2001,5(1)：1-34.

[4]   CAMBELL R B.Regulation A：small businesses search for "amoderate capital"[J].Delaware journal of corporate law,2006,31(1)：77-123.

[5]   HARVEY F.The processing of small issues of securities under Regulation A[J].Duke law journal,1962(507)：507-521.

[6]   PERRY E W.Integration of securities offerings：obstacles to capital formation remain for small businesses[J].Washington and lee law review,1988,45(3)：935-989.

[7]   JOHN S W.The social network and the crowdfund act：zuckerberg,saverin and venture capitalists' dilution of the crowd [J].Vanderbilt journal of entertainment & technology law,2013,15(3)：583-635.

[8]   SCHWARTZ A A.Keep it light,Chairman White：SEC rulemaking under the Crowdfund Act[J].Vanderbilt law review En Banc,2013,66(43)：43-62.

[9]   GOSHEN Z,PARCHOMOVSKY G.The essential role of securities regulation[J].Duke law journal,2006,55(4)：711-782.

[10]   SHAPIRO R M,SACHS A R.Integration under the securities act：once anexemption,not always[J].Maryland law review,1971,31(1)：3-26.

[11]   RAINES M.UK regulation of term securitization following ahard Brexit[J].Capital markets law journal,2018,13(4)：534-564.

[12]   PAIGE M L.The route to capitalization：the transcendent registration exemptions for securities offerings as a means to small business capital formation[J].Texas law review,2016,94(3)：567-600.

[13]   HAINSFURTHE A M.Summary of blue sky exemption corresponding to

Regulation D[J].Southwestern law journal,1984,38(4):989-1014.

[14] PRADO F G.Restricted offerings in the U.S.and in Brazil:acomparative analysis[J].The international lawyer,2014,48(1):33-50.

[15] RUTHEFORD B C.Resales of securities under the Securities Act of 1933 [J].Washington and lee law review,1995,52(4):1333-1385.

[16] NAIDICH Z. Regulation A-Plus's identity crisis: a one-size-fits-none approach to capital formation[J].Brooklyn law review,2017,82(2):1005-1029.

[17] CAMBELL R B.Regulation A and the JOBS Act:a failure to resuscitate[J]. OHIO state enterpreneurial business law journal,2012,7(2):317-333.

[18] HANKS S.Online capital-raising by small companies in the USA after the JOBS Act compared to the same process in the European Union[J].Capital markets law journal,2013,8(3):261-282.

[19] RUHNKA J C.Raising equity capital though limited offering:criteria for choice of exemptions[J].Journal of small business management,1985,23 (4):1-30.

[20] BURN L.Capital market union and regulation of the EU's capital market [J].Capital markets law journal,2016,11(3):352-386.

[21] CHIU H Y.Can UK small businesses obtain growth capital in the public equity markets?:An overview of the shortcomings in UK and European securities regulation and considerations for reform[J].Delaware journal of corporate law,2003(28):933-977.

[22] BELLER L L,TERAI T,LEVINE R M.Looks can be deceiving acomparison of initial public offering procedures under Japanese and U.S.securities laws[J].Law and contemporary problems,1992,55(4):77-148.

[23] JEON M J.Broker-Dealer responsibility in Regulation D transactions[J]. Fordham urban law journal,1989,17(1):63-87.

[24] CARNEY W J.Exemptions from securities registration for small issuers: shifting from full disclosure-Part Ⅲ:the small offering exemption and rule 240[J].Land and water law review,1976,11(2):483-524.

[25] ELIF H.Crowdfunding and the small offering exemption in European and

US prospectus regulation:striking a balance between investor protection and access to capital?[J].European company and financial law review,2017,14(1):121-148.

[26] ABRAHAMSON M,JENKINSON T,JONES."Why don't U.S. issues demand European fees for IPOs?"[J].Journal of finance,2011,66(6):1-34.

[27] SMITH F.Madoff Ponzi Scheme exposes"The myth of the sophisticated investor"[J].University of baltimore law review,2010,40(2):215-283.

[28] SJOSTROMW K.Relaxing the ban:it's time to allow general solicitation and advertising in exempt of ferings[J].Florida state university law review,2004,32(1):1-50.

(二)中文文献

▲ 著作:

[1] 杰克逊,西蒙斯.金融监管[M].吴志攀,译.北京:中国政法大学出版社,2003.

[2] 罗思,塞里格曼.美国证券监管法基础[M].张路,译.5 版.北京:法律出版社,2008.

[3] 博迪,莫顿.金融学[M].欧阳颖,译.北京:中国人民大学出版社,2008.

[4] 哈森.证券法[M].张学安,译.北京:中国政法大学出版社,2003.

[5] 弗雷德里克森.公共行政的精神[M].张成福,译.北京:中国人民大学出版社,2003.

[6] 萨缪尔森,诺德豪森.经济学[M].高鸿业,译.12 版.北京:中国发展出版社,1992.

[7] 罗尔斯.正义论[M].何怀宏,译.北京:中国社会科学出版社,1988.

[8] 庞德.通过法律的社会控制 法律的任务[M].沈宗灵,董世忠,译.北京:商务印书馆,1984.

[9] 黑格尔.法哲学原理[M].范扬,张企泰,译.北京:商务印书馆,1961.

[10] 曾令良.欧洲联盟法总论:以欧洲宪法条约为新视角[M].武汉:武汉大学出版社,2007.

[11] 董安生,何以.多层次资本市场法律问题研究[M].北京:北京大学出版社,2013.

[12] 邢会强.证券法学[M].北京:中国人民大学出版社,2019.

[13]　黄达.金融学[M].3 版.北京:中国人民大学出版社,2013.

[14]　张恒山.法律要论[M].北京:北京大学出版社,2002.

[15]　缪因知.中国证券法律实施机制研究[M].北京:北京大学出版社,2017.

[16]　徐强胜.经济法的经济秩序的建构[M].北京:北京大学出版社,2008.

[17]　彭冰.投资型众筹的法律逻辑[M].北京:北京大学出版社,2017.

[18]　张菊霞.我国小额证券发行注册豁免制度研究[M].北京:中国法制出版社,2018.

[19]　张旭娟.中国证券私募发行法律制度研究[M].北京:法律出版社,2006.

[20]　李昌麒.经济法学[M].北京:法律出版社,2008.

[21]　潘连柏,徐艳兰.经济学基础[M].上海:上海财经大学出版社,2013.

[22]　盛学军.欧盟证券法研究[M].北京:法律出版社,2005.

[23]　朱宝玲.日本金融商品交易法[M].北京:法律出版社,2016.

[24]　张文显.法理学[M].北京:法律出版社,2007.

[25]　万国华,杨海静.中国场外交易市场法律制度原论[M].北京:清华大学出版社,2017.

[26]　胡汝银.中国资本市场演进的基本逻辑与路径[M].上海:上海人民出版社,2018.

[27]　高峦.中国场外交易市场发展报告[M].北京:社会科学文献出版社,2014.

[28]　赵威,孟翔.证券信息披露标准比较研究[M].北京:中国政法大学出版社,2013.

[29]　卞耀武.英国证券发行与交易法律[M].北京:法律出版社,1999.

[30]　翟艳.投资者适当性制度研究[M].北京:中央编译出版社,2018.

[31]　沈朝晖.证券法的权力分配[M].北京:北京大学出版社,2016.

[32]　郑彧.证券市场有效监管的制度选择:以转轨时期我国证券监管制度为基础的研究[M].北京:法律出版社,2012.

[33]　齐斌.证券市场信息披露法律监督[M].北京:法律出版社,2002.

[34]　盛学军.证券公开规制研究[M].北京:法律出版社,2004.

[35]　冯玉军.法经济学范式[M].北京:清华大学出版社,2009.

[36]　陈岱松.证券上市监管法律制度国际比较研究[M].北京:法律出版社,2009.

［37］ 陈洁.证券欺诈侵权损害赔偿研究［M］.北京:北京大学出版社,2002.

［38］ 赵肖筠.市场经济运行中的法律问题研究［M］.北京:中国检察出版社,
2008.

［39］ 陈界融.证券发行法论［M］.北京:高等教育出版社,2008.

［40］ 刘少军.立法成本效益分析制度研究［M］.北京:中国政法大学出版社,
2011.

［41］ 中国证券业协会.证券市场基础知识［M］.北京:中国金融出版社,2012.

［42］ 范健,王建文.证券法［M］.北京:法律出版社,2007.

［43］ 马洪雨.论政府证券监管权［M］.北京:法律出版社,2011.

［44］ 谭立.证券信息披露法律理论研究［M］北京:中国检察出版社,2009.

▲ 论文:

［1］ 郭雳.创寻制度"乔布斯"(JOBS)红利:美国证券监管再平衡探析［J］.证券
市场导报,2012(5):10-16.

［2］ 肖百灵.证券发行注册豁免制度前瞻［J］.证券市场导报,2014(6):1.

［3］ 何晓楠.聚焦 2015 年美国小额发行最新规则［J］.银行家,2015(8):96-98.

［4］ 金永军.美国中小企业证券制度研究及启示［J］.上海金融,2012(2):87-
90.

［5］ 刘宏光.小额发行注册豁免制度研究:美国后 JOBS 法案时代的经验与启
示［J］.政治与法律,2016(11):125-141.

［6］ 张晶晶.美国证监会和小企业:小企业筹资及相应联邦证券法规指南［J］.
证券市场导报,2002(8):18-23.

［7］ 周晓刚.美国证券发行注册豁免制度研究［J］.证券市场导报,2001(4):41-
47.

［8］ 洪锦.论我国证券小额发行豁免法律制度的建立:以美国小额发行豁免为
例［J］.湖北社会科学,2009(4):137-141.

［9］ 袁康.资本形成、投资者保护与股权众筹的制度供给:论我国股权众筹相关
制度设计的路径［J］.证券市场导报:2014(12):4-11.

［10］ 龚映清,蓝海平.美国 SEC 众筹新规及其监管启示［J］.证券市场导报,
2014(9):11-16.

［11］ 袁康.主体能力视角下金融公平的法律实现路径［J］.现代法学,2018,40
(3):180-193.

[12] 刘明.美国《众筹法案》中集资门户法律制度的构建及其启示[J].现代法学,2015(1):149-161.

[13] 樊云慧.股权众筹平台监管的国际比较[J].法学,2015(4):84-91.

[14] 许飞剑,余达淮.股权众筹视角下投资者权益保护法律问题研究[J].经济问题,2016(11):42-47.

[15] 陈晨.股权众筹投资者适当性制度研究[J].上海金融,2016(10):43-48.

[16] 杨东,苏伦嘎.股权众筹平台的运营模式及风险防范[J].国家检察官学院学报,2014(4):157-168.

[17] 白江.我国股权众筹面临的风险与法律规制[J].东方法学,2017(1):14-28.

[18] 戴天柱.多层次资本市场的结构研究[J].财经论丛,2016(1):38-42.

[19] 张松孝.证券市场监管的成本收益分析[J].证券市场导报,2014(1):67-69.

[20] 周旺生.论法之难行之源[J].法制与社会发展,2003(3):16-28.

[21] 陈俊.欧盟一体化进程中的立法协调[J].国际经济合作,2011(6):67-72.

[22] 王春燕.证券欺诈的界定及其民事责任[J].华中师范大学学报(人文社会科学版),2004,43(1):107-112.

[23] 李东方.证券发行注册制改革的法律问题研究:兼评"《证券法》修订草案"中的股票注册制[J].国家行政学院学报,2015(3):44-49.

[24] 吕成龙.我国《证券法》需要什么样的证券定义[J].政治与法律,2017(2):138-150.

[25] 叶林.关于股票发行注册制的思考:依循"证券法修订草案"路线图展开[J].法律适用,2015(8):11-16.

[26] 孙焕民,吴德进.欧盟金融监管演进分析:兼论对中国金融监管区域国际合作的启示[J].亚太经济,2004(3):6-8.

[27] 唐应茂.证券法、科创板注册制和父爱监管[J].中国法律评论,2019(4):130-140.

[28] 郑雅方.论我国行政法上的成本收益分析原则:理论证成与适用展开[J].中国法学,2020(2):201-219.

[29] 中证机构间报价系统课题组.场外机构间证券市场发展研究[J].证券市场导报,2020(2):11-20.

[30] 张宗新,朱伟骅.我国上市公司信息披露质量的实证研究[J].南开经济研究,2007(1):45-59.

[31] 李明毅,惠晓峰.上市公司信息披露与资本成本:来自中国证券市场的经验证据[J].管理学报,2008(1):88-95.

[32] 周媛婷,李栋亮.我国证券市场信息披露制度探析[J].经济与管理研究,2001(5):59-61.

[33] 陈邑早,陈艳,王圣媛.以科创板注册制为起点建设高质量信息披露制度[J].学习与实践,2019(4):35-42.

[34] 金雪军,陶海青,周建松.证券市场的信息与效率[J].金融研究,2000(8):42-47.

[35] 蒋尧明.美国财务预测信息披露与监管的经验及借鉴[J].当代财经,2007(12):101-106.

[36] 李文莉.证券发行注册制改革:法理基础与实现路径[J].法商研究,2004(5):115-123.

[37] 李曙光.新股发行注册制改革的若干重大问题探讨[J].政法论坛,2015(3):3-13.

[38] 李燕,杨淦.美国法上的IPO"注册制":起源、构造与论争:兼论我国注册制改革的移植与创生[J].比较法研究,2014(6):31-42.

[39] 王通平,钱松军.论证券市场信息披露误导性陈述的界定[J].证券市场导报,2016(9):73-78.

[40] 葛其明,徐冬根.多层次资本市场建设下的差异化信息披露制度:兼论科创板信息披露的规制[J].青海社会科学,2019(3):132-141.

[41] 孙旭.美国证券市场信息披露制度对我国的启示[J].经济纵横,2008(2):86-88.

[42] 孙燕东.证券市场自愿性信息披露与投资者保护问题探讨[J].经济问题,2008(5):106-109.

[43] 闫化海.自愿性信息披露问题研究及其新进展[J].外国经济与管理,2004(10):42-48.

[44] 程茂军,徐聪.投资者导向信息披露制度的法理与逻辑[J].证券市场导报,2015(11):64-71.

[45] 汪青松.强制披露制度的投资者保护功能反思[J].现代财经,2008(6):76-80.

[46] 郝旭光,黄人杰.信息披露监管问题研究[J].财经科学,2014(11):41-48.

［47］ 邢会强.金融法上信息披露制度的缺陷及其改革:行为经济学视角的反思[J].证券市场导报:2018(3):64-72.

［48］ 甘培忠,夏爽.信息披露制度构建中的矛盾与平衡:基于监管机构、上市公司与投资者的视角[J].法律适用,2017(17):35-40.

［49］ 蒋尧明.上市公司会计信息披露的真实性与虚假陈述研究[J].会计研究,2004(1):39-43.

［50］ 李翔,冯峥.会计信息披露需求:来自证券研究机构的分析[J].会计研究,2006(3):63-68.

［51］ 李君临.证券市场信息披露重大性标准探析[J].特区经济,2007(11):111-113.

［52］ 王从容,李宁.法学视角下的证券市场信息披露制度若干问题的分析[J].金融研究,2009(3):178-190.

［53］ 王雄元,严艳.论强制性信息披露的适度理性[J].财经理论与实践,2003,24(121):76-80.

［54］ 胡静波,侯俊.我国上市公司证券发行信息披露有效性分析[J].东北师大学报(哲学社会科学版),2010(4):191-193.

［55］ 王银凤.论证券发行预披露制度[J].证券市场导报,2006(3):4-11.

［56］ 肖翔,赵天骄,贾丽桓.社会责任信息披露与融资成本[J].北京工商大学学报(社会科学版),2019(5):69-80.

［57］ 苗壮.美国证券法强制披露制度的经济分析[J].法制与社会发展,2005(2):101-110.

［58］ 覃宇翔.浅议证券法信息披露义务中的"重大性"标准[J].商业研究,2003(4):107-109.

［59］ 宋晓燕.证券监管的目标和路径[J].法学研究,2009(6):117-134.

［60］ 杨辉旭.多层次资本市场中新三板市场的法律制度供给与选择[J].云南社会科学,2017(3):150-157.

［61］ 何启志.经济新常态下的多层次资本市场建设[J].财贸研究,2016(4):95-100.

［62］ 宋晓刚.多层次资本市场建设的新抓手:加快新三板市场创新与规范发展[J].证券市场导报,2015(11):1.

［63］ 郭卫东.中美多层次资本市场体系的比较研究[J].投资研究,2011(3):9-12.

[64] 王小军,杜坤伦.资本市场化改革与信息披露制度完善:新三板及我国场外市场信息披露制度建设[J].财经科学,2016(5):41-51.

[65] 葛其明,徐冬根.多层次资本市场建设下的差异化信息披露制度:兼论科创板信息披露的规制[J].青海社会科学,2019(3):132-141.

[66] 郑彧.我国证券市场信息披露制度的法律分析:以法律规范文义解释为基础的研究[J].证券法苑,2014(13):351-398.

[67] 李文莉,王玉婷.中美证券发行信息披露制度比较研究[J].证券法苑,2014(12):285-306.

[68] 李玲.盈利预测信息披露:动机、质量及监管[J].经济评论,2004(6):113-116.

[69] 邢会强.新三板市场的合格投资者制度及相关制度改革[J].环球法律评论,2018(6):60-78.

[70] 王运陈,陈玉梅,唐曼萍.制度环境、信息披露质量与投资者保护[J].北京工商大学学报(社会科学版),2017(5):59-67.

[71] 戴文华,夏峰.关于中国证券市场20年发展的基本分析与思考[J].证券市场导报,2014(1):4-11.

[72] 李明.论证券市场的效率与公平双重属性[J].中南财经政法大学学报,2008(3):98-100.

[73] 李锋森,李常青.上市公司"管理层讨论与分析"的有用性研究[J].证券市场导报,2008(12):67-73.

[74] 魏俊.证券法上的安全港及其制度价值:以前瞻性信息披露为例[J].证券法苑,2014(12):131-166.

[75] 高明华,苏然,曾诚.自愿性信息披露评价及市场有效性检验[J].经济与管理研究,2018(4):123-135.

[76] 王鹏程,李建标.自愿性信息披露、媒体治理与市场效率:基于盈利预测披露的实验研究[J].企业经济,2018(1):60-68.

[77] 程茂军.试论上市公司自愿性信息披露的法律规制[J].证券法苑,2017(20):176-201.

[78] 林斌,饶静.上市公司为什么自愿披露内部控制鉴证报告?:基于信号传递理论的实证研究[J].会计研究,2009(2):45-52.

[79] 北京大学课题组,吴志攀.证券发行法律制度完善研究[J].证券法苑,2014,10(1):175-223.

[80] 李昌麒,黄茂钦.公平分享:改革发展成果分享的现代理念[J].社会学研究,2006(4):1-9.

[81] 牛先锋.社会公平的多重内涵及其政策意义[J].理论探讨,2006(5):20-22.

[82] 孙成文,宫钊.立法的成本与效益研究[J].山东行政学院山东省经济管理干部学院学报,2005(S2):47-54.

[83] 俞可平.社会公平和善治是建设和谐社会的两大基石[J].中国特色社会主义研究,2005(1):10-15.

[84] 杨蓉,宋永新.证券市场监管的经济分析[J].中南财经政法大学学报,2002(4):58-64.

[85] 邢会强.新三板市场的法律适用与"新三板监管法"的制定[J].现代法学,2018(1):92-103.

[86] 彭晓洁,李梦蝶.国外证券投资者适当性制度及其对我国的启示[J].贵州社会科学,2015(11):128-132.

[87] 杨为程.证券交易中"买者自负"原则的检讨与反思[J].江汉论坛,2015(4):122-126.

[88] 张付标,李玫.论证券投资者适当性的法律性质[J].法学,2013(10):82-89.

[89] 罗红梅.场外交易市场的监管:1986—2016年[J].改革,2016(5):101-113.

[90] 孟勤国,刘俊红.美国场外交易市场监管模式及对中国的启示[J].社会科学家,2014(9):101-105.

[91] 周茂清.场外交易市场运行机制探析[J].财贸经济,2005(11):4.

[92] 汤欣.论场外交易及场外交易市场[J].法学家,2001(4):66-73.

[93] 彭冰.聚焦《证券法》修改[J].中国法律评论,2019(4):129.

[94] 刘艳珍.区域性股权交易市场融资研究[J].金融理论与实践,2014(6):103-106.

[95] 开昌平,刘楠.区域股权市场的定位[J].中国金融,2015(12):63-64.

[96] 贺强,王汀汀,杜惠芬.新三板市场的制度内涵及其功能定位[J].价格理论与实践,2014(12):10-14.

[97] 关保英.社会变迁中行政授权的法理基础[J].中国社会科学,2013(10):102-120.

[98] 许伟,朱未萍.中小企业融资与场外交易市场建设[J].财会月刊,2012(2):3-5.

[99] 刘蓓.证券投资者保护的几点思考[J].江西社会科学,2006(11):109-202.

[100] 张培丽.中小企业高质量发展的困境与出路探析[J].中国特色社会主义研究,2019(5):25-31.

[101] 张玉利,段海宁.中小企业生存与发展的理论基础[J].南开管理评论,2001(2):4-8.

[102] 林汉川,魏中奇.中小企业存在理论评述[J].经济学动态,2000(4):75-79.

[103] 陶振民.中小企业生存问题研究[J].中南财经政法大学学报,2003(1):75-79.

[104] 谢作渺,宗诚刚.中小企业生存和发展理论综述[J].生产力研究,2009(21):221-223.

[105] 陈敦,张航,王诗桦.论小额发行豁免制度在我国股权众筹中的确立[J].证券法苑,2015(16):108-129.

[106] 徐聪.注册制下的存量股流通:转让还是转售:兼议《证券法(修订草案)》一读稿中的股票转售制度[J].证券法苑,2015(15):23-47.

[107] 赵英杰.美国小企业公募注册监管及其对我国的启示[J].证券法苑,2015(14):341-360.

[108] 李燕.我国多层次资本市场体系下的场外交易市场建设研究[J].经济问题探索,2009(10):19-22.

[109] 刘义圣.中国资本市场功能变迁与制度完善[J].当代经济研究,2004(7):61-65.

[110] 胡海峰,罗惠良.我国多层次资本市场的生成机理与演化路径[J].中国社会科学院研究生院学报,2011(5):17-23.

[111] 祁斌.资本市场与中国经济社会发展[J].中国流通经济,2012(9):13-19.

[112] 李东方.证券监管机构及其监管权的独立性研究:兼论中国证券监管机构的法律变革[J].政法论坛,2017(1):74-87.

[113] 杨之曙,吴宁玫.证券市场流动性研究[J].证券市场导报,2000(1):25-33.

[114] 李玉基.证券监管权有效行使的路径选择[J].甘肃社会科学,2003(3):69-72.

▲ 研究报告

[1] 中国人民银行,中国银行保险监督管理委员会.中国中小微企业金融服务报告(2018)[M].北京:北京金融出版社,2018.

［2］ 中国证券业协会.中国证券业发展报告（2017）［M］.北京：中国财政经济
出版社,2018.

［3］ 中国证券业协会.中国证券业发展报告（2018）［M］.北京：中国财政经济
出版社,2019.

▲ 学位论文

［1］ 王霞.中小企业直接融资法律制度研究［D］.北京：中国政法大学,2003.

［2］ 吴国基.证券发行审核制度研究［D］.北京：对外经济贸易大学,2005.

［3］ 杨正洪.美国证券发行注册豁免制度研究［D］.北京：北京大学,2008.

［4］ 刘沛佩.非上市股份公司转让市场的制度完善［D］.上海：华东政法大学,
2013.

［5］ 董翔.美国证券立法中成本效益分析方法的应用及借鉴［D］.上海：华东政
法大学,2014.

（三）主要网络文献

［1］ 国务院.国务院关于进一步促进中小企业发展的若干意见［EB/OL］.
（2009－09－22）［2021－06－26］.http：//www.gov.cn/zwgk/2009－09/22/
content_1423510.htm.

［2］ 中共中央办公厅,国务院办公厅.关于促进中小企业健康发展的指导意见
［EB/OL］.（2019－04－07）［2021－06－26］.http：//www.xinhuanet.com //
politics/2019－04/07/c_1124335674.htm.

［3］ 彭冰.新版《证券法》修改的"得与失"［EB/OL］.（2019－12－30）［2021－06－
29］.https：//m.thepaper.cn/baijiahao_5381426.

［4］ GUZIKS.Regulation A＋Offerings－A New Era at the SEC［EB/OL］.（2014－
01－15）［2021－07－01］.https：//corpgov.law.harvard.edu/2014/01/15/regu-
lation－a－offerings－a－new－era－at－the－sec/.

［5］ RPBBINS R B,MODZELESKY A M.Can Regulation A＋Succeed Where
Regulation A Failed？［EB/OL］.（2015－05－06）［2021－07－01］.https：//
www.pillsburylaw.com/images/content/4/9/v2/4975/WhitePaperMay2015
CorporateandSecuritiesCanRegulationASucceedWher.pdf#：~：text＝While%
20much%20of%20the%20existing%20framework%20of%20Regulation,
with%20the%20registration%20requirements%20of%20the%20Securities%
20Act.

［6］ WHITBECKJ B.The JOBS Act of 2012：The Struggle Between Capital Formation and Investor Protections［EB/OL］.（2012-06-15）［2021-07-06］. https：//papers.ssrn.com/sol3/papers.cfm？abstract_id=2149744.

［7］ KNYAZEVA A.Regulation A+：What Do We Know So Far？［EB/OL］. （2016-01-01）［2021-07-23］.https：//www.sec.gov/dera/staff-papers/ white-papers/18nov16_knyazeva_regulation-a-plus-what-do-we-know- so-far.html.

［8］ 王一萱,赖建清:中小企业板再融资制度创新:小额融资豁免［EB/OL］. （2006-02-27）［2021-07-30］.http：//www.szse.cn/aboutus/research/re- search/report/P020180328428907559916.pdf.

［9］ 徐瑶.从A+条例看美国小额发行豁免之殇［EB/OL］.（2017-06-23）［2021 -07-28］.http：//www.finlaw.pku.edu.cn/zxzx/zxwz/239626.htm.

［10］ SEC.Proposed Rule Amendments for Small and Additional Issues Exemptions Under Section 3（b）of the Securities Act［EB/OL］.（2014-01-23） ［2021-10-23］.https：//www.govinfo.gov/content/pkg/FR-2014-01-23/ pdf.

［11］ 刘鹤主持召开国务院促进中小企业发展工作领导小组第一次会议［EB/ OL］.（2018-08-20）［2021-10-23］.http：//www.gov.cn/guowuyuan/ 2018-08/20/content_5315204.htm.

［12］ SEC.Report to the Commission Regulation A Lookback Study and Offering Limit Review Analysis［EB/OL］.（2020-03-04）［2021-10-30］.https：// www.sec.gov/files/regulationa-2020.pdf.

［13］ 中国证券监督管理委员会.中国资本市场发展报告［EB/OL］.（2018-10- 10）［2021-11-06］.http：//www.csrc.gov.cn/csrc/c101799/c1003784/ content.shtml.

［14］ 国务院.国务院关于推进资本市场改革开放和稳定发展的若干意见［EB/ OL］.（2004-01-31）［2021-11-06］.http：//www.gov.cn/gongbao/con- tent/2004/content_63148.htm.

［15］ 中共中央关于全面深化改革若干重大问题的决定［EB/OL］.（2013-11- 12）［2021-12-12］.http：//politics.people.com.cn/n/2013/1116/c1001- 23560979.html.

［16］ 国务院.国务院关于进一步促进资本市场健康发展的若干意见［EB/OL］. (2014-05-09)［2021-12-18］.http://www.gov.cn/zhengce/content/2014 -05/09/content_8793.htm.

［17］ 十九大报告［EB/OL］.(2017-10-18)［2021-12-23］.http://www.xin-huanet.com/politics/19cpcnc/2017-10/18/c_1121822489.htm.

［18］ 2019 中国政府工作报告［EB/OL］.(2019-03-05)［2021-12-23］.http://www.gov.cn/zhuanti/2019qglh/2019lhzfgzbg/.

［19］ IPO Task Force.Rebuilding the IPO On-Ramp Putting Emerging Companies and the Job Market Back on the Road to Growth［EB/OL］.(2011-10-20) ［2021-12-25］.https://www.sec.gov/info/smallbus/acsec/rebuilding_the _ipo_on-ramp.pdf.

［20］ 上海证券交易.企业改制上市常见三十问［EB/OL］.(2017-06-23)［2022- 01-30］.http://www.sse.com.cn/services/list/ipo/questions/c/c_201708 02_4352423s.html.

［21］ BOSLY T,SERVAIS H,WIELE W V.New Belgian Prospectus Law［EB/ OL］.(2018-07-30)［2022-01-12］.https://www.whitecase.com/publica-tions/alert/new - belgianprospectuslaw #:~: text = New% 20Belgian% 20Prospectus% 20Law% 20Proportionate% 20disclosure% 20regime% 20for, has% 20been% 20published% 20in% 20the% 20Belgian% 20Official% 20Gazette.

［22］ SEC.Exemptions to Facilitate Intrastate and Regional Securities Offering ［EB/OL］.(2016-11-21)［2022-01-16］.https://www.sec.gov/rules/fi-nal/2016/33-10238.pdf.

［23］ SEC.Facilitating Capital Formation and Expanding Investment Opportunities by Improving Accessto Capital in Private Markets［EB/OL］.(2021-01- 14)［2022-01-18］.https://www.sec.gov/rules/final/2020/33-10884.pdf.

［24］ HM Treasury.The Prospectus Regulations 2018 Impact Assessment［EB/ OL］.(2018-04-13)［2022-01-23］.https://www.legislation.gov.uk/ukia/ 2018/100/pdfs/ukia_20180100_en.pdf.

［25］ SEC.Report on the Review of the Definition of Accredited Investor［EB/ OL］.(2015-12-18)［2022-01-23］.https://www.sec.gov/corpfin/reportspubs/special-studies/review-definition-of-accredited-investor-12-18-2015. pdf.

[26] BAUGUESSS, GULLAPALLIR, IVANOVV. Capital Raising in the U. S.: An Analysis of the Market for Unregistered Securities Offerings, 2009-2014 [EB/OL]. (2015-10-18) [2022-03-28]. https://vdocuments.mx/capital-raising-in-the-us-an-analysis-of-the-market-for-unregistered-securities.html? page=1.

[27] 深圳证券交易所.深圳证券交易所设立中小企业板块实施方案[EB/OL]. (2004-05-18) [2022-04-25]. http://www.szse.cn/www/certificate/sme-board/SMErules/t20040525_539332. html.

[28] "小额快速"定增再现江湖,三德科技拟募资 4700 万元补充流动资金 [EB/OL]. (2020-03-02) [2022-05-06]. https://www.sohu.com/a/377083256_115433.

[29] 新三板再出"组合拳"促进创业创新[EB/OL]. (2018-10-29) [2022-06-16]. http://www.ce.cn/xwzx/gnsz/gdxw/201810/29/t20181029_30646017. shtml.

[30] 全国中小企业股份转让系统.一图读懂系列之股票发行制度优化改革 [EB/OL]. (2018-12-24) [2022-06-18]. http://www.neeq.com.cn/ important_news/200004958. Html.

[31] 新三板发行改革重大突破:35 人限制放开,授权发行落地[EB/OL]. (2018-12-26) [2022-06-18]. https://www.yicai.com/news/100047407. html.

[32] 江国华.立法模式及其类型化研究[EB/OL]. (2007-03-16) [2022-06-28]. http://www.wendangku.net/doc/df33a37c168884868762d635-2. html.

[33] Revision of Rule 504 of Regulation D, the Seed Capital Exemption [EB/OL]. (1999-03-08) [2022-05-16]. https://www.govinfo.gov/content/pkg/FR-1999-03-08/pdf/99-5295. pdf.

[34] 中国证券业协会.关于《私募股权众筹融资管理办法(试行)(征求意见稿)》的起草说明[EB/OL]. (2014-12-18) [2022-08-12]. http://www.sohu.com/a/289509900_100009953.

[35] 证监会发布公募基金信披办法,简化报刊披露内容[EB/OL]. (2014-12-

18）[2022－08－15]. http：∥finance. sina. com. cn/roll/2019－07－27/doc－
ihytcerm6565390. shtml.

[36] 全国中小微企业数量达 4800 万户 [EB/OL]. (2022－09－05) [2022－09－
16]. https：∥baijiahao. baidu. com/s？ id＝1743113370796146740&wfr＝
spider&for＝pc.

[37] 重庆股份转让中心企业挂牌条件 [EB/OL]. (2018－06－25) [2022－09－
16].http：∥www.chn-cstc.com/info/detail/614. html.

[38] 广发银行,西南财经大学.2018 中国城市家庭财富健康报告 [EB/OL].
(2019－01－25) [2022－10－20]. https：∥www. sohu. com/a/291490586_
373314.